语言生活与语言变异

——河间方言的社会语言学研究

谢俊英◎著

河间方言

中国社会科学出版社

图书在版编目(CIP)数据

语言生活与语言变异：河间方言的社会语言学研究／谢俊英著．
北京：中国社会科学出版社，2013.10
ISBN 978－7－5161－3498－6

Ⅰ.①语… Ⅱ.①谢… Ⅲ.①北方方言－社会语言学－研究－河间市 Ⅳ.①H172.1

中国版本图书馆 CIP 数据核字(2013)第 252159 号

出 版 人 赵剑英
责任编辑 任 明
特约编辑 李晓丽
责任校对 石春梅
责任印制 李 建

出 版 中国社会科学出版社
社 址 北京鼓楼西大街甲 158 号（邮编 100720）
网 址 http：//www.csspw.cn
中文域名：中国社科网 010－64070619
发 行 部 010－84083685
门 市 部 010－84029450
经 销 新华书店及其他书店

印刷装订 北京市兴怀印刷厂
版 次 2013 年 10 月第 1 版
印 次 2013 年 10 月第 1 次印刷

开 本 710×1000 1/16
印 张 17.25
插 页 2
字 数 270 千字
定 价 45.00 元

凡购买中国社会科学出版社图书，如有质量问题请与本社联系调换
电话：010－64009791
版权所有 侵权必究

序

《语言生活与语言变异——河间方言的社会语言学研究》是谢俊英在她的博士论文基础上修改完善后的研究成果。该书能够在中国社会科学出版社出版，作为她的导师，我由衷地为她高兴！我一直关注她论文的写作过程和之后的修改工作，现在她请我作序，这也是我所乐意的。

我国是多方言的国家，这为社会语言学研究提供了得天独厚的条件。社会语言学研究自上世纪 80 年代在中国开展以来，从微观的语言变异现象到宏观的语言规划，从城市方言到乡村方言，经过几代学者的孜孜探索，都取得了丰硕成果。社会语言学的研究方法得到语言学其他研究领域的应用和借鉴。

研究现代汉语方言，传统方法是调查一个或数个发音合作人以取得资料，主要关注语言在语音、词汇和语法方面的地域差异，对方言语音系统的整理和描写，侧重以音韵学为基础进行历时比较和变化拟测，对词汇和语法系统的描写，则多进行共时的地域特征的比较描述。传统汉语方言研究取得的成果可谓蔚为大观，为汉语研究和语言学理论研究作出了巨大贡献。近几年社会语言学结合汉语方言学理论方法的研究成果逐渐增多，一方面丰富了社会语言学研究内容，也为汉语方言学的进一步深入增添了新活力。

社会语言学研究方言变异，联系社会因素对方言使用和方言成分变化进行动态描写和分析，为我们展现了方言正在进行中的变化过程。社会语言学在探究变异时离不开量化分析。从语言事实出发进行理论探讨，用数据说话，以大量的统计数据为基础作出结论，这是社会语言学研究的重要特点，也是它之所以成为语言科学的主要原因。从社会语言学视角研究汉语方言，关注县市域的语言生活和语言变异，是本书的一个特色。考察宏观语言生活以了解语言“市情”，微观语言变项研究以了解语言变化，谢俊英在社会语言学理论与语言实际结合方面作了富有成效的尝试。社会语言学的生命存在于调查研究，本书是一本非常“接地气”的社会语言学成果。

谢俊英本科、硕士学的都是语言学，在北大曾经师从陈松岑教授学习社会语言学，语言学理论功底好，从事的又是与社会语言学相关的科研工作，作为他的博士导师，我对她的论文期望很高，希望论文能将我关于综合运用社会语言学和方言学的理论方法深入细致地研究汉语方言的愿望付诸实践。研究河间方言的变异现象，是她读博士之前就有的想法，因为她就是河间人，对方言的变异有切身感受，调查研究起来比较方便也能够深入。当然，以一己之力进行大样本的社会语言学调查，几乎是个“不可能完成的任务”，但她最终还是在各方（见本书后记）的帮助下坚持完成了。其中甘苦，做过语言调查的人肯定“心有戚戚焉”。

数据处理是学文科的人的“短板”，谢俊英坚持自己动手，在干中学，硬是啃下统计软件的“硬骨头”，在对大量的数据分析中发现、挖掘、总结语言生活和语言变异的规律。尤其在第四、五章考察方言语音变异和第六、七章分析方言词汇变异，用力甚勤。通读全书，我认为本书有以下较明显的特点：

1. 在城镇化的大背景下，从宏观和微观两个方面考察我国小城市和乡村语言生态，进行社会语言学的实证研究具有现实意义。这本书以河间方言为着力点，用社会语言学的语言变异理论和量化方法研究分析小城市和乡镇的语言生活状况和方言变异情况，具有独到性和创新性。

2. 语言是一个系统的活体，考察一个区域的语言生活和方言变异，内容庞大，需要仔细设计研究内容和路径。这本书把河间方言的特征音、特征词和有“个性”的语法现象的变异作为重点进行细致描写，是抓住了方言尤其是北方方言变异的“牛鼻子”。

3. 研究采用抽样方式，通过问卷调查和访谈，获取调查资料并在数据统计基础上，分析总结市县区域的语言生活，揭示方言变异的影响因素。调查方法和统计方法科学，数据分析到位，理论分析透彻。对方言变异的社会因素分析，入情入理，研究结论是可信的，在学术上有创新之处。作者熟悉社会语言学基本理论和研究动向，掌握的文献资料比较丰富，了解汉语方言研究的基本现状和社会语言学有关研究的最新成果，因此，所作的理论思考富有新意并有一定深度。

汉语方言丰富复杂，底蕴深厚，就是一个地点方言，也有纷繁的表象和丰厚的内涵，一本书所谈的，不可能面面俱到，完美无缺。本书的不足主要是语法部分比较薄弱，这只好留待以后再做专题研究吧。

作社会语言学研究要能吃苦，田野调查需要踏实肯干的精神，数据处理需要耐心细致的品质，资料分析需要学科理论的素养。谢俊英学风严谨，做学问很认真，总想把事情做得好些再好些。这本书还可以丰富方言文化信息和个案剖析，我期待她能够以此为起点，在社会语言学研究之路上走得更远，取得更丰硕的成果。

是为序。

陈章太

2013 年 9 月于北京寓所永春斋

内容提要

市（县）域方言是我国大多数方言的存在形式，以市（县）方言为研究的基本单位是我国方言研究的惯常性切入点。本书从宏观和微观两方面对河间方言进行社会语言学研究，对河间语言生活状况的研究着眼于语言能力、语言使用、语言态度的考察分析；对河间方言的变异研究着眼于方言特点明显的声韵调、特点词的本体层面分析。本书试图通过本体和应用的结合、微观和宏观的考察，总结市（县）区域内的语言生活、语言变异规律，探讨市（县）域语言问题及市（县）域语言规划在我国语言规划中的作用和应有的地位。

与我国大多数县级行政单位类似，河间作为独立的行政区域，历史悠久，尽管历代所辖范围有缩有扩，但其行政中心区域变化不大。因此以河间作为研究个案，不仅具有社会语言学语言变异实证研究的理论价值，同时对我国市（县）域语言变异和语言生活的研究也有一定的普遍意义和借鉴作用。

在语言上，河间方言属于作为普通话基础方言的北方官话区。河间方言的语音、词汇、语法与普通话同中有异。这些不同之处，正是方言在与普通话接触过程中容易产生变异的地方。变异，既包括方言区人们的被动接受，也有方言区人们的主动选择。被动接受与主动选择与人们对方言和普通话的态度有关。章节内容如下：

第一章绪论。本章介绍了河间市的历史地理行政区划、人口情况和方言概貌以及相关研究的文献情况。论述了方言变异研究的重要性、必要性和研究依据。

第二章河间方言变异和语言生活研究的方案设计。介绍本书的研究方法、抽样方案、变项选择、问卷设计等。

第三章河间语言生活状况调查研究。描述被调查者语言能力、语言使用和语言态度情况，分析地域、性别、年龄、受教育程度和职业等因素对语言能力、语言使用和语言态度的影响，讨论河间语言状况的特点及发展趋势。

第四、五章河间方言语音变异研究。包括零声母字组、入声字组、尖音字组等。考察各字组变项的变异分布情况，分析社会因素对河间方言语音变异的影响。

第六、七章河间方言词语变异研究。从词语的变异考察河间方言变异在词汇层面的表现，分析词语变异与社会因素的关系。

第八章语言生活与语言变异。综合河间语言生活状况和方言变异的描写和分析，总结河间方言的总体语言生活状况和方言变异特点。讨论我国市（县）域语言规划问题，提出语言规划在国家语言规划的主体框架下，以市（县）为单位进行语言规划，包括语言教育、语言资源调查、语言资源库建设等。

目　　录

第一章　绪论

语言的生命和活力在于变化，变化是语言存在的普遍现象。任何地方的语言都无时无刻不在变化，汉语也是如此。

语言变异是语言在社会交际生活中的存在形式。没有任何一种语言或方言是以整齐划一的面貌呈现的。

汉语有许多方言，甚至可以说，方言是汉语存在的基本形式。在历来的方言研究中，依据不同的分类标准和层次，可以划分出不同的方言大区、方言区、方言片、方言小片、方言点等。每一层次、每一区域的方言，在与其他层次和区域的方言接触中，都会产生变异和变化。社会语言学认为，语言的变化与社会的变化密切相关。随着中国社会发生的巨大变迁，汉语方言发生了剧烈的变化。这种变化不仅是语言学专家和学者注意到了，即使是普通的语言使用者也能切身感受得到。尤其是改革开放以来，随着广大农村地区经济、社会、文化等交流的日益增多和人们思想观念的变化，特别是信息传播速度的加快，方言变化更加明显，以至于人们对方言文化的存在和传承表示担忧。

过去，汉语方言的调查工作往往是在农村进行，因为那里的方言保存得比较完整，方言最地道。但现在除了特别边远的地区以外，方言调查要找到“标准的”方言已经有困难。汉语方言在语音、词汇和语法等语言的各个层面都有变化。这种变化和变异不是杂乱无章、任意偶然的，而是有规律的。那么，汉语方言变化的方向和层次是怎么样的呢？这是本书的旨趣所在。

一般认为，语言变化的方向是农村语言向城镇语言靠拢，小城市语言向大城市语言靠拢，低威望群体的语言向高威望群体的语言靠拢，大城市的语言变化快于小城镇和农村的语言变化。那么，具体的语言变化事实是什么样的，变异的具体过程和分布是怎样的，是否与一般的语言变异理论相符合。本书试图通过考察具体方言的变异来回答这些问题。

作为语言学的基础学科之一，方言学研究在我国有着悠久而辉煌的历史。上至西汉扬雄的《輶轩使者绝代语释别国方言》（一般简称《方言》），下至2002年出版的《现代汉语方言大词典》和2008年出版的《汉语方言地图集》，方言研究成果可谓蔚为大观。《方言》一书以方言词汇比较为主要内容，以活的口语为调查研究主要对象，被称为“悬之日月而不刊”的宏著。汉以后以服务经学为主要目的的方言学成果，主要反映在音韵学中。清代以训诂考据见长，出现了很多考证和辑录方言词语的著作，以为诠释古书服务。《恒言录》、《通俗编》、《越谚》、《吴下方言考》等都是其中的代表作。章太炎等人对扬雄《方言》一书的考校补证也取得了很多成果。进入现当代，汉语方言研究的方向和方法有了根本性转变：从重视书面语到重视口语，从个别字词考证到系统性比较研究，从孤立单纯研究语言现象到联系语言学、心理学、人类学等其他学科。方言学的研究也由古代方言学进入了现代方言学阶段。民国时期的一些方言研究成果直至今天仍然有示范作用和借鉴意义，如赵元任《现代吴语的研究》、赵元任等《湖北方言调查报告》、董同龢《华阳凉水井客家话记音》、张洵如《北平音系十三辙》。1949年新中国成立以来进行的方言调查工作取得了全面进展。调查的规模扩大了，调查的系统性增强了，调查的内容扩展了，调查的方法有所改进，调查的理论多有创新，从静态调查发展为静态和动态结合调查。站在历史的高度和全局的角度认识汉语方言的研究，在社会语言生活和谐的语言应用观念下，本着科学保护各民族语言文字的精神和宽容、开放的学术胸怀看待汉语方言研究，坚持方言研究的继承和发展，正在成为汉语方言研究者的共识。

方言研究在坚持自己固有的方向和方法的同时，与其他语言学学科的对接近年来也得到长足发展。方言学与社会语言学的结合研究取得一些成果，但与社会语言学其他研究比较而言，如城市方言的研究，社会语言学和方言学的结合还远远不够。尤其是面对汹汹而至的城市化大潮，城乡的语言生活发生了很大变化，方言尤其是农村地区方言变异现象复杂，为社会语言学与方言学的结合研究提供了肥沃土壤和丰富材料。但同时，这种变化一旦产生，过程很难再现，及时记录语言变异现象，反映社会语言生活变化，探究语言变异和变化规律，非常必要，也非常迫切。社会语言学和方言学研究的结合也是方言学的未来发展方向之一，社会语言学在中国要得到长足的发展，与方言学结合也是形成中国社会语言学研究特色的途径之一。

第一节　河间市概况

河间市位于河北省中南部，属沧州市管辖。南临献县，北接任丘市、大城县，西与肃宁、高阳接壤，东和青县、沧县毗邻。瀛州镇为市政府所在地，距北京 189 公里，距天津 171 公里，距石家庄 176 公里，居京（北京）、津（天津）、石（石家庄）大三角的中心（见图 1－1）。

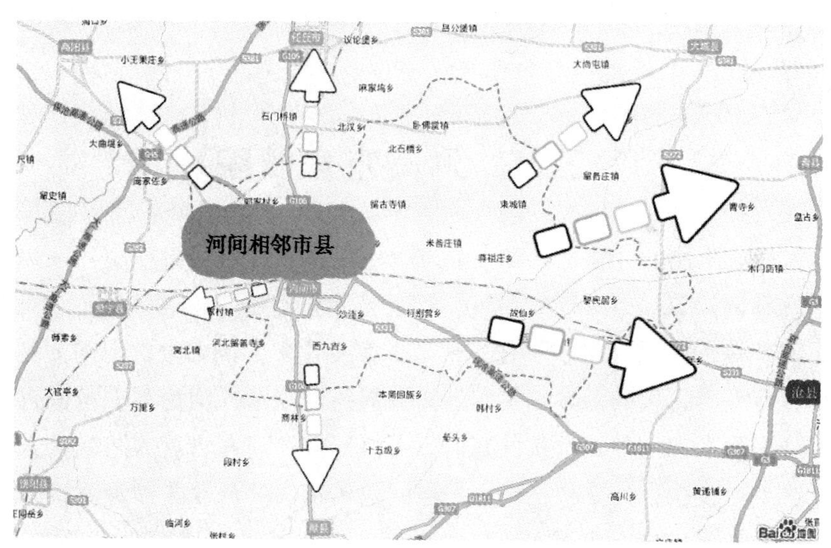

图 1－1 河间市周边市县示意图

河间市历史悠久，素有“京南第一府”之称。早在新石器时代，就有人类繁衍生息。春秋时期为燕国地。河间古郡的名称已久，取名河间的原因，据传是因为它处在徒骇河、大史河、马颊河、覆釜河、胡苏河、简河、絜河、钩盘河、鬲津河等九河之间。历史上，西汉和东汉王朝期间（公元前 178—公元 220 年），曾经四次出现河间国。今天的河间市正是承袭了古河间国的名字。1940 年设河间县，直至 1990 年撤县建市。期间除 1958—1961 年曾隶属天津专区外，一直属沧州市（地区）。

宋、明两代，河间府是河北平原上的战略要地，形成了在政治上、文化上向北辐射的态势。如著名的河间木板大鼓，就是用河间方言演唱的。后来发展的西河大鼓、乐亭大鼓、京韵大鼓等，都与它有渊源关系。西河大鼓、乐亭大鼓、京东大鼓至今仍在京津地区流传。

目前，河间市行政区划为 7 镇 13 乡，包括瀛州镇、卧佛堂镇、留古寺镇、束城镇、米各庄镇、景和镇、沙河桥镇，行别营乡、沙洼乡、兴村乡、郭家村乡、诗经村乡、北石槽乡、时村乡、尊祖庄乡、果子洼回族乡、故仙乡、黎民居乡、龙华店乡和西九吉乡。市辖 615 个行政村（580 个自然村）。按照河间市人民政府网（www. hejian. gov. cn）公布的最新人口数据，河间全市总人口为 81.1 万人（“五普”数据是 757581 人）。

第二节　河间方言概貌

河间方言属北方官话区的冀鲁方言中的沧惠片河间肃宁小片（以入声有无和四声演变为条件划分）（钱曾怡、曹志耘、罗福腾，1987：3），与周围的献县、肃宁、任丘等地方言有许多共同之处。河间方言的内部也有差异，大的差异以子牙河为分界线。以子牙河为界，河间方言可以分为河东和河西两个次方言。以人口计算，河西方言人口较多，河东方言人口较少，河东包括黎民居乡、景和镇、故仙乡、沙河桥镇的子牙河以东部分村庄（见图 1－2）。河西和河东的差异主要是在语音上。一是河西分 zh[①]、ch、sh 和 z、c、s，河东大部分不分。二是大部分河西地区分尖团，精组字和见组字分得比较清楚，表现为精组字齐撮呼的读音，声母 z、c、s 没有并入 j、q、x；大部分河东地区的人不分尖团，他们往往笑分尖团的人“说话咬舌头尖儿”。

① 行文中尽量直接用汉语拼音形式，如用国际音标，则放在方括号［ ］中。以下类似情况，不再另加说明。

图1－2　河间方言河东、河西区域图（在河间政府网地图复制文件基础上制作）

一、语音概况

为了对河间方言音系有整体了解，本书根据《河间市志》（2003）年整理了河间方言的语音情况（见表1－1）。

表1－1　　河间方言声母表

国际音标	汉语拼音	国际音标	汉语拼音
[p]	b	[tʂ‘]	ch
[p‘]	p	[ʂ]	sh
[m]	m	[ʐ]	r
[f]	f	[tɕ]	j
[t]	d	[tɕ‘]	q
[t‘]	t	[ɕ]	x
[n]	n	[ȵ]	_
[l]	l	[k]	g
[ts]	z	[k‘]	k
[ts‘]	c	[x]	h
[s]	s	[ø]	_
[tʂ]	zh		

河间方言有23个声母，绝大多数与普通话相同，只多出一个［ȵ］母（例字：泥，娘）。

表1－2　　河间方言韵母表

国际音标	汉语拼音	国际音标	汉语拼音
［A］	ɑ	［iɛ］	ie
［o］	o	［iau］	iɑo
［ɤ］	e	［iou］	iou
［ʅə］	_	［iɛn］	iɑn
［ɛ］	ê	［in］	in
［i］	i	［iaŋ］	iɑng
［ɿ］	－i	［iŋ］	ing
［ʅ］	－i	［uA］	uɑ
［u］	u	［uo］	uo
［y］	ü	［uai］	uɑi
［ɚ］	er	［uei］	uei
［ai］	ɑi	［uan］	uɑn
［ei］	ei	［uən］	uen
［ɑo］	ɑo	［uɑŋ］	uang
［ou］	ou	［uəŋ］	ueng
［an］	ɑn	［uŋ］	ong
［ən］	en	［yɛ］	üe
［ɑŋ］	ɑng	［yɛn］	üɑn
［əŋ］	eng	［yn］	ün
［iA］	iɑ	［yŋ］	iong

河间方言的韵母共有40个，［i］、［ɿ］、［ʅ］分列。普通话韵母表虽然列了37个，实则是把［i］、［ɿ］、［ʅ］合为［i］，实际上是39个韵母。河间方言比普通话多出一个［ʅə］母（例字：车、社）。

表1－3　　河间方言声调表

调类	调值（五度标调法）	例字
阴平	44	妈 清 之 烟
阳平	53	麻 情 直 言
上声	213	马 请 指 眼
去声	31	骂 庆 志 雁

河间方言声调调类数量与普通话相同，但在具体的调值、调型上与普通话存在差异。

二、河间方言音系特点

（一）声调

河间方言与普通话最大区别是阳平的调型。普通话的阳平调是中高升调，调值是35，河间方言的阳平调是高中降调，调值是53。另外，河间方言古入声韵的三声分派与普通话不同。如，“竹”、“菊”在河间方言里化为阴平，在普通话化为阳平，“国”在河间方言中读为上声，在普通话的声调是阳平，“脚”、“铁”河间方言为阴平，普通话是上声。很多在普通话中规范读音为去声的古入声字，在河间方言中存在文白两读，如“册”读cè，也读chǎi；“虐”读nüè，也读“niào”；“色”读sè，也读shǎi。

（二）声母

河间方言与普通话比较，虽然多出［ȵ］声母，但发音部位、出现的语音环境与普通话区别不大。河间方言与普通话声母的一个主要区别在分尖团上，河间方言的河西片有部分地区有分尖团现象。河东片有部分地区有平舌音和翘舌音不分现象。

普通话的一些零声母音节在河间方言中加上了声母［n］。如河间方言“爱”读为nài，“恩”读为nēn，“袄”读为nǎo，“安”读为nān。

（三）韵母

河间方言比普通话多出一个［ʅə］母，如“折、车、惹”的韵母，河间方言发［ʅə］。另外，河间方言的部分双元音声母有单元音化现象。

三、河间方言词语特点

作为北方方言，河间方言的词汇系统与普通话基本上是一致的。但具体到对事物的称谓和言语表达上，与普通话比较又存在差异。如，河间方言有称太阳为“爷儿爷儿”的，有称昨天为“夜了个”的，有称乳房为“妈妈”的，有称脏为“碜”的，有称闲扯为“拉滔儿”的，等等。这些与普通话有明显差异的词语，构成了河间方言的浓郁地方特色，同时也是在与普通话接触中容易产生变异的词语。

四、河间方言语法特点

在语法上，河间方言与普通话有明显不同的是正反问句的结构。河间方言的正反问句用谓语肯定形式后加否定副词“不”表达，如“你去不?”“他好不?”等，同样的意思用普通话表达则为“你去不去?”“他好不好?”

另外，河间方言的儿化形式多于普通话。有些在普通话里不能儿化的词，河间方言都有相应的儿化形式，如“这坑要挖多深儿?”“这坑挖得忒浅儿。”一般情形下，几乎所有年轻人的人名都被以儿化形式称呼，一是表小，二是表亲近，但同时儿化形式的人名不宜出现在任何正式场合和表尊重的表达中。

第三节 文献综述

一、社会语言学方言研究概述

（一）语言变化的社会语言学理论

1. 语言的变化无时无刻不在发生，这种变化分布在语言结构的词汇、音系、形态和句法的各个层面。

以汉语为例，上古汉语、中古汉语和近代汉语的语音、词汇和语法面貌有着很大的不同，到现代，普通人读古代汉语文献需要借助翻译、工具书等才能读懂。语言的发展变化具有不平衡性，因而形成不同的方言。明陈第有言：“时有古今，地有南北，字有更革，音有转移。”其实，陈第在这里所说的“字”不只是指字形，还包括字义在内。语法一般变化缓慢，但也不是没有变化，在社会文化剧烈变革时，语法甚至发生系统性的变化，例如经过我国“五四”时期的新文化运动和白话文运动，汉语发生了一次“革命”式的变化，书面语从文言半文言改革为了白话文，其中语法的变化非常剧烈。

2. 语言是社会交际工具的属性决定了语言的动态性，这种动态性决定了语言变异的存在。

社会语言学认为变异是语言存在的基本形式，满足人们交际需要的正是语言的多种变异形式。语言的变异形式，形成了正在进行中的变化。语言变化除了受语言内部结构的制约以外，还受语言外部社会因素的影响。社会语言学的学科使命之一就是联系社会研究语言变化。肇始于索绪尔的《普通语言学教程》，20 世纪的语言学理论从历史比较语言学到传统结构主义语言学，再到美国描写结构主义语言学和转换生成语法，其共同的研究基础都是建立在内部语言学之上。内部语言学的研究对象必须是同质的、静态的、系统的、能够形式化的。在内部语言学看来，外部语言学因为涉及的社会因素太驳杂，不可能进行系统性的、结构性的、可形式化的研究。但社会语言学近 50 年的研究和探索证明了：联系社会因素研究语言，能够进行系统化、结构性的研究，社会语言学不仅本身是科学，而且能够对其他人文科学有借鉴价值，对社会实践有实用价值。

3. 进行中的变化是社会语言学的主要内容之一

这种对进行中变化的研究“改变了历史语言学对语言变化的研究只注重语言事实的考证和构拟而忽视普遍性语言变化机制的倾向”，同时“打破了共时研究和历时研究的壁垒”（徐大明，2006）。社会语言学提出的有序异质理论和真实时间与显象时间概念，很好地证明了进行中变化的规律研究的可行性，解决了在具体研究中语言的纵贯面和横剖面视角结合的问题。

（二）汉语方言的调查研究

1. 汉语方言的调查历史悠久

如果自扬雄的《方言》算起，汉语方言调查的历史已经有两千多年了。20 世纪 20 年代起，现代语言学和现代语音学的发展为汉语方言的研究开辟了新的天地，汉语方言调查运用新的理论、方法和技术，不断取得新进展。计算机技术和现代录音技术的运用，改变了耳听、笔记的方言调查方式，使汉语方言不仅存在于方言学家整理出的声韵调语音系统和一个个词语和语法中，而且还可以活在语音库、声像库等数据库中。

2. 汉语方言调查成果辉煌

我国最大规模汉语方言调查是在 20 世纪 50 年代开展的全国方言普

查，尽管当时的目的是为推广普通话服务，但基本反映了全国的方言面貌，这次普查共调查1837个点，印刷出版了近300种方言小册子。其后的80年代，中国社会科学院语言研究所为绘制汉语方言地图而对各方言区边界进行调查，出版了《中国语言地图集》。许宝华等主编的《汉语方言大辞典》、李荣主编的《现代汉语方言大词典》、陈章太和李行健主编的《普通话基础方言基本词汇集》也相继出版。以《方言》杂志为学术中心，方言调查从广度向深度发展，从语音向词汇和语法扩展，汉语方言点的调查成果不断。21世纪以来，汉语方言音档库的建设逐步完善，方言比较研究、方言专题研究取得很多成绩。2008年曹志耘主持编写、商务印书馆出版的《汉语方言地图集》，填补了汉语方言特征地图的空白。

3. 汉语方言研究的新发展

汉语方言调查研究在取得很多重要的、有价值的成果的同时，也在不断探索汉语方言调查研究的新领域。如李如龙等人对汉语方言特征词问题的研究，曹志耘等对濒危方言问题的研究，陈章太对边界方言和方言岛的研究，李蓝等对土话的研究，等等。近些年来，汉语方言研究方法也在不断改进，不仅继承了共时和历时结合的方法，而且引入社会语言学的研究模式，借鉴社会语言学方法的成果逐渐增多。如郭风岚对宣化方言的语言地理学研究，郭骏对溧水方言的变异研究，苏晓青、陈建伟等对汉语方言和普通话接触的研究，曾炜、张敏等对农村方言的词汇变异研究，李洁对农村语言变异的个案研究，付义荣对农村方言状况的个案研究，等等。

4. 台湾关于社会方言学的研究

台湾的社会语言学研究对语言政策和族群认同研究较多，如曹逢甫的《族群语言政策：海峡两岸的比较》，郑良伟的《走向标准化的台湾语文》和《演变中的台湾社会语文》，黄宣范的《语言·社会与族群意识：台湾语言社会学的研究》，谢国平的《台湾的语言政策》等。近些年，台湾陆续有语言变异方面的成果问世。洪惟仁的博士论文《音变的动机与方向：漳泉竞争与台湾普通腔的形成》（2003）可以说是这方面的代表作。洪文分十一章，论证了闽南语的漳州话和泉州话在台湾的竞争，从而融合为一个新方言的过程和机制。

二、河北方言研究文献

河北方言作为普通话基础方言，很多地方的方言与普通话的差异不是很大，因此，其研究价值没有得到应有的重视。描写性的、基础性的调查研究还很不够，研究成果分布不平衡，调查研究欠缺系统性和整体性。主要表现在：方言语音调查研究成果较多，方言词汇研究成果相对较少，方言语法研究挖掘不够；单点调查较多，整体调查较少，没有形成大规模、成系统、统一设计、统一方法、可统计比较的方言调查研究。可喜的是，这几年通过学界不断努力，河北方言的研究地位越来越受到关注，研究成果也不断出现。如刘淑学的《中古入声字在河北方言中的读音研究》，通过量化研究，分析说明中古入声字在河北各地的读音分布情况，并提出了《中原音韵》的音系基础是顺平一带方言的观点。入声分派问题在北方官话区一直受到学界关注，作者在研究方法和研究内容方面的努力，得到学界认可和好评。

从社会语言学的角度研究河北方言，也是河北方言研究的薄弱环节。采用抽样方法大样本的语言调查目前还没有出现，对一个方言点从语音、词汇、语法层面考察方言变异情况的也比较少见。因此，以河间方言为研究个案，运用社会语言学方法，在方言区语言使用状况的大背景下探求方言在语音、词汇和语法层面的变异，描绘市（县）域语言生活图景，提出市（县）域语言规划的建议，就具有了一定的理论价值和实践意义。

（一）河北方言研究概况

运用现代语言学方法对河北方言的调查研究，可以追溯到20世纪20年代，如傅振伦《新河方言中名物之性属》、张洵如《河间方言一脔》、赵元任《定县方言改国音的注意点》等。但对河北方言成规模的调查则是在新中国成立后。

20世纪50年代起，没有专门研究河间方言的成果，对河间方言的研究是和整个河北方言的研究一起进行的。我们先看河北方言研究的情况。影响比较大的有三本书，一是《河北方言概况》（河北人民出版社1961年版），二是《河北方言词汇编》（商务印书馆1995年版），三是《河北省志·方言志》（方志出版社2005年版）。1960年出版的《昌黎方言志》全面描写了昌黎方言的语音、词汇和语法面貌，配有方言地图，并与普通话进行对比。该书一直以来被视为汉语方言调查的范本之一。但因为与河间方言没有直接关系，这里不作详细介绍。

（二）河北方言研究著作

1.《河北方言概况》

《河北方言概况》是在1957年河北省方言普查的基础上编成的，以语音为主，是第一部全面描写河北方言语音的专著。该书“总的目的是为推广普通话服务的”（朱星《序》）。全书把河北分为七个方言区来概括河北方言的一般情况和主要特点，从声母、韵母和声调三方面来归纳河北省155个方言点与普通话不同的地方。该书最大特点是绘制了24幅方言图，以线条形态和局部色彩表现方言点声韵调和普通话的差异，清晰形象，易懂易学。

据《概况》内容，河北省各县的声母都为21个，韵母大都为38个，其发音部位、方法和普通话大致相同。在声调方面，河北省四分之三的县、市和普通话一样，分为阴平、阳平、上声、去声四个声调。但是二者之间还是有许多不同的地方。

该书把河间分在第五区，第五区包括文安、大城、任丘、河间、肃宁、献县、饶阳、武强、安平、深县、安国、定县、深泽、束鹿、曲阳、行唐、无极、晋县、正定、石家庄市、栾城、藁城、赵县、宁晋、新河、高邑、新乐、柏乡、隆尧、巨鹿、威县、清河、内邱、任县、邢台、南和、南宫、平乡、广宗、井陉、临城。这些县语音的共同点是，部分地区有［v］声母字，大部分地区有［ŋ］声母字，绝大部分地区分尖团音，声调分阴、阳、上、去，有少数地区是三个声调。

2.《河北方言词汇编》

《河北方言词汇编》是李行健在河北省方言普查的基础上经补充调查整理汇编而成，以词汇为主。该书按意义把词目分为27类进行整理汇编，每条后注通行地区，有的注明词义的新老派区别、词义新旧和褒贬等色彩差异。该书对词义区别很精细，保留了很多现今已经很少使用甚至消失的词语，文献价值很高。但因为资料来源不一和调查者掌握标准不尽相同，有些词语的解释和通行地区标注不够精准，出条的规则不尽一致。期待再版时能够得到修正。

3.《河北省志·方言志》

2005年出版的《河北省志》第89卷《方言志》可以说是河北省方言状况记录的集大成者。该卷由吴继章、唐健雄、陈淑静担任主编，是第一部专门记述河北方言的志书。该志采用区域性方言调查报告的形式，内容分概述、语音、词汇、语法四部分，点面结合，是目前为止记录河北各地方言最全面的著作。

另外，以调查普通话基础方言词汇为目的的《普通话基础方言基本词汇集》调查了河北省包括沧州、保定的9个方言点，内容有音系、同音字表和近3000条词语及63幅方言地图。该书收集了普通话基础方言基本词汇比较全面的资料。

20世纪80年代以来尤其是90年代以后，河北方言的研究成果渐渐增多，关注和研究的问题也越来越广泛和深入。如尖团音、入声、儿化、声母、文白异读等问题都有所涉猎。同时，局部地区的方言描写性著作和文章也比较多，为河北方言的整体性研究打下了基础。

三、河间方言研究文献

关于河间方言的研究文献不多见，倒是在20世纪50年代，河间县曾经作为学习普通话和汉语拼音字母的先进县，其经验多次被《文字改革》杂志报道和介绍。下面介绍的是能够找到的河间方言文献资料。

（一）《河间方言一脔》

《河间方言一脔》一文是目前找到的记录河间方言最早的文献。该文分三期登载在《国语周刊》上，署名作者为张洵如。洵如是张德泽的字，他是最早记录河间方言的人。

张德泽（1905—1998），字洵如。明清档案专家、清史专家、现代语言学家，九三学社社员。张德泽作为著名语言学家，主要语言学成就在北京话的研究方面，其语言学著作均署名张洵如。主要著作有《北京话轻声词汇》（张洵如编，中华书局1957年版）、《北平音系小辙编》（张洵如编著，开明书店1949年初版）、《北平音系十三辙》（张洵如编，魏建功校订，天一出版社1973年版）。

从籍贯考，洵如先生是河北省东光县人，东光县与河间同属沧州。不知何种机缘，使张先生在30年代写了《河间方言一脔》，在《国文周刊》连载三期（《国文周刊》第54、56、57期）。该文分字音、词汇、歌谣三个部分（全文见附录二），全部用注音字母注音，同时对个别词语进行注释。这是我们见到的记录河间方言较早的文献。

（二）钱曾怡、曹志耘、罗福腾《河北省东南部39县市方音概况》

该文对河北省东南部的39个县市的语音特点进行介绍。河间市（当时是县）作为调查点之一，其声韵调第一次得到较全面的调查与描写。调查是1984年进行的，文章中有关河间方言声韵调的描写大致是：

1. 河间方言分尖团。团音读［tɕ］、［tɕ'］、［ɕ］，尖音读［ts］、［ts'］、［s］。

2. 河间方言开口呼零声母字声母为［n］。

3. 其他语音与北京话一致。

需要指出的是，文中提到的河间城东十二里桃园村的韵母开口度与北京话相反的情况，如卖、妹、怪、桂、牢、楼、聊、流的读音，经调查没有发现这种现象。

（三）近几年与河间方言有关的硕博论文

1. 李旭《河北省中部南部方言语音研究》。这是一篇博士论文，河间方言是作者重点调查的37个方言点之一。论文关于河间方言的语音内容，撮其要有如下几点：

（1）声母23个，韵母36，声调4个。

（2）分尖团。尖音读齿间和齿尖存在个人差异。

（3）庄（二）、知组声母有文白异读现象。

（4）古微疑影云以母开口一二等读［n］。

（5）零声母合口呼读［v］。

（6）复合韵母单元音化。［ai］有单元音化为［ɛ］的现象，［au］有单元音化为［ɔ］的现象。

（7）古咸山摄字有鼻韵尾脱落现象，主要元音鼻化成为鼻化韵。

（8）古清入声字在河间的分派与普通话不同。

2. 黄卫静《河北方言的尖团音问题》。这是一篇硕士论文。河间市是其16个样本县之一。论文的基本结论是：河间市区分尖团；以沙河桥镇为界，西部分尖团，东部不分尖团；分尖团存在新派和老派的差异；分尖团存在城乡差异。

第四节 研究依据和意义

一、方言变异是社会语言学研究的重点内容

社会语言学作为后起的一个交叉学科，在强调其学科独立性的同时，大多数人还是把它归属为语言学学科，社会语言学对语言学的突出贡献在于其研究方法和研究理念。在众多的研究对象中，方言始终是社会语言学的主要研究对象之一。时间和空间是考察语言演变的两个维度。受人类寿命制约，时间维度的语言变迁往往不为人所知，而空间维度上的演变是最易为人们察觉的。社会语言学试图打破时间和空间的二维局限，通过语言共时的变异分布来探究语言的历时演变，正是以研究方言来实现突破的。如拉波夫对纽约市 r 音变异分布的研究，以及他对美国黑人英语的研究。社会语言学试图从现实社会使用的语言中分析出推动语言或方言变化的最初动力，通过共时的语言变异分布说明历时的语言演变过程。

汉语的形成过程和发展演变历程，历史久远，形成了众多汉语方言，方言之间的地域差异较大，尤其是南方方言和北方官话之间及南方方言之间，其差别甚至达到不能交际的程度。方言差异实际上是历时发展的共时呈现。结合社会因素探索方言差异的形成，描写方言内部差异的形态，已经成为社会语言学研究的一个主要内容。

二、方言变异研究是方言学研究发展的方向之一

社会语言学的长处在于丰富了语言学的研究方法和手段，采用社会学的研究手段和方法来考察和研究语言现象。近些年来，方言学研究者已经开始意识到，在坚持传统方言学研究的基础上，实现与其他新兴学科对接也应该是方言学的发展方向之一。运用社会学的统计方法，结合发音人的年龄、性别等不同社会特征，研究方言，已经取得了很多、很好的成果。

三、社会语言学和方言学研究结合的可能性

现在的方言学研究成果证明，方言学与社会语言学研究的结合不仅

是可能的，而且为社会语言学和方言学都提供了更为宽广的研究视野和更多维度的考察角度。如果采用社会语言学的统计方法，研究不同社会群体的方言使用特征，可以使方言学研究者对语言系统的考察更精细；运用社会语言学搜集不同语境、不同语体的语言资料，可以让用以研究的资料更接近实际使用的语言。社会语言学研究者如果在方言学已经取得的成果基础上，联系社会因素研究、解释方言变异现象，不仅可以利用方言调查报告省去很多前期的探索性变项考察，而且还可以借鉴方言调查资料使变项设计得更为系统和全面。“方言学和社会语言学之间存在着天然的联系，我们完全可以从社会语言学的角度来研究方言。”①“社会语言学的研究模式大大扩大了我国方言学的研究视阈。”②

四、方言变异研究是语言规划的基础性研究

关于方言的兴衰，近些年一直讨论不休。方言变化问题，实际上不单是语言学的学术问题，也是国家语言政策、语言规划问题。对方言变异情况和方言使用状况的研究考察，是国家语言规划研究的基础性工作。方言变异研究的成果不仅可以为语言本体研究提供资料，还可以为国家语言政策、语言规划的制定提供参考。河北方言作为普通话基础方言的核心，其研究意义对语言规划和规范工作尤为重要。

---

① 参见祝畹瑾《新编社会语言学概论》，北京大学出版社 2013 年版，第 85 页。
② 同上。

第二章　研究方案设计

第一节　研究范围、研究内容和研究方法

一、调查单位和调查范围的确定

（一）调查研究以市（县）为单位的依据

1. 行政管理

中国社会中的社区和言语共同体①形成的基础往往以地域区隔为基础。在我国，历史最悠久、最基础的行政管理单位是县，县是过去人们经常性人际交往的最大范围。受政治、经济、文化等因素的影响，以县为限，人们最易形成心理认同基础。因此，我们的调查以县为一个言语共同体有现实基础。

2. 语言相似性和语言认同

除了行政管理上可操作以外，语言的相似性也是一个重要因素。共同的地域文化和长期的社会交往，使得一个市（县）内部形成了语言上的相似性和高度一致的语言态度。

3. 可参照性

以市（县）为调查单位有很好的方言调查基础，以往的方言调查基本上以市（县）为单位进行。如钱曾怡等人的《河北省东南部 39 县市方音概况》、新近的《河北省志 · 方言志》等均是以县为调查单位。这些成果都构成了本书调查研究河间方言变异和语言生活状况的重要参考

---

① 也说言语社区、言语社团、言语社群。本书采用《语言学名词》（商务印书馆 2011 年版）的用法。

和参照。

4. 可操作性

我国的人口普查最基础的统计数据是市（县）人口数据。调查研究工作要利用人口数据，需要以市（县）为单位进行调查。从调查工作的开展来说，也需要根据市（县）统计资料对市（县）—乡（镇）—村这样的行政层级进行抽样和调查。

（二）调查范围的确定

1. 调查地域

就地域而言，河间市下辖 7 个镇和 13 个乡，均在调查范围之内。

2. 调查对象

就人口而言，凡是在河间市境内生活的、有正常语言能力的人均在调查之列，可以作为被调查对象，但实际操作中，只有 10 岁以上的、能够认读字词表的人才可以成为本研究的调查对象。

二、研究内容和研究方法

（一）研究内容的确定

研究内容的确定考虑了以下因素。

1. 目的要求

对区域语言生活的研究包括语言能力、语言使用、语言态度等，内容比较宏观和模式化，对语言变异的研究则个性比较强。本研究试图吸收传统方言学和地理方言学研究的优点，同时用社会语言学的研究方法来具体而微地考察具体变项的变异过程。因此调查内容的确定颇费脑筋，耗时较长。既要考虑市（县）域内方言的差异对变异结果的影响，需要地理方言学方面的调查内容，也要考虑传统方言学对所调查方言涵盖声韵调和字、词、语法的做法，在变项选择上尽量在语音、词汇、语法上都有涉及。方言的空间差异、方言的社会分布差异、方言本体的不同语言层面都是调查研究内容。

2. 研究假设

一个方言中，哪些成分可以成为变异研究的项目，也就是选择合适的变项受很多因素的影响。方言变异最主要的影响因素恐怕是语言政策。本书的研究假设是普通话是河间方言变异的基本方向。因此，河间方言与普通话的差异之处即所谓的方言特色音、特色词语、特色语法形式成为我们调查研究的主要内容。

普通话以汉语北方方言为基础方言，它与北方方言有着“扯不断理还乱”的复杂关系。在北方官话区，判断一个语言成分尤其是词语，是方言还是普通话，有时候很困难。但大部分情况下，方言区的人能够根据一个人说话的语言表现判断他说的是本地话还是普通话，而构成判断依据的往往是本方言与普通话不一样的那些表达方式。

半个多世纪以来，国家语言政策是推广普通话，在逐渐成为真正的国家通用语的过程中，普通话必然会在使用中与方言频繁接触。普通话与汉语方言的接触是全方位的，涉及语言的各个层面。普通话作为高变体，对汉语方言的影响是自上而下的、全局性的，而汉语方言对普通话的影响则是局部的，不同汉语方言对普通话的影响也是有差异的。就目前来看，似乎东北官话对普通话的影响显而易见，而其他方言的影响则不易觉察。

作为北方官话，河间话受普通话的影响明显可察，普通话成为河间话发生变异和变化的主要影响因素。基于这样的认识，我们调查内容的确定理所当然要把重点放在河间话与普通话有差异的部分。而二者共同的语音声韵调、词语和语法等则不在考察之列。

3. 语料采集

本书调查用的语言材料来自两方面，一是来自笔者日常观察积累的材料，二是来自文献资料。近些年来笔者一直在关注河间方言所发生的变化，有意识地积累了很多素材，这些素材大部分被用作调查字表、词表和读图的语言变项。另外，笔者设计字词调查表时也参考了近些年方言研究的成果尤其是河北方言、山东方言等的调查材料。

（二）研究方法

1. 抽样方法

本研究采用二级抽样调查的方式进行。尽管河间市境内的所有乡镇均在研究范围内，但凭一己之力，作语言普查是不可能的，因此必须采用抽样调查的方法。

2. 调查问卷与字表、词表、读图相结合的方法

问卷是社会科学研究最常用的调查工具。结构化的问题设计可以简

单、高效地得到调查数据。本调查的语言生活状况调查采用问卷调查的方式。而微观的方言变异调查部分则采用包括字表、词表和读图的调查表方式进行。

读字表法始自高本汉，这种方法一直是传统方言学沿用至今的调查方言的方法，它可以使整理一种方言的声韵调系统的工作非常高效而全面。但读字表法的局限也很明显，调查得到的结果是字的文读音，而不是字在具体词语中的发音。正如贺登崧在《汉语方言地理学》中所说："让被调查人读字表，几乎无法了解方言的现实情况。"① 因为本书的目的是调查研究河间方言的变异，而不是整理记录河间方言的声韵调系统，因此我们设计的字表、词表只包括变异内容。为了避免读字表法只能得到文读音的不足，我们还设计了包含变项的读图说词环节。

3. 记录、录音相结合的方法

调查问卷采用面对面询问记录的方式进行，而字词表和读图部分采用录音方式进行。录音技术的发展使得调查效率大大提高，尽管增加了事后整理和录入的工作量，但采用微型录音设备不仅降低了实施调查本身对被调查者的影响，同时也使得调查工作有据可查，方便了事后的核对工作，而且还为以后的调查数据再利用和深度开发留下了宝贵资料。

4. 定性、定量相结合的分析方法

对调查结果采用 SPSS 进行数据统计分析，在定量分析的基础上进行定性分析，研究结论以统计分析为基础，尽量避免主观性。

第二节　抽样方案

社会语言学所作的语言调查，和其他社会调查一样，不太可能像人口普查那样调查区域内的每一个人，因此往往采用典型调查或者抽样调查的方式。所谓抽样调查，是仅调查全体研究对象中的一部分对象，全体研究对象称为总体，而按照一定程序抽出的一部分研究对象称为样本。抽中的样本要能够对总体具有代表性，能够根据样本对全部调查研究对象作出估计或推断，就需要按照规定的方法和程序进行操作。一项

① ［比］贺登崧：《汉语方言地理学》，石汝杰译，第 4 页。

抽样调查是否成功，主要取决于抽样的设计和分析，因此，制定合理可行的样本抽取方案是十分重要的。河间方言的社会语言学研究就是采用抽样方式进行调查的。下面介绍具体的抽样方案，这对解读本书的基础数据和了解相关结论很有帮助。

一、抽样操作

具体操作步骤是：一级抽样是从河间市范围内综合考虑人口规模的大小、方言差异的大小、乡镇的地理分布等因素，选取 5 个样本乡镇。二级抽样则是每个乡镇按照人口多少抽取 4 个样本村，村内则按照简单随机抽样方式抽取 20 个被调查对象。

二、抽样结果

图 2－1 是一级抽样选取的样本乡镇示意图。

图 2－1　样本分布示意图（在中华地图网复制图基础上制作）

从地图看，河间市呈蝴蝶状分布，因为河间方言的内部差异主要是河东和河西的差异，所以选取的样本乡镇基本沿东西向排列，米各庄镇则兼顾南北。

表 2－1 是二级抽样的街道和村及其实际有效样本数。

表 2-1　调查样本地域分布基本情况

抽样乡镇	抽样街道村庄名	有效样本数
市区	医院、公安、工商、超市等社会服务及公共场所	19
	河间市邮电小区、曙西别墅小区等	21
瀛州镇	六街	20
	五街	20
	樊庄	20
	流水套村	20
	薛庄	20
米各庄镇	米各庄村	20
	前豆务村	20
	前榆杭村	20
	南留路村	19
沙河桥镇	西良村	20
	宋位村	18
	姜刘村	20
	付位村	19
兴村乡	西榆林庄村	20
	康店村	20
	西堤村	20
	蔡楼村	20
黎民居乡	黎民居村	15
	窦庄村	18
	召庄村	17
	崔庄子村	20
总计		446

第三节　调查问卷和字词表图设计

问卷是大多数规模较大的调查项目都使用的调查工具，作为一种结构化的调查，问卷调查有很多好处。问卷的问题形式、顺序、答案基本固定，可以避免研究者或者调查员把主观偏见带进调查研究中。而且，问卷调查的结果便于量化和统计处理及分析。问卷设计的质量，不仅直接关系着调查工作能否顺利进行，对调查数据和研究结论更是“生死攸关”，因此，社会语言学调查研究非常重视问卷设计环节。

在河间方言的社会语言学研究中，除了调查问卷外，还设计了字词表和读图说词内容。

一、调查问卷设计

调查问卷的设计主要参考了《中国语言文字使用情况调查资料》和国家语委重大项目“普通话普及情况调查”的调查问卷内容，同时结合河间市的具体情况作了适当调整。这样做的好处，一是可以充分利用全国和河北省的以往调查的有关数据；二是问卷内容和问题经过调查实践检验，信度、效度有保证；三是作者本人作为这两次大规模调查的主要参与者，在问卷内容设计方面避免了抄袭剽窃之嫌。

河间语言生活状况调查问卷分五部分内容：

（一）被调查者的背景情况

1. 性别
2. 年龄
3. 民族
4. 居住迁徙情况
5. 职业
6. 受教育程度

（二）被调查者语言能力情况

1. 母语
2. 语言能力
3. 普通话程度

（三）被调查者语言使用情况

1. 家庭用语言
2. 社会生活用语言
3. 公务活动用语言
4. 工作用语言

（四）被调查者语言学习情况

1. 普通话学习途径

2. 普通话学习动机

（五）被调查者语言态度

1. 中小学教学语言的选择

2. 语言评价

3. 语言偏好

4. 语言认同

5. 语言变化感受

二、字词表图设计

调查方言变异的调查表内容包括单字表、词语表、语法表和图片四部分（详见附录一）。

社会语言学调查的特点是调查范围广，样本量大，为了节约时间，调查的项目不能太多，并且要力争每一个调查项目都能够反映方言的变异。从单字到词汇到语法，每一项都需要承载相应的调查意图，对调查假设起到证实证伪作用。

因为人力、资金和时间问题，必须事先设计一个简洁扼要但又能够反映方言变异、能够得到要调查方言的关键性资料的调查表。因此对所调查方言的变异需要做大量案头工作，文献资料的搜集和探索性调查非常重要。首先，对该方言进行深入的了解，仔细辨别哪些方言事实是有调查价值的，能够作为变项进行调查，该变项存在哪些变体；哪些仅仅是特殊的偶发现象，需要剔除。精挑细选调查表所用的每一个字词。经过仔细调查又深思熟虑而编制的表格，每一个词条、每一个问题都具有体现方言变异的意义，可以调查到有价值的资料，节约调查成本，使后期的分析能够切中要害。

字表的内容根据研究目的和所研究方言的性质、类型确定。其实，在汉语方言调查的实践中，字表的汉字的音读调查常常是不太考虑语言的实际使用语境的，从社会语言学的研究目的来说，以字表为调查工具来调查方言变异并不是好的调查方法。脱离字表、通过诱发被调查对象自发性谈话来获取自然状态下的语言资料被认为是语言学调查最好的方法。社会语言学调查方言变异往往交互使用调查字表、词表和自由谈话的方式，以期对调查变项进行比较周全的调查。如在研究语体变异的时候，社会语言学就采用不同的方法进行，像读字表语体和读文本语体采用调查表，而对正式语体和轻松语体的调查就不用调查表而采用交谈或独白方式。

本调查的字词表选材主要参考了李行健《河北方言词汇集》、《汉语方言地图集·词汇卷》、百度网河间吧、《昌黎方言志》、《河间县志》、《河间市志》等。读图说词所用图片除个别为自己拍摄的以外，均下载自网络。

（一）字表

河间方言调查字表，选取了反映河间方音特征的字。包括零声母开口呼字组、尖团音字组、文白异读字组，以及一些特字。选字主要考虑了以下因素：字的读音在河间方言里和在普通话里有差异，字的声韵调分布尽量平衡，字要常用常见。

（二）词语表

河间方言词语调查，选取了人称代词、反映家庭成员关系的亲属称谓词、自然现象词语、生活词语等。这些词在河间方言中与普通话说法存在不同。

（三）语法表

河间方言语法现象调查，选取具有河间方言特色的正反疑问句句末用“不”的语法现象。

（四）读图说词

河间方言读图说词调查，选取与词语表中的词语相配的图片，以其反映在比较自然的语言状态下词语调查项的变异状况。

第四节 本研究的特点

本书对市（县）语言生活状况和方言变异现象进行社会语言学考察，一方面着力描写处于城镇化进程中的村镇语言生活，另一方面也着力把村镇方言置于语言生活的大背景下进行村镇方言变异的描写分析，力图在社会语言学理论应用和发展上有所发现和创新。

一、社会语言学宏观研究和微观研究的有机结合

传统的汉语方言调查以整理方言的语音、词汇和语法系统为目的，

大多采用记音的模式进行，很少考虑影响语言使用的社会因素，调查者的性别、年龄、职业、身份等往往被忽略。近些年，虽然已经有学者开始尝试运用社会语言学方法调查方言，但针对一种方言进行语言生活宏观背景下的微观语言变异研究还很少。本书尝试使关于语言生活的宏观研究内容与语言变异的相对微观研究内容有机结合，在理论方法方面能够水乳交融。通过问卷的调查方式获取资料，考察和分析河间市语言生活状况，以求客观描述河间市的全面完整的语言生活图景，同时为河间方言变异考察分析提供宏观大背景。从河间方言与普通话的差异点入手，编制调查字词表，利用统计软件，考察和分析河间方言的变异，以量化方式对方言变异进行分析。

在方言与普通话十分接近的情况下，区分出方言成分并确定其存在变异现象，并满足作为变项考察分析的条件，面临着学术方面的诸多困难。另外，设计变项过多，会增加调查的工作量，变项过少，则不能满足考察变异规律性的需求。在有效和必要的前提下确定变项，在调查前期的准备工作中是非常耗时、费力的一项工作。

二、研究结论的理论创新

关于汉语方言的变化方向和层次研究近年来成果渐多，但具有统计意义的定量研究成果比较少，本研究在研究方法和内容上具有一定的创新。从变异研究角度提出“尖音团化”概念，对传统汉语方言学的“尖团合流”加以讨论，深化了对汉语尖音字变化问题的认识，具有一定理论创新性。通过变异分析，预测某些方言字音和词语的生命力状况，可以说是一次有意义的尝试。

三、社会语言学研究内容和理论方面的补充

社会语言学目前进行的城市方言研究，是以城市为背景，以社区理论为基础，对城市异质性高、流动性强的语言环境进行研究。我国农村地区往往被视为落后、保守、较少冲突和变化的社会，因此语言变化不易被觉察。但实际上，语言变化是无处无时不在的，近些年来乡村语言的变化尤为明显。进行乡村方言变异研究可以丰富社会语言学方言研究的内容，在理论上加以补充。

社会语言学重视社会因素对语言变化的影响，通过考察语言变式的分布分析社会因素的影响。本研究通过分析不同类型语言变异，比较不同社会因素的影响，对人们通常一概而论的社会因素进行了较为清晰的描写。

第三章　语言生活调查分析

语言生活调查研究，自进入21世纪以来就成为中国语言研究的热点之一。语言生活，又称语言状况，它是对人们语言使用、语言学习、语言态度等情况的概括，从一些对语言生活的研究可以发现，语言生活的研究范围大至国家、民族，小至家庭、个人。语言生活的研究往往采用宏观角度进行描写，关注语言政策、语言规划、语言教育等宏观社会语言学问题，很少涉及具体语言成分的表现。但这并不是说，宏观的语言状况与微观的语言变异没有关系，相反的，任何微观的语言成分变异都是在宏观的语言生活状况的大背景下发生的。河间方言也不例外。本章就以河间市为研究区域，在分析调查数据基础上描绘一个县级市的语言生活状况，并试图提供一个河间方言发生变异的语言生活的大环境。

第一节　样本分布

样本分布实际上体现了抽取样本代表总体的质量。如果样本在主要指标方面严重偏离总体，就会严重影响数据质量，据此所得的调查结论也就失去了可靠性。本节交代调查样本分布的情况。

一、样本总体分布情况

按照调查方案设计，米各庄镇、沙河桥镇、黎民居乡、兴村乡4个乡镇各分配80个样本量，河间市政府所在地瀛州镇100个样本量，另外公共场合50个样本量，共计470个。实际调查样本460个，有效样本446个，有效率达96.96%。样本来自21个抽样单位，包括河间市区的两个街道和3个村庄，以及其他4个乡镇的16个村庄。样本的具体分布情况如表3－1。

表 3－1　样本分布基本数据

背景类别	类别选项	样本数	百分比
城乡	市镇	136	30.5
	乡村	310	69.5
性别	男	165	37.0
	女	281	63.0
民族	汉	419	93.9
	回	27	6.1
年龄段	18 岁以下	78	17.5
	18—30 岁	102	22.9
	31—40 岁	122	27.4
	41—50 岁	106	23.8
	50 岁以上	38	8.5
受教育程度	小学及以下	56	12.6
	初中	203	45.5
	高中（包括中专）	112	25.1
	大专及以上	75	16.8
是否在外地生活三年以上	是	61	13.7
	否	385	86.3
职业	教师	27	6.1
	教师以外的专业技术人员	35	7.8
	公务员	23	5.2
	党群组织负责人和企事业单位负责人	27	6.1
	办事人员和有关人员	20	4.5
	农、林、牧、渔、水利业生产人员	58	13.0
	商业、服务业人员	80	17.9
	生产、运输设备操作人员及有关人员	25	5.6
	学生①	86	19.3
	不在业人员	65	14.6

① “学生”不是职业类别，为统计分析方便，也作为职业类处理。

二、样本分布说明

（一）性别分布

从表3－1看，调查样本的性别比与河间市的实际人口统计有较大差异，这与目前中国农村的人口现状有很大关系。我们调查的时间在2011年4—5月，虽然其时正是春播时节，但农村的部分男性劳动力外出打工或经商，在农村留守的多数是老人、妇女和孩子。我们参考其他社会调查时也发现存在同样的性别比例女多男少问题。

（二）年龄分布

本次调查，年龄分为5个年龄段，18岁以下为以学生为主的青少年组，50岁以上为老年组。从年龄段分布看，每个年龄段的样本量均达到统计要求。

从性别、年龄交叉表来看（见表3－2），男女的比例差异主要体现在18—40岁年龄段。这与前面提及的男性人口大量外出工作或经商情况相吻合。而在50岁以上年龄段，男性样本多于女性。

表3－2　　　　性别与年龄段交叉表

性别		年龄段					合计
		18岁以下	18—30岁	31—40岁	41—50岁	50岁以上	
男	样本数	35	29	36	40	25	165
	百分比	44.9	28.4	29.5	37.7	65.8	37.0
女	样本数	43	73	86	66	13	281
	百分比	55.1	71.6	70.5	62.3	34.2	63.0
总计	样本数	78	102	122	106	38	446
	百分比	100.0	100.0	100.0	100.0	100.0	100.0

（三）民族分布

河间市除汉族外，少数民族主要是回族，有民族乡果子洼回族乡。我们的样本中，有6.3%的回族样本。因为除少数词语外回族所用语言基本和汉语相同，所以本书在数据分析时不考虑民族因素。

（四）受教育程度分布

样本的受教育程度分布，小学及以下的所占比例最小，为12.6%，占比最大的是初中教育程度，为45.5%，这与国家普及九年制义务教育有很大关系。受教育程度集中在初中，其次是高中，这种集中趋势也比较符合农村的实际教育状况。

结合年龄段来看受教育程度，初中程度在所有年龄段中均占比最高，但不同年龄段内存在差异。除在校学生外，小学及以下程度的主力是50岁以上年龄的人，高中程度占比最高的是18—30岁年龄段，大专及以上程度以41—50岁为主（见表3－3）。

表3－3　受教育程度与年龄段交叉表

受教育程度		年龄段					合计
		18岁以下	18—30岁	31—40岁	41—50岁	50岁以上	
小学及以下	样本数	37	2	4	4	9	56
	百分比	47.4	2.0	3.3	3.8	23.7	12.6
初中	样本数	41	55	49	43	15	203
	百分比	52.6	53.9	40.2	40.6	39.5	45.5
高中（包括中专）	样本数	0	38	37	25	12	112
	百分比	0.0	37.3	30.3	23.6	31.6	25.1
大专及以上	样本数	0	7	32	34	2	75
	百分比	0.0	6.9	26.2	32.1	5.3	16.8
总计	样本数	78	102	122	106	38	446
	百分比	100.0	100.0	100.0	100.0	100.0	100.0

（五）迁徙情况

迁徙是语言发生变异的重要因素。在样本中，有过在外居住三年以上经历的人占13.7%，考虑到调查时的季节因素，这个比例可能会低于实际有迁徙经历人口的比例。

（六）职业分布

为了利用已有的调查数据和与其他调查数据比较，职业分类采用了国家标准。从表3－1可以看出，商业服务业人员和学生比例最高，其次是农民和不在业人员，党群组织负责人因样本量过少，与企事业单位负责人合并，2000年人口普查分县资料也是这两类合并公布的。

第二节　语言能力

语言能力作为人们日常生活的必备能力和参与社会交际和社会事务的基本能力，是一个国家、民族、地区、社群内部和之间进行交流沟通的基本保证。语言能力是语言生活的基本要素，研究一个区域的语言生活，必须对区域内人们所具有的语言能力进行研究。讨论北方方言区河间市的语言生活，我们重点考察构成河间人语言能力的主要方面，包括最先会说的话（即母语或母方言）、区域内方言河间话和国家通用语言普通话。

一、母语情况

在我国，除少数民族自治区域外，广大县市级及以下行政区域内绝大多数的人从小会说的母语是汉语方言。在河间市，从小会说河间方言的比例是99.6%，从小同时会说河间方言和普通话的比例仅为0.4%（见表3-4）。

表3-4　　母语基本数据

从小最先会说的话	样本数	百分比
河间话①	444	99.6
河间话和普通话	2	0.4
总计	446	100.00

河间市调查的结果反映出，在广大市（县）范围内方言作为母语是基本的语言现实。无论男女老幼、何种职业，土生土长的河间人最先会说河间话，是顺理成章的事，这其实也反映了我国方言单一地区的普遍状况。从小会说河间方言和普通话的比例尽管很小，只有0.4%，但这个人群很有典型性和代表性：他们年龄小，都是市区人。

二、语言能力基本数据

问卷涉及语言能力的内容有两部分，一是被调查者能用哪些话与人

① 在调查问卷中河间方言用更通俗的“河间话”表述，数据表中的河间话即指河间方言。行文中河间话和河间方言同时使用，没有区别。

交谈，二是被调查者的普通话程度。

（一）交际语言能力

调查数据显示（见表3－5），在河间市区域内，能用河间方言与人交谈的比例为100%。其中能用河间方言的同时还会说普通话的比例最高，达到83.2%，只能用河间方言交谈的比例只有16.1%，另外，还有0.7%的比例是会说河间方言、普通话和英语。

表3－5　　交际语言能力基本数据

	样本数	百分比
河间话	72	16.1
河间话和普通话	371	83.2
河间话、普通话和英语	3	0.7
	446	100.0

（二）普通话程度

数据统计显示（见表3－6），在河间市能够使用国家通用语言普通话进行交际的比例达到83.9%，但普通话的水平则不高，基本上是我们称之为地方普通话的水平。被调查者的普通话程度集中在“能熟练使用但有些音不准”、“能熟练使用但口音较重”和“基本能交谈但不太熟练”，也有16.8%的被调查者属于不会普通话一类（指“能听懂但不太会说”、“能听懂一些但不会说”、“听不懂也不会说”三个水平）。

表3－6　　不同普通话程度的基本数据

		样本数	百分比
普通话程度	能流利、准确地使用	57	12.8
	能熟练使用但有些音不准	116	26.0
	能熟练使用但口音较重	98	22.0
	基本能交谈但不太熟练	100	22.4
	能听懂但不太会说	54	12.1
	能听懂一些但不会说	20	4.5
	听不懂也不会说	1	0.2
	总计	446	100.0

三、因素分析

（一）交际语言能力因素分析

表3－7　　交际语言能力与影响因素交叉分析差异显著性统计

相关因素	Value	Asymp. Sig.（2-sided）
能用哪些话与人交谈＊ 城乡	0.128	0.024
能用哪些话与人交谈＊ 性别	0.086	0.192
能用哪些话与人交谈＊ 年龄段	0.343	0.000
能用哪些话与人交谈＊ 是否在外地三年	0.230	0.000
能用哪些话与人交谈＊ 职业	0.373	0.000
能用哪些话与人交谈＊ 受教育程度	0.215	0.001

Value值（下标V值）和P值（表中的Sig. 值）是衡量交叉分析中两个变量关系强度的常用指标，V值的大小反映了两个变量之间相关关系的强弱，V值0.10表示关系弱，V值0.30表示一般，V值0.50表示关系强。P值小于0.05表示存在显著性差异。表3－7统计分析结果显示，语言能力受居住地、年龄、迁徙、职业和受教育程度等因素影响显著，而性别因素对语言能力的影响并不明显。

下面我们对交际语言能力影响显著的因素分别进行考察。

1. 居住地

表3－8　　语言能力与城乡交叉表

语言能力		居住地		总计
		城	乡	
河间话	样本数	19	53	72
	百分比	14.0	17.1	16.1
河间话和普通话	样本数	114	257	371
	百分比	83.8	82.9	83.2
河间话、普通话和外语	样本数	3	0	3
	百分比	2.2	0.0	0.7
总计	样本数	136	310	446
	百分比	100.0	100.0	100.0

从表3－8看，城镇和乡村能用河间话和普通话与人交谈的比例差距并不大，乡村只会河间话的比例仅高出3%。居住地的城乡差异主要体现在，会说河间话、普通话和英语的被调查者全部来自于城镇，乡村会说英语的样本数为0。

2. 年龄

一般情况下，年龄对语言能力存在影响。尤其是普通话，作为国家通用语言，年龄越大，学习普通话的时间越晚，掌握起来就越困难。调查数据也证实了这一点（见表3－4）。

表3－9　语言能力与年龄段交叉表

语言能力		年龄段					总计
		18岁以下	18—30岁	31—40岁	41—50岁	50岁以上	
河间话	样本数	0	18	14	20	20	72
	百分比	0.0	17.6	11.5	18.9	52.6	16.1
河间话和普通话	样本数	78	83	108	84	18	371
	百分比	100.0	81.4	88.5	79.2	47.4	83.2
河间话、普通话和外语	样本数	0	1	0	2	0	3
	百分比	0.0	1.0	0.0	1.9	0.0	0.7
总计	样本数	78	102	122	106	38	446
	百分比	100.0	21.6	22.1	100.0	100.0	100.0

以折线图显示年龄段和语言能力的关系可能更直观（见图3－1）。年龄越大，只能用河间话与人交谈的比例越高，能同时用普通话和河间话与人交谈的比例越低。年龄越低，只能用河间话与人交谈的比例越低，能同时用普通话和河间话与人交谈的比例越高。

3. 迁徙

离开本乡本土到外地生活，往往需要学习使用母语之外的方言或语言，因此，是否在外地生活过和掌握通用语言普通话的情况也有关系。数据显示，在外地居住过三年以上的群体只会河间话的比例远远低于没有在外地居住过三年以上的群体。语言能力受迁徙因素的影响很大，语言能力在是否有迁徙经历的分布上有显著差异（见表3－10）。

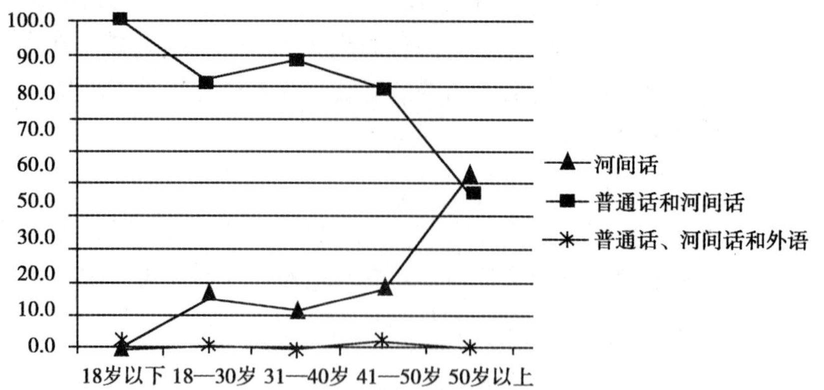

图3－1 不同年龄段语言能力比例折线图

表3－10 语言能力与是否在外地三年交叉表

语言能力		是否在外地三年		总计
		是	不是	
河间话	样本数	3	69	72
	百分比	4.9	17.9	16.1
河间话和普通话	样本数	55	316	371
	百分比	90.2	82.1	83.2
河间话、普通话和外语	样本数	3	0	3
	百分比	4.9	0.0	0.7
总计	样本数	61	385	446
	百分比	100.0	100.0	100.0

4. 职业

职业和语言能力关系密切。不在业人员和农、林、牧、渔、水利业生产人员只会河间话的单语言能力比例高于其他职业人群。但他们具备河间话和普通话交际能力的比例均超过60%。有些职业比如教师被要求必须掌握国家通用语言普通话，教育、行政、商业服务业是国家推普重点领域。在调查的样本中，教师、学生、教师之外的专业技术人员、公务员能用普通话与人交谈的比例均在90%以上（见表3－11）。在说河间话的基础上，又能用普通话与人交谈，这种同时具备方言和通用语言的双语或称双方言能力可以说是目前我国语言能力状况的基本态势。

表 3－11　不同职业语言能力的基本数据（%）①

职业	河间话	河间话和普通话	河间话、普通话和外语	总计
教师	0.0	100.0	0.0	100.0
学生	0.0	98.8	1.2	100.0
公务员	4.3	91.3	4.3	100.0
教师以外的专业技术人员	5.7	91.4	2.9	100.0
党群组织负责人及企事业单位负责人	14.8	85.2	0.0	100.0
办事人员和有关人员	15.0	85.0	0.0	100.0
商业、服务员人员	17.1	82.9	0.0	100.0
不在业人员	32.3	67.7	0.0	100.0
农、林、牧、渔、水利业生产人员	39.7	60.3	0.0	100.0

5. 受教育程度

尽管人们接触普通话的渠道越来越多，接触面越来越广，但学校教育仍然是人们学习普通话的主要途径之一，受教育程度对通用语言的掌握影响很大。调查结果表明（见表 3－12），随着受教育程度提高，只会用河间话与人交谈的比例下降，会用河间话和普通话与人交谈的比例上升。同时会河间话、普通话和外语的样本过少，这里不讨论。

表 3－12　语言能力与受教育程度交叉表

语言能力		受教育程度				总计
		小学及以下	初中	高中（包括中专）	大专及以上	
河间话	样本数	16	39	14	3	72
	百分比	28.6	19.2	12.5	4.0	16.1

① 注：学生不属于职业类，但为方便说明问题，本书把学生放在职业分类中一起讨论。下文同类情况不再注明。

续表

语言能力		受教育程度				总计
		小学及以下	初中	高中（包括中专）	大专及以上	
河间话和普通话	样本数	40	164	97	70	371
	百分比	71.4	80.8	86.6	93.3	83.2
河间话、普通话和外语	样本数	0	0	1	2	3
	百分比	0.0	0.0	0.9	2.7	0.7
总计	样本数	56	203	112	75	446
	百分比	1000	100.0	100.0	100.0	100.0

（二）普通话程度因素分析

为考察被调查者的普通话程度与哪些因素有关，我们对普通话程度与社会因素进行了交叉卡方检验，结果如表3-13。

表3-13 普通话程度与影响因素交叉分析差异显著性统计

相关因素	Value	Approx. Sig.
普通话程度 * 城乡	0.186	0.013
普通话程度 * 性别	0.129	0.270
普通话程度 * 年龄段	0.408	0.000
普通话程度 * 是否在外地三年	0.231	0.000
普通话程度 * 职业	0.519	0.000
普通话程度 * 受教育程度	0.400	0.001

如同交际语言能力的情况，普通话程度的性别分布差异没有达到显著性水平，而其他因素均对普通话程度有明显影响，我们逐一分析。

1. 城乡

表3-14 普通话程度与城乡交叉表

			城乡		总计
			城	乡	
普通话程度	能流利、准确地使用	样本数	24	33	57
		百分比	17.6	10.6	12.8

续表

			城乡		总计
			城	乡	
普通话程度	能熟练使用但有些音不准	样本数	28	88	116
		百分比	20.6	28.4	26.0
	能熟练使用但口音较重	样本数	27	71	98
		百分比	19.9	22.9	22.0
	基本能交谈但不太熟练	样本数	34	66	100
		百分比	25.0	21.3	22.4
	能听懂但不太会说	样本数	22	32	54
		百分比	16.2	10.3	12.1
	能听懂一些但不会说	样本数	1	19	20
		百分比	0.7	6.1	4.5
	听不懂也不会说	样本数	0	1	1
		百分比	0.0	0.3	0.2
总计		样本数	136	310	446
		百分比	100.0	100.0	100.0

从城乡差异看（见表3－14），城镇普通话最高程度“能流利、准确地使用”的比例高出乡村7个百分点，但总体看，会熟练说普通话的比例（前三个程度总和）城乡之间差距并不大，乡村还略超城镇。

2. 年龄

从年龄分布看（见表3－15），18岁以下年龄段集中在前三个程度“能流利、准确地使用”、“能熟练使用但有些音不准”、“能熟练使用但口音较重”，18—30岁、31—40岁、41—50岁三个年龄段集中分布在“能熟练使用但有些音不准”、“能熟练使用但口音较重”、“基本能交谈但不熟练”三个程度，31—40岁年龄段选择“能熟练使用但有些音不准”的比例较高。50岁以上年龄段则集中在“能听懂但不太会说”程度。

表3－15　　普通话程度与年龄段交叉表

普通话程度		年龄段					合计
		18岁以下	18—30岁	31—40岁	41—50岁	50岁以上	
能流利、准确地使用	样本数	19	13	12	13	0	57
	百分比	24.4	12.7	9.8	12.3	0.0	12.8
能熟练使用但有些音不准	样本数	21	25	40	24	6	116
	百分比	26.9	24.5	32.8	22.6	15.8	26.0
能熟练使用但口音较重	样本数	24	26	24	22	2	98
	百分比	30.8	25.5	19.7	20.8	5.3	22.0
基本能交谈但不太熟练	样本数	14	22	27	28	9	100
	百分比	17.9	21.6	22.1	26.4	23.7	22.4
能听懂但不太会说	样本数	0	11	15	11	17	54
	百分比	0.0	10.8	12.3	10.4	44.7	12.1
能听懂一些但不会说	样本数	0	5	4	8	3	20
	百分比	0.0	4.9	3.3	7.5	7.9	4.5
听不懂也不会说	样本数	0	0	0	0	1	1
	百分比	0.0	0.0	0.0	0.0	2.6	0.2
总计	样本数	78	102	122	106	38	446
	百分比	100.0	100.0	100.0	100.0	100.0	100.0

从相关系数看（见表3－16），年龄段与普通话程度之间存在相关关系。

表3－16　　普通话与年龄段程度相关分析

		年龄段	普通话程度
年龄段	Pearson Correlation	1	0.284 **
	Sig. (2-tailed)		0.000
	N	446	446
普通话程度	Pearson Correlation	0.284 **	1
	Sig. (2-tailed)	0.000	
	N	446	446

**. Correlation is significant at the 0.01 level (2-tailed).

皮尔逊相关系数＝0.284，双尾检验P值＝0.000＜0.05，年龄与普通话程度呈正相关关系。

3. 迁徙

表 3－17　　普通话程度与是否在外地三年交叉表

			是否在外地三年		总计
			是	否	
普通话程度	能流利、准确地使用	样本数	13	44	57
		百分比	21.3	11.4	12.8
	能熟练使用但有些音不准	样本数	28	88	116
		百分比	45.9	22.9	26.0
	能熟练使用但口音较重	样本数	8	90	98
		百分比	13.1	23.4	22.0
	基本能交谈但不太熟练	样本数	8	92	100
		百分比	13.1	23.9	22.4
	能听懂但不太会说	样本数	4	50	54
		百分比	6.6	13.0	12.1
	能听懂一些但不会说	样本数	0	20	20
		百分比	0.0	5.2	4.5
	听不懂也不会说	样本数	0	1	1
		百分比	0.0	0.3	0.2
总计		样本数	136	61	385
		百分比	100.0	100.0	100.0

迁徙因素对普通话程度的影响非常明显（见表 3－17）。有在外地生活三年及以上迁徙经历的被调查者，其普通话程度集中在“能流利、准确地使用”和“能熟练使用但有些音不准”两个水平，而“听不懂也不会说”或者“能听懂一些但不会说”普通话的比例都来自没有迁徙经历的人。人口流动对普通话普及的作用由此可见一斑。

4. 受教育程度

受教育程度与普通话程度也存在高度相关关系（见表 3－18）。

表 3－18　　普通话程度与受教育程度相关分析①

		受教育程度	普通话程度
受教育程度	Pearson Correlation	1	－0. 267 **
	Sig. （2-tailed）		0. 000
	N	446	446
普通话程度	Pearson Correlation	－0. 267 **	1
	Sig. （2-tailed）	0. 000	
	N	446	446

** . Correlation is significant at the 0. 01 level（2-tailed）.

皮尔逊相关系数 = －0. 267，双尾检验 P 值 =0. 000 <0. 05，受教育程度与普通话程度存在相关关系。受教育程度越高，普通话程度也越高。

5. 职业

表 3－19　　不同职业普通话程度的基本数据（%）

	教师	不在业人员	教师以外的专业技术人员	公务员	党群组织负责人及企事业单位负责人	办事人员和有关人员	农、林、牧、渔、水利业生产人员	商业、服务员人员	学生	总计
能流利、准确地使用	29. 6	3. 1	14. 3	13. 0	11. 1	5. 0	1. 7	9. 5	27. 9	12. 8
能熟练使用但有些音不准	25. 9	6. 2	57. 1	34. 8	44. 4	45. 0	13. 8	24. 8	25. 6	26. 0
能熟练使用但口音较重	37. 0	15. 4	11. 4	30. 4	22. 2	15. 0	20. 7	17. 1	32. 6	22. 0
基本能交谈但不太熟练	7. 4	41. 5	11. 4	17. 4	7. 4	20. 0	24. 1	29. 5	14. 0	22. 4
能听懂但不太会说	0. 0	21. 5	2. 9	0. 0	14. 8	10. 0	29. 3	15. 2	0. 0	12. 1
能听懂一些但不会说	0. 0	10. 8	2. 9	4. 3	0. 0	5. 0	10. 3	3. 8	0. 0	4. 5
听不懂也不会说	0. 0	1. 5	0. 0	0. 0	0. 0	0. 0	0. 0	0. 0	0. 0	0. 2

① 注：因为受教育程度是从低到高排列赋值，而普通话程度是从高到低排列赋值，因此 Pearson Correlation 呈负值。

从表3－19的数据可以看出，普通话程度的职业分布差异很大，教师、学生的普通话在“能流利、准确地使用”程度上比例较高，而教师以外的专业技术人员、党群组织负责人及企事业单位负责人、办事人员和有关人员三类人群的普通话水平在“能熟练使用但有些音不准”程度上比例高。不会说或者不太会说普通话的人主要是不在业人员和农、林、牧、渔、水利业生产人员。

第三节　语言使用

语言能力是语言使用的基础，语言使用是语言能力的外显，语言使用是构成语言生活的最重要因素，语言生活的活跃、丰富与和谐主要取决于语言使用。因此，中国社会语言学界历来重视语言使用调查，分析研究语言使用状况及其相关因素。

作为县级市，河间的城市化程度并不高，外来人口很少，河间话在河间语言生活的所有场合都是绝对主角。

一、语言使用基本数据

河间人的家庭用语是河间话，这是理所当然的，在集贸市场、医院、政府部门和单位，河间话都是最主要的交际工具。但调查显示，被调查者在家里说普通话的比例已有3.1%，在政府部门办事时普通话使用比例最高，达到了25.1%。

家庭是方言使用比例最高的场合，有97%的被调查者自报在家里使用河间话，但也有2%的人在家只用普通话，1.1%的人在家同时使用河间话和普通话。

走出家门，在以当地人为主的集贸市场，河间话依然是主要交际用语，但普通话的使用比例明显提高了，达到8.5%。

在医院使用河间话的比例依然保持81.2%的绝对优势，但普通话的使用已经上升到19.3%。

在政府部门办事用河间话的比例下降到70.9%，使用普通话的比例上升到了25.1%。

由于务农者和学生属于无单位者，因此，41.9%的被调查者是“无此情况”。去除“无此情况”者后，在单位使用河间话的比例继续下降，使用普通话的比例相对上升。

随着交际场合正式性的上升，方言区人使用通用语言的比例也呈增加趋势。使用方言还是普通话与场合的正式性有关，普通话常常与正式场合相联系，而方言往往与非正式场合同现。我们的调查进一步证实了这种研究假设和人们的感性认识（见表 3－20）。

表 3－20　　不同场合使用语言的百分比

交际场合	河间话	普通话	河间话和普通话	样本数
家庭用语言	96.9	2.0	1.1	446
集贸市场用语言	91.5	8.1	0.4	446
医院用语言	80.3	17.0	2.8	436
政府部门用语言	73.1	24.0	2.9	416
单位用语言	64.7	33.2	1.9	259

我们还可以用更直观的柱形图来表示不同场合方言和普通话使用频率的消长（见图 3－2）。

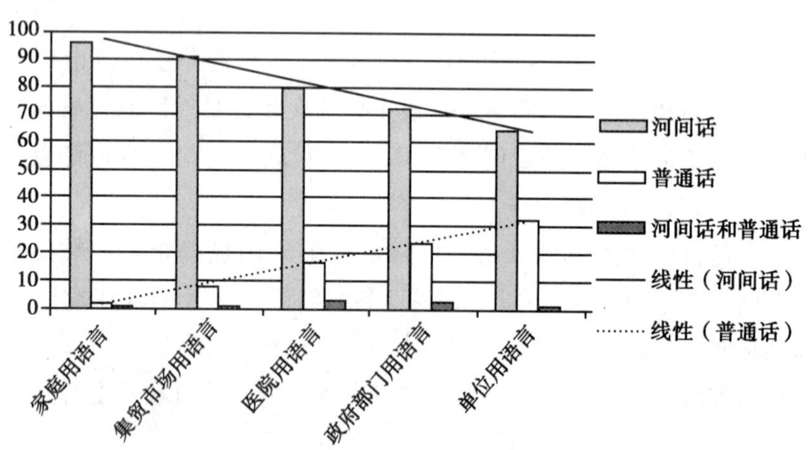

图 3－2　不同场合使用河间话和普通话的百分比

二、因素分析

语言使用与使用者的背景因素有关，这是人们的一般感受，但语言使用具体受哪些因素影响及影响的显著性怎样，则需要通过对调查数据的统计分析来解答。我们以家庭和单位场合为例考察不同因素对语言使用的影响。

表 3－21　语言使用与社会因素交叉分析差异显著性统计

相关因素	Value	Approx. Sig.
家庭语言使用 * 城乡	0.090	0.161
家庭语言使用 * 性别	0.125	0.028
家庭语言使用 * 年龄段	0.168	0.111
家庭语言使用 * 是否在外地三年	0.055	0.509
家庭语言使用 * 职业	0.203	0.262
家庭语言使用 * 受教育程度	0.169	0.041
单位语言使用 * 城乡	0.141	0.449
单位语言使用 * 性别	0.038	0.970
单位语言使用 * 年龄段	0.422	0.067
单位语言使用 * 是否在外地三年	0.240	0.116
单位语言使用 * 职业	0.615	0.097
单位语言使用 * 受教育程度	0.438	0.076

从表 3－21 看，影响家庭语言使用的因素只有性别和受教育程度具有显著性，而单位语言使用在居住地、性别、年龄、迁徙、职业和受教育程度的分布差异均未达到显著水平，证明这些因素对单位场合语言使用的影响都不明显。也就是说，在河间，无论是家庭场合的语言使用还是单位场合的语言使用，都是比较稳定和趋同的，很少受社会因素的影响，不同人群之间家庭和单位的语言使用差异比较小，语言使用与使用者个人因素的关系不紧密。

我们分析一下对家庭语言使用影响显著的性别和受教育程度因素。

表 3－22　　家庭语言使用与性别交叉表

			性别		总计
			男	女	
家庭用语言	河间话	样本数	157	275	432
		百分比	95.2	97.9	96.9
	普通话	样本数	7	2	9
		百分比	4.2	0.7	2.0
	河间话和普通话	样本数	1	4	5
		百分比	0.6	1.4	1.1
总计		样本数	165	281	446
		百分比	100.0	100.0	100.0

家庭使用语言的性别差异主要体现在，男性单用普通话的比例高于女性，女性并用河间话和普通话的比例略超男性（见表 3－22）。

表 3－23　　家庭语言使用与受教育程度交叉表

			受教育程度				总计
			小学	初中	高中（包括中专）	大专及以上	
家庭用语言	河间话	样本数	52	196	109	74	431
		百分比	94.5	96.6	97.3	98.7	96.9
	普通话	样本数	0	5	3	1	9
		百分比	0.0	2.5	2.7	1.3	2.0
	河间话和普通话	样本数	3	2	0	0	5
		百分比	5.5	1.0	0.0	0.0	1.1
总计		样本数	55	203	112	75	445
		百分比	100.0	100.0	100.0	100.0	100.0

观察表 3－23 数据，仅从河间话的使用看，似乎受教育程度越高，在家使用河间话的比例也越高，这与我们的一般感觉是不一致的。家庭用语言的受教育程度分布在单用普通话还是河间话与普通话并用上有一些差别。

鉴于交叉检验的 Likelihood Ratio 值＝0.66，大于 0.05，我们把年龄作为协变量对受教育程度因素作了多元回归分析，结果受教育程度不能作为独立变量对语言使用具有显著性影响。

第四节　语言学习

语言学习是构成语言生活的重要组成部分，与语言能力和语言使用有非常密切的关系，语言学习途径、学习原因也是本次调查研究要考察的变量。河间人几近100%是以河间话为母语，对大多数河间人来说，语言学习就是对普通话的学习，因为普通话作为国家通用语言，除了少数以普通话为母语的人以外，绝大多数方言区的人是通过后天学习掌握普通话的。那么，河间市人学习普通话的途径有哪些，又抱着怎样的目的学习普通话，这正是我们的研究所关注的问题。

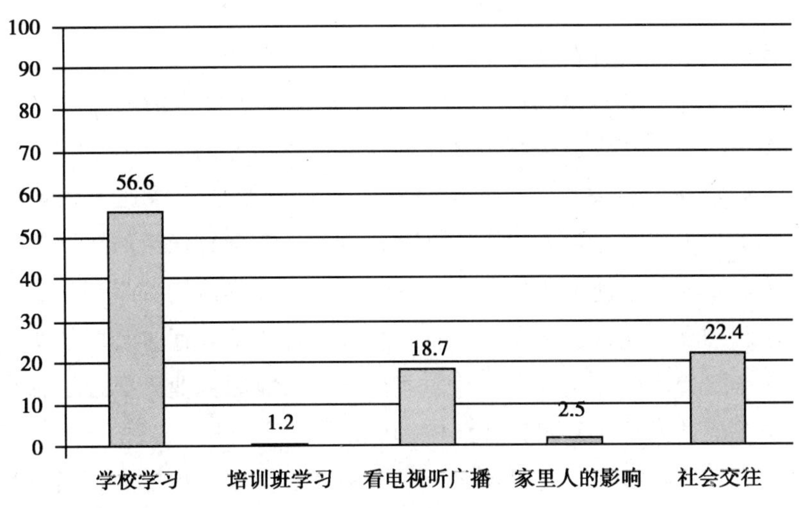

图3-3　学习普通话各种主要途径的比例（%）

一、普通话学习途径

图3-3的数据只计算和比较5个途径的百分比，多选分别计入不同选项，不计算无法回答和缺失的数据。从数据看，有超过50%的人是通过学校学习这个途径学会普通话的，其次是社会交往和看电视听广播途径。这个结果与1998—2004年的全国语言文字使用情况调查的调查结果是基本一致的。

学习普通话途径与被调查者的哪些社会因素有关呢?

表 3 – 24　普通话学习途径与社会因素交叉分析差异显著性统计

相关因素	Value	Approx. Sig.
学习普通话途径 * 城乡	0.205	0.022
学习普通话途径 * 性别	0.160	0.240
学习普通话途径 * 年龄段	0.493	0.000
学习普通话途径 * 是否在外地三年	0.120	0.695
学习普通话途径 * 职业	0.550	0.000
学习普通话途径 * 受教育程度	0.412	0.000

从表 3 – 24 的交叉分析结果可以看出,性别、迁徙情况在学习普通话途径上不存在显著类别差异,但学习普通话途径在城乡、年龄、职业和受教育程度方面都存在显著的类别差异,具体表现是:

城乡差异主要是城镇被调查者通过学校学会普通话的比例高于乡村,而乡村被调查者通过社会交往学会普通话的比例高于城镇。

年龄差异主要表现在,年龄越小,通过学校学习普通话的比例越高,年龄越大,通过看电视听广播和社会交往学会普通话的比例越高。

职业差异的表现主要是学生、教师、公务员群体通过学校学会普通话的比例较高,党群组织负责人及企事业单位负责人通过看电视听广播途径学会普通话的比例高于其他职业群体,商业服务业人员通过社会交往学会普通话的比例超出其他群体。

受教育程度差异主要表现为,小学和大专及以上程度人群通过学校学习普通话的比例高于初中和高中程度人群,而初中和高中程度人群通过看电视听广播和社会交往学会普通话的比例又比小学和大专及以上人群高。

二、普通话学习动因

图 3 – 4 的数据仍然只计算和比较 5 个学习普通话原因的百分比,多选分别计入不同选项,不计算无法回答和缺失的数据。从学习普通话原因看,选择“工作、业务需要”的比例较高,实用性需求是学习普通话的最主要原因。选择“为了同更多的人交往”和“学校要求”的

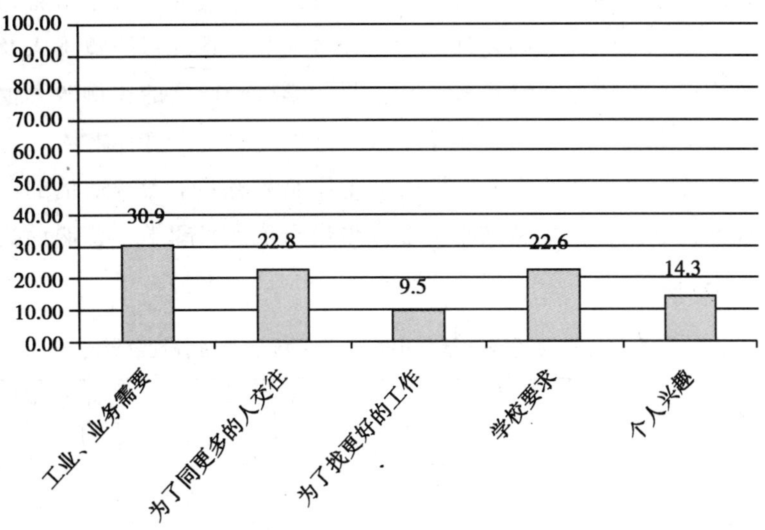

图 3－4　学习普通话不同动因的比例（%）

比例相当，也是学习普通话的主要原因，这从侧面反映了普通话在大范围的社会交往中和在教育教学中的重要作用。值得注意的是，有 14.3% 的被调查者学习普通话的原因是出自“个人兴趣”，从外在需求到内在兴趣，学习普通话的动机更为积极主动。

每一种学习普通话的原因比例均未过半，没有集中趋势，这也反映出人们学习普通话原因的多元性。那么，学习普通话动机存在不存在社会因素的差异呢？表 3－25 显示出，除了性别以外，学习普通话原因在年龄、迁徙、职业、受教育程度因素均存在显著的类别差异。具体表现是：

乡村被调查者学习普通话是为了同更多人交往的比例明显高出城镇，而城镇被调查者因为学校要求和个人兴趣学习普通话的比例高于乡村。

18 岁以下人群学习普通话主要是因为学校要求，18—50 岁人群学习普通话主要是工作业务需要和为了同更多人交往，50 岁以上人群主要因为个人兴趣和同更多人交往的目的。

迁徙因素在学习普通话动机的分布差异是，有迁徙经历的人群因工作业务需要和为了同更多人交往学习普通话的比例远高于没有迁徙经历的人群。

教师、公务员及办事人员和有关人员因工作业务需要学习普通话的比例高于其他群体，教师以外的专业技术人员和党群组织负责人及企事业单位负责人群体出于同更多人交往目的学会普通话的比例较其他群体高，不在业人员学习普通话出于个人兴趣的比例高于其他群体。

大专及以上受教育程度人群因为工作业务需要学习普通话的比例较其他程度人群高，小学和初中程度人群出于个人兴趣学习普通话的比例高出高中和大专及以上人群。

表 3－25　普通话学习动因与社会因素交叉分析差异显著性统计

相关因素	Value	Approx. Sig.
学习普通话原因 * 城乡	0. 244	0. 000
学习普通话原因 * 性别	0. 100	0. 814
学习普通话原因 * 年龄段	0. 623	0. 000
学习普通话原因 * 是否在外地三年	0. 282	0. 000
学习普通话原因 * 职业	0. 704	0. 000
学习普通话原因 * 受教育程度	0. 556	0. 000

第五节　语言态度

语言态度对被调查者的语言学习、语言能力、语言使用、语言传承以及社会认同等，都有深刻影响，是社会语言学研究的重要内容。人们的语言态度会直接或间接地影响语言的变异和变化，因此研究语言变异，不能不了解说话者的语言态度。本研究涉及语言态度的内容包括：被调查者对河间当地中小学教学语言的选择，被调查者对河间话和普通话在语言地位、语言感情、语言价值等方面的评分，被调查者的个人语言偏好和语言认同，以及对河间话变化的个人主观感受。

一、教学语言选择

教学语言会直接影响一个地区未来的语言生活，因此所有国家都高度重视教学语言的选择和使用。民众对教学语言的选择和态度不仅体现他们对国家相关法律的了解，也反映他们对教学语言的主观认同，这种认同会影响教学效果和教学语言使用的扩散。我们的研究关注方言和通用语言被选择作为教学语言的情况，以及不同选择与社会因素之间的关系。

表 3 – 26　　本地中小学教学语言选择的基本数据（%）

	河间话	河间话和普通话	普通话	外语	总计
小学教学语言	10.5	5.0	84.6	0.5	100.0
中学教学语言	4.9	1.8	93.0	0.2	100.0

从表 3 – 26 的数据看，被调查者对河间本地学校教学使用语言的态度明显倾向于使用普通话，但对小学和中学的教学语言选择存在差别。主张河间话作为小学教学语言的比例明显高于主张河间话作为中学教学语言的比例。相对小学而言，被调查者选择普通话作为中学教学语言的比例有所提高。

教学语言的选择受社会因素的影响吗？

首先看被调查者对小学教学语言的选择。

从表 3 – 27 的分析数据看，只有职业因素在小学教学语言选择上存在一般强度的类别差异，而其他因素没有差别或者差别不明显。这说明不同性别、年龄段和受教育程度的被调查者在小学教学语言的选择上具有较高的一致性，即选择普通话作为小学教学语言。

表 3 – 27　小学教学语言选择与社会因素交叉分析差异显著性统计

相关因素	Value	Approx. Sig.
对本地小学教学语言的选择 * 城乡	0.185	0.001
对本地小学教学语言的选择 * 性别	0.087	0.337
对本地小学教学语言的选择 * 年龄段	0.209	0.065
对本地小学教学语言的选择 * 是否在外地三年	0.061	0.642
对本地小学教学语言的选择 * 职业	0.284	0.030
对本地小学教学语言的选择 * 受教育程度	0.168	0.169

城乡对小学教学语言选择的影响主要表现为，乡村的被调查者选择用河间话作为小学教学语言的比例高于城镇，而城镇的被调查者选择普通话与河间话同时作为小学教学语言的比例高于乡村。现实是选择的基础，城乡选择教学语言的差异与城乡的教育环境有密切关系。

职业的类别差异表现为，办事人员和有关人员、党群组织负责人及企事业单位负责人、教师选择普通话作为当地小学教学语言的比例都在90%以上，不在业人员、学生选择普通话作为教学语言的比例相对较低，希望河间话作为当地小学教学语言的比例则相对高一些（见图3-5）。公务员群体有4.3%的比例选择外语作为小学教学语言。

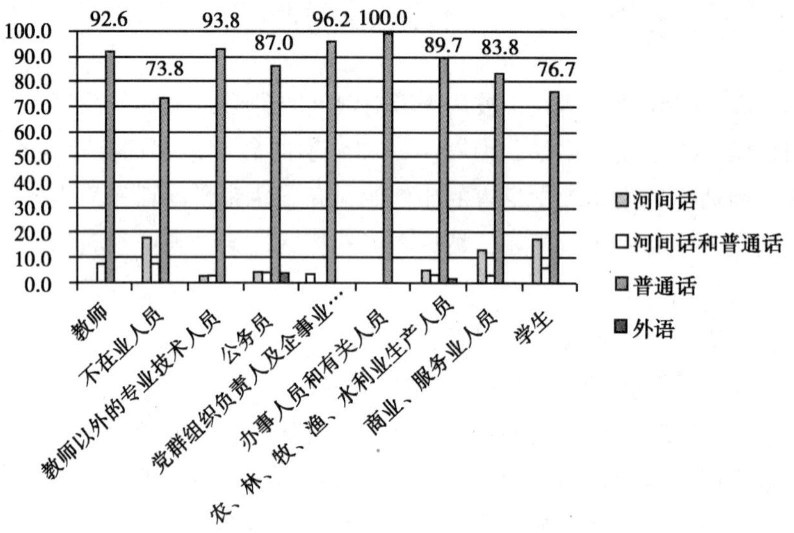

图3-5 不同职业对本地小学教学语言选择的比例（%）

再看被调查者对中学教学语言的选择。

表3-28 中学教学语言选择与社会因素交叉分析差异显著性统计

相关因素	Value	Approx. Sig.
对本地中学教学语言的选择 * 城乡	0.121	0.085
对本地中学教学语言的选择 * 性别	0.060	0.656
对本地中学教学语言的选择 * 年龄段	0.191	0.163
对本地中学教学语言的选择 * 是否在外地三年	0.040	0.869
对本地中学教学语言的选择 * 职业	0.280	0.039
对本地中学教学语言的选择 * 受教育程度	0.152	0.316

表3-28的交叉分析结果显示，性别、年龄、迁徙、受教育程度因素在中学教学语言选择方面没有显著差异。只有职业的应变系数V接近

0.30，P值小于0.05，显示本地中学教学语言选择存在显著职业类别差异。

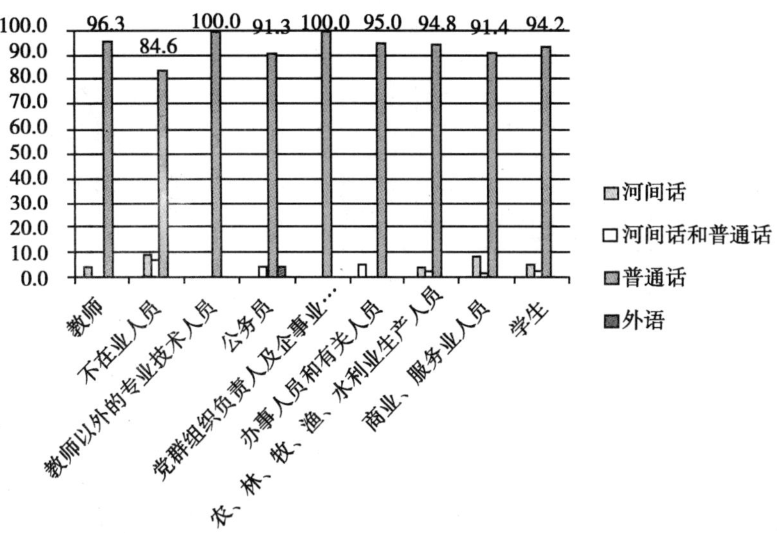

图3-6 不同职业对本地中学教学语言选择的比例（%）

图3-6直观显示出这种类别差异：除了不在业人员，其他职业人群选择普通话作为当地中学教学语言的比例均在90%以上。不在业人员和商业、服务业人员选择河间话作为中学教学语言的比例高于其他职业。

与小学比较，各种职业选择河间话作为当地中学教学语言的比例均不到10%，明显低于小学。

从图3-7可以看出，普通话作为教学语言，无论是小学还是中学，在被调查者的选择中，均占绝对优势。选择普通话作为中学教学语言的比例要高出小学，相反，选择河间话作为中学教学语言的比例低于小学。

这样的选择或者说这样一种对当地中小学教学语言的态度可以理解为：在小学阶段，由于学生在入学前一直生活在河间话的社会交际环境中，入学后教师一般也为当地人，用当地话教学有助于学生理解教学内容，可能更为学生接受。到中学阶段，学生语言理解方面的障碍逐渐减小，教师来源也变得广泛，不再局限为当地人，学生逐渐适应普通话作

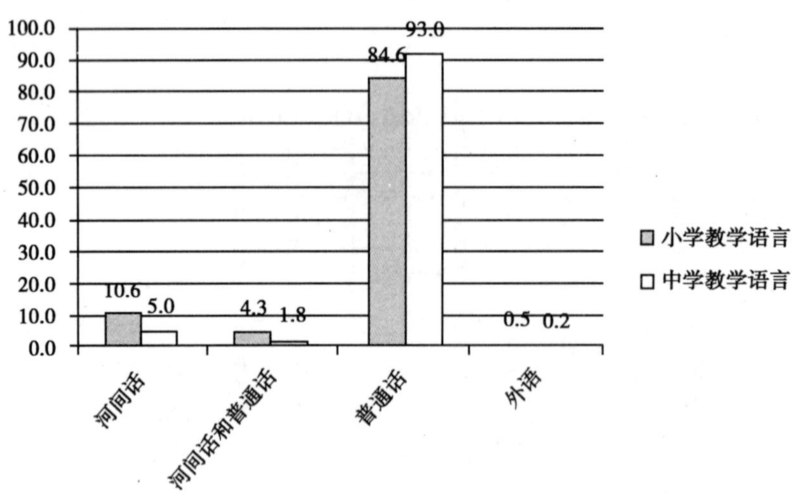

图 3-7　小学、中学教学语言选择比例（%）

为教学语言的环境。而且，学生面临升学或者走向社会，需要掌握使用范围更为广泛的交际语言——普通话。因此，被调查者对教学语言的期望选择，是符合当地教育教学和语言生活实际的。

二、语言评价

语言评价是语言态度的重要组成部分，本研究给河间话和普通话都设计了四个评价维度，包括好听、亲切、有用和有地位，请被调查者分别在四个维度上通过打分对河间话和普通话进行评价。分值为 1—5 分，1 分最低，5 分最高。

从统计结果看（见表 3-29），河间话的平均分均低于普通话的得分，尤其是在好听方面，河间话的好听得分均值仅为 2.95，与普通话好听得分均值相差 1.48。这也符合人们的一般感受和全国大规模调查的结果。1998—2004 年中国语言文字使用情况调查结果数据显示，被调查者对本地方言的评价得分综合分值为 3.56，低于对普通话的评价得分综合分值 4.56。我们对河间调查的结果是，河间话综合分值为 3.25，普通话综合分值为 4.33。

表 3－29　语言评价的基本数据

语言评价维度	河间话				普通话			
	好听	亲切	有用	有地位	好听	亲切	有用	有地位
样本数	437	423	421	420	430	423	413	409
平均分	2.95	3.55	3.40	3.11	4.43	4.14	4.39	4.36
标准差	1.175	1.083	1.043	1.090	0.781	0.969	0.857	0.993

表 3－29 显示，河间方言在好听、亲切、有用、有地位四个方面的得分平均值都低于普通话。

标准差指示的是数据的离散程度，上表河间方言四个维度评价得分的标准差都高于普通话，这表明了河间人对河间方言的评价内部差异较大，而对普通话的评价一致性较强。

河间方言在好听方面平均得分 2.95 分，在四个维度中是最低的，而在亲切方面均分最高，为 3.55 分。河间人觉得本地方言不好听，常常用“土”、“难听”、“艮”等来形容。与其他语言比较，当地方言承载了家乡感情，在亲切方面得分较高可以理解。与河间方言好听得分最低形成对比的是，普通话在好听方面均分最高，为 4.43 分。

影响被调查者语言评价的因素有哪些呢？首先看性别差异。

表 3－30 的分析数据显示，性别因素对河间方言和普通话在好听、亲切、有用、有地位四个评价维度没有产生影响（P 值均大于 0.05），所打分数性别差异不明显。

表 3－30　评价分数与性别交叉分析差异显著性统计

	Value	Approx. Sig.
河间话好听得分 * 性别	0.074	0.660
河间话亲切得分 * 性别	0.059	0.827
河间话有用得分 * 性别	0.130	0.122
河间话有地位得分 * 性别	0.085	0.553
普通话好听得分 * 性别	0.080	0.428
普通话亲切得分 * 性别	0.139	0.081
普通话有用得分 * 性别	0.112	0.262
普通话有地位得分 * 性别	0.122	0.186

不同年龄段对河间方言和普通话的评价是否存在类别差异呢？

表 3 - 31　　评价分数与年龄段交叉分析差异显著性统计

	Value	Approx. Sig.
河间话好听得分 * 年龄段	0.238	0.049
河间话亲切得分 * 年龄段	0.180	0.589
河间话有用得分 * 年龄段	0.238	0.067
河间话有地位得分 * 年龄段	0.210	0.253
普通话好听得分 * 年龄段	0.179	0.288
普通话亲切得分 * 年龄段	0.250	0.031
普通话有用得分 * 年龄段	0.226	0.135
普通话有地位得分 * 年龄段	0.280	0.004

从表 3 - 31 的交叉分析可以看出，年龄因素对河间方言好听方面和普通话亲切、有地位方面存在影响，P 值分别为 0.049、0.031、0.004，都小于 0.05，证明具有显著年龄类别差异。

我们通过表 3 - 32 来考察被调查者对河间话好听评价差异的具体表现。

表 3 - 32　　河间方言好听评价与年龄段交叉表

河间话好听得分		年龄段					合计
		18 岁以下	18—30 岁	31—40 岁	41—50 岁	50 岁以上	
1	样本数	8	8	19	12	1	48
	百分比	10.7	7.8	15.8	11.5	2.8	11.0
2	样本数	21	22	35	23	9	110
	百分比	28.0	21.6	29.2	22.1	25.0	25.2
3	样本数	21	42	38	33	18	152
	百分比	28.0	41.2	31.7	31.7	50.0	34.8
4	样本数	11	11	21	20	6	69
	百分比	14.7	10.8	17.5	19.2	16.7	15.8
5	样本数	14	19	7	16	2	58
	百分比	18.7	18.6	5.8	15.4	5.6	13.3
总计	样本数	75	102	120	104	36	437
	百分比	100.0	100.0	100.0	100.0	100.0	100.0

各个年龄段给河间方言好听方面打 3 分的比例都是占比最高的，但在不同年龄段分数的比例分布则有差异。18 岁以下年龄段不同分数的比例差距小于其他年龄段，而 50 岁以上年龄段打分比例差异大于其他年龄段，31—40 岁年龄段给河间话好听打 1 分的比例较其他年龄段要高。

表 3-33　　普通话亲切评价与年龄段交叉表

普通话亲切得分		年龄段					合计
		18 岁以下	18—30 岁	31—40 岁	41—50 岁	50 岁以上	
1	样本数	0	0	3	1	0	4
	百分比	0.0	0.0	2.6	1.0	0.0	0.9
2	样本数	2	3	6	2	6	19
	百分比	2.9	3.0	5.1	2.0	16.7	4.5
3	样本数	14	19	26	23	10	92
	百分比	20.3	18.8	22.2	23.0	27.8	21.7
4	样本数	18	31	21	31	7	108
	百分比	26.1	30.7	17.9	31.0	19.4	25.5
5	样本数	35	48	61	43	13	200
	百分比	50.7	47.5	52.1	43.0	36.1	47.3
总计	样本数	69	101	117	100	36	423
	百分比	100.0	100.0	100.0	100.0	100.0	100.0

表 3-34　　普通话地位评价与年龄段交叉表

普通话有地位得分		年龄段					合计
		18 岁以下	18—30 岁	31—40 岁	41—50 岁	50 岁以上	
1	样本数	0	0	1	3	1	5
	百分比	0.0	0.0	0.9	3.2	2.9	1.2
2	样本数	0	3	14	5	4	26
	百分比	0.0	3.0	12.4	5.3	11.4	6.4
3	样本数	9	13	11	5	8	46
	百分比	13.4	13.1	9.7	5.3	22.9	11.2
4	样本数	15	15	15	19	8	72
	百分比	22.4	15.2	13.3	20.0	22.9	17.6

续表

普通话有地位得分		年龄段					合计
		18 岁以下	18—30 岁	31—40 岁	41—50 岁	50 岁以上	
5	样本数	43	68	72	63	14	260
	百分比	64.2	68.7	63.7	66.3	40.0	63.6
总计	样本数	67	99	113	95	35	409
	百分比	100.0	100.0	100.0	100.0	100.0	100.0

表 3－33 和表 3－34 是不同年龄段对普通话在亲切和有地位两个维度上评价打分的比例分布比较。

对普通话亲切方面评价，50 岁以上年龄段打 2 分和 3 分比例高于其他年龄段，18 岁以下和 31—40 岁年龄段打 5 分的比例高出其他年龄段。

“普通话有地位”在 18—50 岁三个年龄段都得到很高的评价，打 5 分的比例都超过了 60%，相比而言，50 岁以上年龄段打 5 分的比例只有 40%。

图 3－8 和图 3－9 可以更为直观地显示出不同年龄段对河间方言和普通话不同维度评价打分的情况。可以看到，50 岁以上年龄段对河间方言亲切、有用方面的打分略高出其他年龄段。值得注意的是，18 岁以下年龄段在河间方言有地位维度上的均值高出其他年龄段。

从图 3－8 可以看出，河间方言亲切维度均分在不同年龄段是比较一致的，不存在显著性类别差异。但在有用和有地位两个维度的得分，不同年龄段间距离较大。

对比图 3－8 河间方言的评价均分，图 3－9 普通话的评价均分都较高，显示被调查者对普通话评价较高，但 50 岁以上年龄段对普通话打分均低于其他年龄段。尤其在有地位维度上，差距较大。在普通话有用和有地位两个维度上，不同年龄段存在显著差异。

方差检验结果证实了直观观察，河间方言和普通话的有用和有地位两个维度与年龄段交叉的方差检验 P 值小于 0.05，证明在有用和有地位方面不同年龄段的被调查者语言评价的分数比例分布存在显著差异（见表 3－35）。

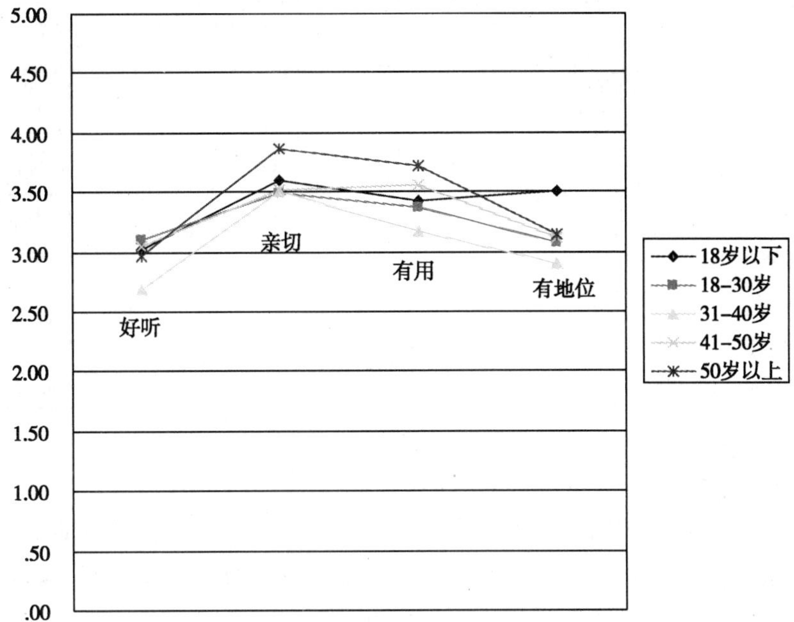

图 3-8　不同年龄段对河间方言不同维度的评价均分

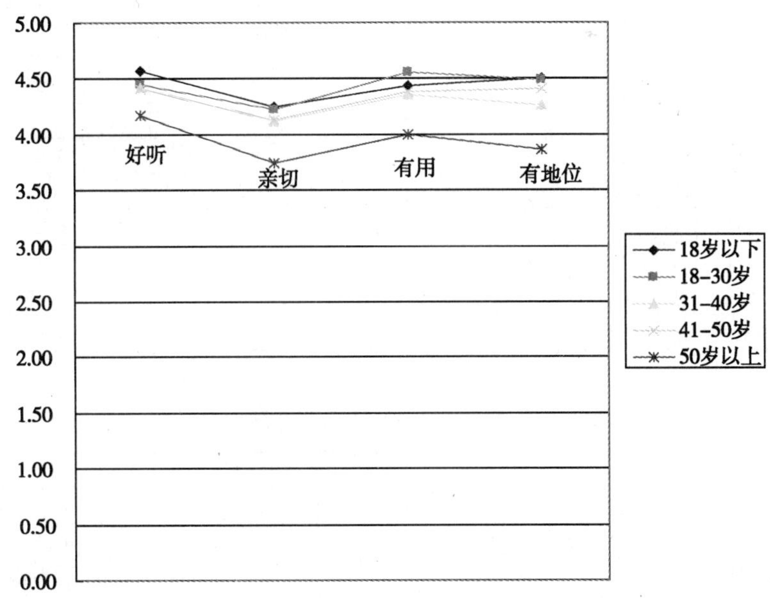

图 3-9　不同年龄段对普通话不同维度的评价均分

表3－35 语言评价与年龄段方差分析差异显著性统计

	F	Sig.
河间话好听得分＊年龄段	2.296	0.058
河间话亲切得分＊年龄段	0.91	0.458
河间话有用得分＊年龄段	2.943	－0.020
河间话有地位得分＊年龄段	3.458	0.009
普通话好听得分 ＊ 年龄段	1.646	0.162
普通话亲切得分 ＊ 年龄段	1.904	0.109
普通话有用得分 ＊ 年龄段	2.909	0.021
普通话有地位得分＊年龄段	3.229	0.013

人们一般认为，迁徙因素可以影响人们对语言的评价，因此我们也假设，是否有在河间以外地方生活过的经历，对河间方言和普通话的评价可能存在差异，迁徙经历在不同评价维度上影响也可能不同。请看表3－36和表3－37。

表3－36 语言评价与是否在外地三年以上交叉表

是否在外地三年	是	不是	总计
	平均分	平均分	平均分
河间话好听得分	2.71	2.99	2.95
河间话亲切得分	3.84	3.51	3.55
河间话有用得分	3.30	3.41	3.40
河间话有地位得分	3.02	3.12	3.11
普通话好听得分	4.61	4.41	4.43
普通话亲切得分	4.33	4.11	4.14
普通话有用得分	4.66	4.35	4.39
普通话有地位得分	4.62	4.32	4.36

表3－37 语言评价与是否在外地三年以上方差分析差异显著性统计

	F	Sig.
河间话好听得分＊是否在外地三年	2.637	0.105
河间话亲切得分 ＊ 是否在外地三年	4.811	0.029
河间话有用得分 ＊ 是否在外地三年	0.541	0.463
河间话有地位得分 ＊ 是否在外地三年	0.421	0.517
普通话好听得分 ＊ 是否在外地三年	3.236	0.073

续表

	F	Sig.
普通话亲切得分 * 是否在外地三年	2.714	0.100
普通话有用得分 * 是否在外地三年	6.322	0.012
普通话有地位得分 * 是否在外地三年	3.978	0.047

表3－37显示，被调查者在河间方言的亲切维度、普通话的有用和有地位维度上，评价打分存在着迁徙因素的影响。在外地生活过三年以上的人和没有在外地生活过的人在以上维度上的语言评价存在显著差异。有过迁徙经历的被调查者对河间方言的亲切、普通话的有用和有地位三个方面的打分均分都高于没有迁徙经历的被调查者。

有迁徙经历者对河间话的亲切维度评分高于没有迁徙经历者的评分是情理之中的事。有过在他乡生活经历的被调查者对家乡话的心理感受更强烈。家乡话未必好听，但却如同与生俱来的生命烙印，成为人们在外生活时辨识乡亲的外在符号。有离乡经历的人比没有离开过故土的人对方音唤起的亲切感感受更深切。

离开家乡与人交流时，人们首先面对的就是语码转换问题。改变口音转而说通用语言的经历，会让人们更深刻地体验到普通话的作用和地位。有在外地生活经历的被调查者对普通话的有用和有地位方面评价较高，体现的正是普通话作为国家通用语言的超地域性特点。

社会语言学研究表明，职业也可能是影响语言态度的重要因素，不同职业也可能在语言评价上存在差异。

表3－38　　语言评价与职业方差分析差异显著性统计

	F	Sig.
河间话好听得分 * 职业	1.894	0.059
河间话亲切得分 * 职业	1.377	0.204
河间话有用得分 * 职业	2.772	0.005
河间话有地位得分 * 职业	6.609	0.000
普通话好听得分 * 职业	4.631	0.000
普通话亲切得分 * 职业	2.906	0.004
普通话有用得分 * 职业	5.479	0.000
普通话有地位得分 * 职业	4.576	0.000

表 3 – 38 是不同职业对河间话和普通话在不同评价维度上的均值方差分析数据。可以看出，河间方言好听、亲切两个维度上评价的职业差异不明显，但在河间方言的有用、有地位两个维度和普通话的四个维度上，都存在着职业类别的显著差异。

仔细分析表 3 – 39 不同职业对河间方言评价的差异可以发现，河间方言好听维度最低均值来自党群组织负责人及企事业单位负责人群体，河间方言亲切的最高均值来自农、林、牧、渔、水利业生产人员群体，教师群体给出了河间方言有用维度的最高均值，学生群体较其他群体对河间方言的地位评价最高。

在对普通话的评价上，给予普通话好听、亲切和有用程度均值分最高的是教师群体，农、林、牧、渔、水利业生产人员群体对普通话的有地位维度评分均值最高。

表 3 – 39　　不同职业的语言评价均值

职业	河间话好听	河间话亲切	河间话有用	河间话有地位	普通话好听	普通话亲切	普通话有用	普通话有地位
教师	2.63	3.56	3.77	3.26	4.73	4.42	4.73	4.54
不在业人员	3.17	3.52	3.55	3.13	4.31	3.88	4.37	4.29
教师以外的专业技术人员	2.69	3.06	2.87	2.38	4.03	3.75	3.69	3.59
公务员	2.65	3.48	3.43	3.04	4.70	4.30	4.43	4.52
党群组织负责人及企事业单位负责人	2.48	3.44	2.88	2.76	4.16	4.12	3.96	4.00
办事人员和有关人员	3.15	3.45	3.30	2.90	4.10	3.65	4.20	4.15
农、林、牧、渔、水利业生产人员	2.86	3.82	3.60	3.54	4.66	4.29	4.40	4.66
商业、服务员人员	3.02	3.62	3.36	2.84	4.34	4.19	4.60	4.38
学生	3.14	3.59	3.46	3.60	4.63	4.33	4.51	4.58
总计	2.95	3.55	3.40	3.11	4.43	4.14	4.39	4.36

受教育程度作为一种社会因素，也会影响被调查者的语言态度，不同受教育程度的被调查者的语言态度会有所不同。

我们在河间调查的结果也证实了受教育程度对语言态度有影响。数据显示，受教育程度影响语言评价的方面是不同的。不同受教育程度在河间方言的好听、有用、有地位维度评价和普通话的好听维度评价上存在显著差异。

从表3－40可以看出，受教育程度对河间方言和普通话的不同维度的评价影响有所不同。受教育程度影响河间方言三个维度的评价（好听、有用、有地位），而只影响普通话的一个维度（好听）的评价。也就是说，不同受教育程度的被调查者对普通话评价一致性强，而对河间方言评价的一致性较弱。

表3－40　　语言评价与受教育程度方差分析差异显著性统计

	F	Sig.
河间话好听得分 * 受教育程度	4.555	0.004
河间话亲切得分 * 受教育程度	0.752	0.521
河间话有用得分 * 受教育程度	4.717	0.003
河间话有地位得分 * 受教育程度	5.447	0.001
普通话好听得分 * 受教育程度	2.703	0.045
普通话亲切得分 * 受教育程度	1.482	0.219
普通话有用得分 * 受教育程度	1.041	0.374
普通话有地位得分 * 受教育程度	2.184	0.089

三、语言偏好和语言认同

（一）语言偏好

喜欢或不喜欢一种语言，是一种个人偏好，但这种偏好对语言使用和语言变化都有影响。对河间人来说，是喜欢河间话还是喜欢普通话呢？从我们的调查数据看，喜欢普通话的比例是高于河间方言的。有接近一半的被调查者选择喜欢普通话，选择喜欢河间话的有30%，两者都喜欢的占21%（见表3－41）。

表3－41　　语言偏好的基本数据

	样本数	百分比
河间话	134	30.4

续表

	样本数	百分比
普通话	212	48.1
两种都喜欢	93	21.1
两种都不喜欢	2	0.5
总计	441	100

表 3－42 是可能影响语言偏好的因素交叉分析结果。数据显示，在性别、年龄、迁徙、职业、受教育程度几种因素中，语言偏好只在城乡和职业的分布上存在显著类别差异。

表 3－42　　语言偏好与社会因素交叉分析差异显著性统计

	Value	Approx. Sig.
语言偏好 * 城乡	0.263	0.000
语言偏好 * 性别	0.108	0.157
语言偏好 * 年龄段	0.203	0.091
语言偏好 * 是否在外地居住过三年以上	0.117	0.108
语言偏好 * 职业	0.283	0.032
语言偏好 * 受教育程度	0.196	0.126

居住地是城镇还是乡村对语言偏好的影响表现在，城镇被调查者既喜欢河间话也喜欢普通话的比例明显高于乡村被调查者，而乡村被调查者单纯喜欢河间话和单纯喜欢普通话的比例较高（见表 3－43）。

表 3－43　　不同居住地语言偏好的基本数据（%）

	城	乡	总计
河间话	22.0	34.0	30.4
普通话	40.2	51.5	48.1
两种都喜欢	37.9	13.9	21.1
两种都不喜欢	0.0	0.6	0.5
总计	100.0	100.0	100.0

不同职业的语言偏好差异具体体现为：农、林、牧、渔、水利业生

产人员，商业、服务业尤其是不在业人员比其他群体更偏爱河间方言，而教师、教师以外的专业技术人员尤其是党群组织负责人及企事业单位负责人三个群体较其他群体更偏爱普通话。选择两种都喜欢的比例在公务员群体比例最高，在办事人员和有关人员群体比例也较高（见表3－44）。图3－10可以把这种差异更直观地呈现出来。

表3－44　　不同职业语言偏好的基本数据（%）

	教师	不在业人员	教师以外的专业技术人员	公务员	党群组织负责人及企事业单位负责人	办事人员和有关人员	农、林、牧、渔、水利业生产人员	商业、服务员人员	学生	总计
河间话	11.1	47.7	21.9	8.70	23.1	25.0	34.5	33.7	29.1	30.4
普通话	63.0	27.7	65.6	56.50	69.2	45.0	48.3	42.3	51.2	48.1
两种都喜欢	25.9	24.6	12.5	34.80	7.7	30.0	17.2	23.1	18.6	21.1
两种都不喜欢	0.0	0.0	0.0	0.00	0.0	0.0	0.0	1.0	1.2	0.5
总计	100.0	100.0	100.0	100.00	100.0	100.0	100.0	100.0	100.0	100.0

（二）语言认同

无论是专家还是普通人，往往以某县城的话作为该市（县）方言的代表。这种以市（县）名＋话的方言命名方式也往往为当地的人们所认同。但是，当市（县）区域内的语言存在差异时，人们对到底市（县）内哪里的话“正宗”会有不同看法。传统方言调查往往以城关话也就是城里话作为该市（县）方言的代表。但城里话的代表程度到底如何，当地人对此可能会存在不同看法。具体到河间，我们关心的是哪个地方的话能够代表河间方言，特别是市里的话比其他地方变化更快时，河间人是否会有不同的语言认同。

表3－45的数据显示，被调查者认为河间市里的话是河间方言代表的比例达到79.1%，也就是说，有近80%的被调查者认可河间市里的话代表了河间方言，说明在河间区域内存在比较高的语言认同度。15%的被调查者认为各自乡镇的话或者村里的话才是地道的河间方言，还有5.9%的被调查者认为这个问题不好回答。

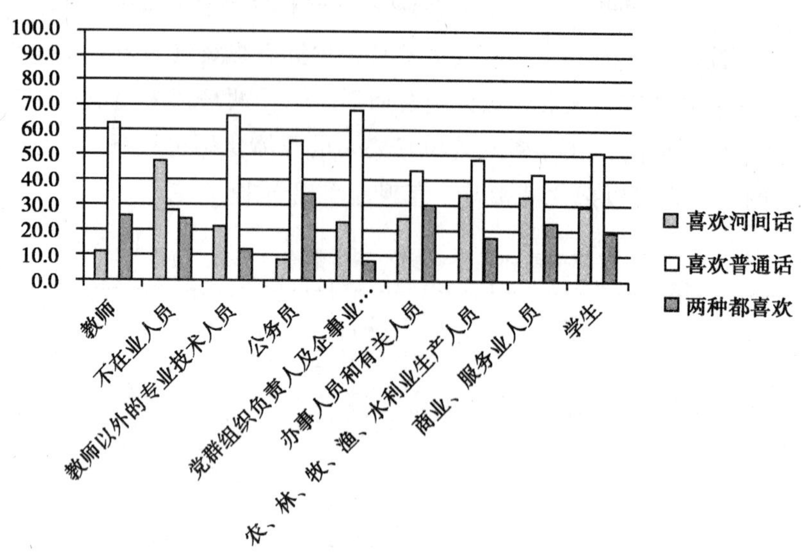

图 3－10 不同职业语言偏好的比例（%）

表 3－45 河间方言认同的基本数据

	样本数	百分比
河间市里的话	349	79.1
河间其他地方的话	66	15.0
无法回答	26	5.9
总计	441	100

从差异显著性检验结果看（见表 3－46），被调查者的语言认同与年龄段、迁徙、受教育程度因素关系并不密切，但受城乡、性别、职业因素的影响。

表 3－46 河间方言认同与社会因素交叉分析差异显著性统计

	Value	Approx. Sig.
河间方言的代表 * 城乡	0.181	0.001
河间方言的代表 * 年龄段	0.163	0.150
河间方言的代表 * 性别	0.127	0.028
河间方言的代表 * 是否在外地三年	0.077	0.265
河间方言的代表 * 职业	0.299	0.000
河间方言的代表 * 受教育程度	0.105	0.557

表3－47显示出，城乡对河间话认同的差异体现在，乡村的被调查者对河间市里话代表河间话的认同度低于城镇的被调查者，有19%的人认为乡村的话才代表河间话。

性别的差异性表现为：男性比女性更认同河间市里的话代表河间方言，女性认为河间乡镇或村里的话代表河间方言的比例比男性高。这可能意味着，女性因为语言交际频繁程度高于男性，因而对语言更为敏感才持有这种语言态度。

职业的差异性表现在：教师和商业、服务业人员群体认为河间乡镇的话是河间方言代表的比例明显高出其他群体的比例。究其原因，恐怕与教师群体以语言为职业，商业、服务业群体与人打交道的机会多于其他群体有关。语言使用或者言语交际频繁的职业人群有更多机会感受和体会到语言变化，河间市里话变化快于乡镇话，使其方言的特征或者说典型性不如乡镇那么鲜明，因此这两个群体比其他群体更认同河间乡镇话代表了河间话也就可以理解了。

表3－47　　不同居住地、性别、职业群体对河间方言认同的基本数据（%）

		河间市里的话	河间其他地方的话	无法回答	总计
城乡	城	86.4	5.3	8.3	100.0
	乡	76.1	19.1	4.9	100.0
性别	男	84.8	9.1	6.1	100.0
	女	75.7	18.5	5.8	100.0
职业	教师	70.4	22.2	7.4	100.0
	不在业人员	81.5	16.9	1.5	100.0
	教师以外的专业技术人员	84.4	9.4	6.3	100.0
	公务员	78.3	13.0	8.7	100.0
	党群组织负责人及企事业单位负责人	92.3	7.7	0.0	100.0
	办事人员和有关人员	80.0	15.0	5.0	100.0
	农、林、牧、渔、水利业生产人员	72.4	8.6	19.0	100.0
	商业、服务员人员	69.2	26.0	4.8	100.0
	学生	90.7	7.0	2.3	100.0

四、语言变化感受

一般情况下，普通人对语言变化往往不敏感，只有在语言发生剧烈变化的时候，人们才会对语言变化有所觉察。对河间方言是否发生了变化，河间人的感受如何，他们的感受与哪些因素有关，这也是我们调查河间方言变异的内容之一。

表 3－48　　河间方言变化感受的基本数据

	样本数	百分比
有	282	63.9
没有	125	28.3
无法回答	34	7.7
总计	441	100

表 3－48 显示，被调查者认为河间方言有变化的比例达到 63.9%，也就是说，超过一半的被调查者感觉到河间话发生了变化。那么，是否感受到语言变化，受哪些因素影响呢？

表 3－49　河间方言变化感受与社会因素交叉分析差异显著性统计

	Value	Approx. Sig.
方言变化感受 * 城乡	0.193	0.000
方言变化感受 * 年龄段	0.194	0.027
方言变化感受 * 性别	0.025	0.875
方言变化感受 * 迁徙	0.067	0.370
方言变化感受 * 职业	0.277	0.002
方言变化感受 * 受教育程度	0.193	0.029

从表 3－49 的差异显著性数据看，除性别和迁徙因素外，年龄、职业、受教育程度都对语言变化感受有影响，不同居住地、不同的年龄段、不同职业、不同的受教育程度的人，对河间话是否有变化存在着不同感受。具体分析这种差异有下面几种情况（见表 3－50）。

居住地的城乡差异表现为：乡村被调查者认为河间话没有变化的比例明显高于城镇的被调查者，城镇被调查者认为无法回答的比例也比乡村被调查者高。

年龄段的差异表现在：认为河间话没有变化的，50 岁以上的被调查者比例最高，认为河间话有变化的，18—30 岁年龄段比例最高。

职业差异表现在：认为河间话没有变化的，教师以外的专业技术人员群体和党群组织负责人及企事业单位负责人群体比例较高，认为河间话有变化的，农、林、牧、渔、水利生产人员群体和商业、服务业人员群体比例高。

受教育程度差异表现在：小学教育程度群体认为问题无法回答的比例和河间话有变化的比例均最高，而认为河间话没有变化的，高中（包括中专）教育程度的比例最高。

表 3－50　河间话变化感受与年龄段、职业、受教育程度交叉表

		河间话有无变化			合计
		有	没有	无法回答	
城乡	城	66.7	18.9	14.4	100.0
	乡	62.8	32.4	4.9	100.0
年龄段	18 岁以下	60.3	25.6	14.1	100.0
	18—30 岁	73.5	17.6	8.8	100.0
	31—40 岁	60.5	32.8	6.7	100.0
	41—50 岁	65.4	30.8	3.8	100.0
	50 岁以上	52.6	42.1	5.3	100.0
职业	教师	63.0	29.6	7.4	100.0
	不在业人员	63.1	24.6	12.3	100.0
	教师以外的专业技术人员	34.4	59.4	6.3	100.0
	公务员	65.2	30.4	4.3	100.0
	党群组织负责人及企事业单位负责人	46.2	50.0	3.8	100.0
	办事人员和有关人员	55.0	45.0	0.0	100.0
	农、林、牧、渔、水利业生产人员	72.4	20.7	6.9	100.0
	商业、服务员人员	74.0	20.2	5.8	100.0
	学生	65.1	23.3	11.6	100.0

续表

		河间话有无变化			合计
		有	没有	无法回答	
受教育程度	小学	69.1	18.2	12.7	100.0
	初中	66.2	24.4	9.5	100.0
	高中（包括中专）	58.6	38.7	2.7	100.0
	大专及以上	63.0	30.1	6.8	100.0

第六节　本章小结

本章对河间市的语言生活状况进行了描述和分析，通过分析调查结果可以对河间市的语言生活总结如下。

一、从总体上看河间市的语言生活状况，无论在母语、语言能力方面，还是在语言使用方面，河间方言都占据无可动摇的地位。

100%的被调查者以河间方言为从小会说的话即母语，其中有0.4%（2例）从小会说河间方言和普通话。

100%的被调查者能用河间方言与人交谈，其中只会说河间方言的比例为16.1%，有83.2%的被调查者既会说河间方言又会说普通话，还有0.7%（3例）同时会说河间方言、普通话和英语。国家通用语言普通话在河间市的普及程度已经达到80%以上，从能够用普通话交际的角度看，应该说已经达到基本普及。

二、从调查结果看，在河间市，被调查者的语言能力与其性别没有明显关系，但与其年龄、迁徙情况、职业、受教育程度都有关系。

只会河间方言的单语人集中在50岁以上的高年龄组。18岁以下低年龄组既会说河间方言又会说普通话的比例则达到了100%。

有过在外地生活三年以上迁徙经历的被调查者同时会说河间方言和普通话的比例高于没有这种迁徙经历的被调查者。

职业影响语言能力主要反映在不工作的和务农的被调查者只会说河间方言的比例高于其他群体，教师、学生群体能说普通话的比例高出其他群体。

受教育程度越高，同时会说河间方言和普通话的比例就越高。

三、调查发现，在河间市，能够使用普通话进行交际的比例虽然达到83.9%，但普通话程度不高，基本上是我们称之为地方普通话的水平。数据显示，被调查者的普通话程度集中在“能熟练使用但有些音不准”、“能熟练使用但口音较重”和“基本能交谈但不太熟练”，也有16.8%的比例属于不会普通话一类（指“能听懂但不太会说”、“能听懂一些但不会说”、“听不懂也不会说”三个水平）。

普通话水平分布与年龄、受教育程度存在相关关系。基本趋势是，年龄越大，受教育程度越低，普通话水平也越低。

四、河间作为县级小城市，语言使用状况基本是以河间方言为主，河间方言在语言生活中处于显态；由于大多数人同时具备用河间方言和国家通用语言普通话与人沟通的能力，如有交际需要，也会转换语码使用普通话，因此，普通话在语言生活中处于隐态。

不同场合使用河间方言和普通话的比例不同。从家庭到集贸市场、医院、工作单位，再到政府机关，场合越正式，使用河间方言的比例越低，使用普通话的比例越高。

五、在河间，人们学习普通话的主要途径是学校学习，其次是广播电视和社会交往。学习普通话的原因则主要是出于工作、业务需要这一实用性目的，也有部分原因是出于个人兴趣。不同年龄、职业和受教育程度在学习普通话的途径和原因方面存在分布差异，学习普通话的原因还与迁徙和受教育程度因素有关。

六、普通话在河间市具有较高声望和高度认同。与河间方言相比，普通话在语言感情、语言使用价值和语言地位方面均得到较高评价。性别在语言评价上不存在显著差异，不同社会因素如年龄、迁徙、职业、受教育程度对语言评价的不同维度的影响显著性不同。在语言偏好上，有近50%的被调查者更喜欢普通话，超过更喜欢河间话的比例。语言偏好在职业分布上存在显著性差异。

七、在希望使用教学语言的选择上，被调查者中认为小学应该用普通话教学的比例接近90%，认为中学应该用普通话教学的比例接近95%。不同职业因素影响教学语言的选择，其他社会因素如性别、年龄、迁徙、受教育程度等影响不显著。

八、在河间市区域内存在认同度比较高的是河间市里的话，河间市里话的威望高于乡镇话。近80%的被调查者认为河间市里的话是河间话的代表。这种语言认同在性别、职业因素上存在显著分布差异。

九、在语言变化感受方面，大多数被调查者认为河间方言有变化。语言变化感受与年龄、职业、受教育程度因素有关。

考察河间市语言状况的结果显示出，在市（县）内，同时具有使用方言和普通话交际能力的人占绝大多数，方言和普通话的接触非常频繁。在方言和普通话的语言接触中，人们的语言态度决定了普通话处于强势，方言处于相对弱势。而从区域内的语言环境看，则是普通话处于弱势，方言处于强势。这种强弱之势决定方言发生变异的层次、变异的速度及方向。在本书第四、五两章，我们就具体考察、研究河间方言的语音变异和词汇变异情况。

第四章　方言语音变异考察（上）

语音是语言中最基础、最底层的系统，因为发音器官有限和人类追求表达省力和经济的原因，语音往往呈现非常强的规律性。由于语言系统内部和社会外部因素的影响，在千百年的历史长河中，语言的语音系统无时无刻不在发生变化。诚如明陈第在《毛诗古音考》自序中所说："盖时有古今，地有南北，字有更革，音有转移，亦势所必至。"陈第从时间和空间上对语音演变的原因加以解释，确实难能可贵。虽然语音系统规律性强，但语音的变化不会整齐划一地一齐开始、进行和完成，而是往往表现为语音变异现象。也就是说，不同类型的语音、不同社会阶层的语言使用者、不同类型的词语，其语音变化表现不同，形成共时和历时的差异。

本书在河间方言概况中，已经介绍了河间方言语音的概貌和特点。本章考察河间方言的语音变异情况，涉及内容包括声母、韵母和声调几方面。

第一节　零声母开口字变项考察

这里所讲的零声母开口字指普通话不包括 a① 和 er 的零声母开口字。这种字在普通话里只有零声母一种读音，而在河间方言中有两种读音：加［n］声母的读音，不加［n］声母的读音。前者是河间方言的原有读音形式，后者是与普通话一致的读音形式。据观察，这两种不同形式的读音在河间市的语言使用中，分布是不同的，一是不同的零声母开口字加不加［n］的情况不同，二是同一个零声母开口字加不加［n］

① 文中语音标注一般采用汉语拼音方式，如用国际音标则加方括号［　］，特此说明。

在不同社会人群中的分布不同。

据《河间市志》，河间方言有23个声母（见表1－1），比普通话的22声母多出一个［ȵ］母。［ȵ］母与［n］母呈互补性，［ȵ］母拼齐齿呼，［n］母拼其他三呼。因此，也有文献把［ȵ］母和［n］合并为一，记为［n］。

另外，也有文献提到河间方言零声母［w］变［v］的现象。实际上，［w］变［v］并不是河间方言的独有现象，而是北方官话区的一种普遍音变现象，即使是普通话，其零声母［w］音读［v］的现象也很多。现在就是严格的普通话水平测试，也不再把这种读法归为错误或缺陷。

以上两种情况，可以称为语音学中的条件变体和自由变体。条件变体即在一定的语音环境中出现的变体，自由变体指没有语音环境限制，可以自由替换而不影响意义的变体，也叫“习惯变体”。这两种语音变化现象，不在我们的考察范围。本书考察语音变异的分布情况，选取变项的出发点有两个，一是该音变在社会分布上要有差异，二是与普通话比较该音变是河间方言独有的现象。

变异是语言存在的常态，也是社会语言学的研究的重要内容。语言的社会性决定了语言变化往往是渐变的而不是突变的。语音成分的变化在词（字）中的实现不是所有符合音变条件的词（字）同步完成，而是先在少数词（字）开始变化，然后变化逐渐扩散到所有符合音变条件的词（字）中，最终完成音变。在某些词（字）中，音变可能持续相当长的时间。如地名用字，往往保留古音较多，语音变化落后于其同类字。

语音变化不同步还表现在，语音变异形式在语言使用者中的分布差异。不同社会特征的人群其语音变化的速度是不一样的，拥有某些社会特征的人群其语音变化会快于其他人群。这是社会语言学通过共时分布和历时变化探索音变现象的理论基础。

本书通过考察、研究河间方言语音变异，印证已知的音变规律，并发现那些未知的音变规律。

一、零声母字加［n］变项基本情况

普通话开口呼零声母（不含a、er音节）加［n］现象（下称零声母加［n］现象），在很多地区如河北、山东、山西、陕西的有些方言中存在，因此，以河间话为切入点来考察零声母加［n］的变异情况，探讨零声母加［n］现象的语音变异规律，具有一定的普遍意义。曹志耘、钱曾怡在《山东方言与社会文化》（《山东大学学报》（哲学社会科学版）1991 年第 1 期）一文中谈到，济南方言的零声母加［n］现象很有社会语言学研究价值。他们据所作调查的结果认为，年龄、性别、职业、文化程度与零声母加［n］的分布有关，与民族、地域没有明显关系。可惜的是，这个研究限于当时的分析工具，给出的只是百分比数据，不能作交叉分析，很难判断影响因素是否显著。现在，调查手段的进步和分析工具的运用可以给我们提供更为细致的调查分析结果。

本研究根据变项选取原则，考察河间方言零声母加［n］现象所用变项组由以下 27 个零声母字组成：

n + ai：爱 挨 矮 哀 碍 癌

n + an：安 按 案 暗 岸 俺

n + ang：昂

n + ao：熬 袄

n + e：讹 蛾 鹅 恶 娥 饿

n + en：恩 摁

n + ou：藕 偶 殴 怄

作方言调查，常常发生被调查者由于不认识某些字而影响调查质量的情况，因为被调查者的受教育程度是参差不齐的。因此选字时除了考虑变异存在的可能性以及声韵调配合因素以外，还考虑了字的常用性和可认读性，要尽量选用通俗常见用字，以保证调查效果和质量。

对照 1988 年国家语言文字工作委员会和国家教育委员会发布的《现代汉语常用字表》，在我们选的 27 个字中，常用字占 66.7%，次常用字占 22.2%，非常用字只有 11.1%（具体见表 4 – 1）。非常用字“娥”是当地农村女性人名常用字，“摁”也是常用动作，借助偏旁部首，也不难认读。“怄”字确实比较难以认读，但因为“怄气”是生活中经常发生的情况，组成“怄气”时“怄”容易出现变异，所以也选入了字组。

表 4－1　　零声母加［n］变项字表①

	常用字	次常用字	非常用字		常用字	次常用字	非常用字
爱	+			袄	+		
挨	+			讹		+	
矮	+			蛾	+		
哀	+			鹅	+		
碍	+			恶	+		
癌	+			娥			+
安	+			饿	+		
按	+			恩	+		
案	+			摁			+
暗	+			藕		+	
岸	+			偶	+		
俺		+		殴		+	
昂		+		怄			+
熬		+		总计	18	6	3

根据在日常生活交际中对语言现象的观察，我们发现，河间方言零声母字存在加［n］和不加［n］两种变异形式（下称变式）。我们把加［n］的变式标记为 0，称为 0 变式，不加［n］的变式标记为 1，称为 1 变式。0 变式是河间方言的老派发音，1 变式是与普通话一致的后起发音。另外，还有些字音比较复杂，是非 0 非 1 变式，即既不是河间方言的原有发音，也不是普通话的发音。

二、变异基本数据

我们通过计算 0 变式和 1 变式的比例，来观察变式的分布情况。表 4－2 是按照 1 变式的比例由高到低排列的。

① 注：＋代表此字属于该类。

表 4-2　　零声母加［n］字变异数据表①

变项	0 变式百分比	非 0 非 1 百分比	0 变式和 1 变式百分比	1 变式百分比	样本数
哀	4.0			96.0	397
殴	6.7			93.3	420
饿	8.0		0.5	91.5	414
岸	8.5			91.5	422
恶	8.6			91.4	432
矮	9.5		0.2	90.2	409
娥	9.9		0.2	89.9	425
怄	11.2			88.8	428
爱	11.4			88.6	405
鹅 1	10.0	1.4	0.2	88.4	430
安	11.8			88.2	434
昂	12.3		0.2	87.5	423
蛾	10.9	1.6		87.5	432
恩	12.8			87.2	438
暗	13.1			86.9	428
按	13.4			86.6	432
偶	17.4			82.6	438
挨	17.2	0.5	0.2	82.0	412
案	18.4			81.6	430
癌	2.9	15.4	0.2	81.5	421
鹅 2	21.1		1.0	78.0	418
俺	22.0		0.5	77.6	428
摁	22.6		0.2	77.2	430
藕	22.6		0.5	77.0	430
讹	23.9			76.1	401
熬	26.3		0.7	73.0	434
袄	31.9		0.7	67.4	433
碍	33.7		0.2	66.0	418

① 注：鹅 1 是在“鹅蛋”中“鹅”字的发音。鹅 2 是在村名“鸭鹅村”中“鹅”的发音。

如果按1变式的比例高低分类的话，可以把零声母字组分为90%以上、80%—89.9%、80%以下三类。我们重点考察1变式的高比例组和低比例组。

（一）高百分比的1变式字

观察表4-2可以发现，“哀、殴、饿、岸、恶、矮”排在1变式的最前列。“哀、殴、岸、恶”相对文雅，常常组成书面用词语，组不成河间方言的常用词，1变式比例高完全合理。

“矮”在河间方言里很少用，“矬”才是与之语义相同的河间方言常用词。

“饿”作为常用词，1变式的高比例有些出乎意料。按照音变规律，“饿”的1变式读音是［ə］，那河间方言相对应的0变式应该是［nə］，但现在河间方言里“饿”的0变式为［wo］。由［wo］而［ə］，看似没有零声母字加［n］现象。

“饿”的情况比较复杂。查韵书，《唐韵》、《洪武正韵》：饿，五箇切；《集韵》、《韵会》：饿，牛箇切，我去声。“饿”无论发［wo］还是［nə］音，都是符合音变规律的。“五、牛”两切字均为古疑母字，李方桂先生把疑母的上古音拟测为带圆唇的舌根音［wng］，古疑母字在普通话中的分化比较复杂，有［Ø］、［r］、［w］、［n］、［l］几个声母。“饿”在汉语方言中发音多样，有［ŋɔ］（广州）、［ŋo］（武汉、娄底）、［ŋɔ］（信宜）、［go］（厦门）、［ŋəu］（苏州）、［ŋʌ］（天镇）、［ŋə］（阳曲）、［ŋɤ］（济南）、［nɤ］（大同）、［o］（扬州）、［iak］（海丰）、［ɔ］（荣成）、［ɤ］（太原）、［ə］（北京、平度、长治）等。河间方言疑母在演变分化过程中，“我”、“饿”保留了圆唇特征。其实在河间，笔者幼时曾听长辈用读书音读“我”、“饿”发的就是［ŋə］或［nə］音，只是遗憾时过境迁，不可再现。语音的发展由繁到简是一般规律，因此现在的普通话“饿”发［ə］音应该是比较后起的，河间方言的“饿”则经历了从［ŋə］、［nə］到［wo］再到［e］的音变过程。

（二）低百分比的1变式字

属于1变式低百分比的字有：鹅（鸭鹅村）、俺、摁、藕、讹、熬、袄、碍。

观察1变式比例低的一组字，基本都是与日常生活紧密相关的字。尤其“袄、碍（事）”两字保持河间方言读音0变式比例最高。

为了考察作为变项的字与使用环境的关系，“鹅”组成了“鹅蛋”和“鸭鹅村”分别考察。“鹅蛋”是一般词，“鸭鹅村”是河间东部一个村的名字，是专有名词。可以看出，在普通词中的“鹅”变化速度快于存在于专有名词中的“鹅”。地名存古音在这里得到部分验证。

（三）特殊字“癌”的变式分布

“癌”字本音yan2①，音ai2是后起音。按照类推规律，在河间方言里，应该类推读成nai2。调查的结果是，“癌”字读成nai2的比例只有2.9%，读为ai2的达到81.5%，另有15.6%的比例读成nai1。在这里，语言类推规律没有起作用，起作用的是高频率的语言使用。这个生僻字规范发音的扩散与癌这种致命病种的发现和越来越常见有关。

三、因素分析

社会语言学所说的分布，指的是语言变项在具有不同社会特征的人群中的分布。常用的社会特征一般包括性别、年龄、职业、受教育程度等。本书在分布分析中除了考察变项在具有以上社会特征的人群中的分布外，还考察了被调查者的居住地即城乡因素，因为按照一般规律，语言变异速度往往是城市快于乡村。

（一）零声母加［n］字例字读音变式分布相关因素分析

在对零声母加［n］字的读音变异状况有了基本认识后，我们再按照频率的不同抽出几个字来仔细分析它们的分布情况，看看哪些因素与变异的分布有关。抽出的字有：1变式高比例字“爱、恶、殴”，1变式中比例字“安、昂、恩、案”，1变式低比例字“碍、袄、摁、藕”。

影响零声母加［n］字读音分布的社会因素如表4－3所示。

① 本书汉语拼音或国际音标音节后的阿拉伯数字代表调类，1代表阴平，2代表阳平，3代表上声，4代表去声。以下同。

表4-3　零声母加［n］字读音分布差异显著性统计①

字	城乡	性别	年龄段	迁徙	职业	受教育程度
爱	-	+	+	-	+	+
恶	+	+	+	-	+	+
殴	-	+	+	-	+	-
安	-	+	+	-	+	+
昂	-	-	+	-	-	-
恩	-	+	+	-	+	+
案	-	+	+	-	+	+
碍	-	+	+	+	+	-
袄	-	+	+	-	+	+
摁	-	+	+	-	+	-
藕	-	+	+	+	+	-

从表4-3中可以看到，年龄首先是影响零声母加［n］字读音分布的强势因素，14个零声母加［n］字读音在年龄段的分布上均有显著差异。其次是性别因素和职业因素，13个零声母加［n］字的读音分布在性别、职业上有明显差异。受教育程度对为数一半的零声母加［n］字读音上有明显影响，但也有一半的零声母加［n］字的读音不受受教育程度的影响。城乡因素和是否在外地生活三年以上的因素影响很小，只有个别零声母加［n］字的读音分布在这两个因素上差异显著。

"昂"字只在年龄上分布有显著差异。其实在河间方言口语中基本不用这个字，表达这个语义时只说"扬"。按照类推规律，"昂"应该读为［naŋ］，但因为很少用到，读调查字表时，部分被调查对象读成了［iaŋ］。

我们以"爱、碍、案"为例考察分析零声母加［n］字读音的具体分布差异。"爱"变项是在"恋爱"一词中出现，"碍"变项是在"碍事"一词中出现，"案"变项是在"案子"一词中出现。

在表4-3中可以看出，居住地因素不影响三个例字的读音分布，

① 注："+"代表交叉分析P值小于0.05，存在显著差异，"-"代表交叉分析P值大于0.05，差异不明显。以下同类表格与此同。

迁徙因素仅对“碍”字读音有影响。我们的分析着重考察例字不同变式的性别、年龄、职业等社会因素的分布情况。

（二）“爱”读音变异因素分析

“恋爱”在河间人的口中很少出现，一般情况下，年龄稍微大点的人说“搞对象”，年轻一些的人说“谈对象”，再时髦一点的人才说“谈恋爱”。因此，“爱”某人常常表达成“待见”某人。“爱”在“恋爱”这个词语环境里是文雅文明的纯粹的读书音。因此其读音1变式占比达到近89%。

1. 性别

表4-4-1　“爱”与性别交叉表

			性别		总计
			男	女	
爱	0变式	样本数	30	16	46
		百分比	20.8	6.1	11.4
	1变式	样本数	114	245	359
		百分比	79.2	93.9	88.6
总计		样本数	144	261	405
		百分比	100.0	100.0	100.0

表4-4-2　“爱”与性别交叉分析

	Value	df	Asymp. Sig. (2-sided)	Exact Sig. (2-sided)	Exact Sig. (1-sided)
Pearson Chi-Square	19.926[a]	1	0.000		
Continuity Correction[b]	18.492	1	0.000		
Likelihood Ratio	18.967	1	0.000		
Fisher's Exact Test				0.000	0.000
N of Valid Cases	405				

a. 0 cells (.0%) have expected count less than 5. The minimum expected count is 16.36.

b. Computed only for a 2×2 table.

“爱”的读音在性别上的分布有显著差异（见表4-4-1和表4-4-2）。女性的1变式比例高出男性14.7%。在这个字上，女性成为规范变式的引领者。

2. 年龄

表 4－5－1　“爱”与年龄段交叉表

			年龄段					总计
			18 岁以下	18—30 岁	31—40 岁	41—50 岁	50 岁以上	
爱	0 变式	样本数	0	3	17	10	16	46
		百分比	0.0	3.2	14.9	10.1	51.6	11.4
	1 变式	样本数	68	90	97	89	15	359
		百分比	100.0	96.8	85.1	89.9	48.4	88.6
总计		样本数	68	93	114	99	31	405
		百分比	100.0	100.0	100.0	100.0	100.0	100.0

表 4－5－2　“爱”与年龄段交叉分析

	Value	df	Asymp. Sig. (2-sided)
Pearson Chi-Square	66.303[a]	4	0.000
Likelihood Ratio	56.404	4	0.000
N of Valid Cases	405		

a. 1 cells (10.0%) have expected count less than 5. The minimum expected count is 3.52.

“爱”的读音在不同年龄段分布差异也很明显（见表 4－5－1 和表 4－5－2）。50 岁以上年龄段 1 变式比例明显低于其他年龄段，而在 18 岁以下年龄段 1 变式比例已经达到 100%。老（50 岁以上）、中（31—50 岁）、青（30 岁以下）三个年龄组的变异趋势非常明显：1 变式在老年组尚未达到 50%，中年组在 90% 以下，青年组达到了 95% 以上。相反，0 变式的分布趋势是年龄越大，比例越高，也就是说，年龄越大，保持方言原有发音模式的比例越高，年龄越低，与规范一致的发音模式比例越高。

“爱”的分布在民族、是否有在外地生活三年以上的经历上没有显著分布差异。但在职业和受教育程度上分布差异明显。

3. 职业

表 4－6－1　　“爱”与职业交叉表

			职业									总计
			教师	不在业人员	教师以外的专业技术人员	公务员	党群组织负责人及企事业单位负责人	办事人员和有关人员	农、林、牧、渔、水利业生产人员	商业、服务业人员	学生	
爱	0 变式	样本数	1	8	11	1	6	4	7	7	1	46
		百分比	4.3	14.5	33.3	4.5	23.1	20.0	13.7	7.1	1.3	11.4
	1 变式	样本数	22	47	22	21	20	16	44	92	75	359
		百分比	95.7	85.5	66.7	95.5	76.9	80.0	86.3	92.9	98.7	88.6
总计		样本数	23	55	33	22	26	20	51	99	76	405
		百分比	100.0	100.0	100.0	100.0	100.0	100.0	100.0	100.0	100.0	100.0

表 4－6－2　　“爱”与职业交叉分析

	Value	df	Asymp. Sig.（2-sided）
Pearson Chi-Square	33.254[a]	8	0.000
Likelihood Ratio	32.562	8	0.000
N of Valid Cases	405		

a. 5 cells（27.8%）have expected count less than 5. The minimum expected count is 2.27.

从职业分布看（见表 4－6－1 和表 4－6－2），“爱”的 1 变式分布由高到低依次是学生，教师，公务员，商业、服务业人员，农、林、牧、渔、水利业生产人员，不在业人员，办事人员和有关人员，党群组织负责人及企事业单位负责人，教师以外的专业技术人员。与普通话规范发音一致的 1 变式比例占据前三位的正是国家推广普通话的重点人群：教育、行政和公共服务领域人员。

值得指出的是党群组织负责人及企事业单位负责人这个群体，其 1 变式的低比例似乎出乎意外。但这个结果与 1998—2004 年的“中国语言文字使用情况调查”的普通话普及比例分布惊人地相似：在那次调查中，党群组织负责人及企事业单位负责人群体能用普通话与人交谈的比例也较低。

4. 受教育程度

表 4－7－1　　“爱”与受教育程度交叉表

			受教育程度				总计
			小学	初中	高中（包括中专）	大专及以上	
爱	0 变式	样本数	3	15	2	6	46
		百分比	6.3	8.1	21.6	8.6	11.4
	1 变式	样本数	45	10	80	64	5
		百分比	93.8	91.9	78.0	91.4	88.6
总计		样本数	48	185	12	70	40
		百分比	100.0	100.0	100.0	100.0	100.0

表 4－7－2　　“爱”与受教育程度交叉分析

	Value	df	Asymp. Sig.（2-sided）
Pearson Chi-Square	14.287[a]	3	0.003
Likelihood Ratio	12.810	3	0.005
N of Valid Cases	405		

a. 0 cells (.0%) have expected count less than 5. The minimum expected count is 5.45.

从表 4－7－1 和表 4－7－2 的数据看，受教育程度也明显影响“爱”的读音分布。1 变式在高中文化程度人群的比例明显低于其他程度人群。一般人们认为，文化程度越高，发音越接近规范，但数据显示的趋势证明情况并非如此理想和整齐。在其他三个程度人群中，这个趋势有微弱表现，但高中受教育程度人群从中打破了这种趋势。

如何解释这种语言的“高中现象”呢？是不是高中教育程度人群获得并固化了对方言的认同和家乡的认同？高中毕业并留在家乡，是一种生活方式包括语言方式的选择，同时也显示出一种生活态度包括语言态度，即认同乡村和小城镇生活方式，包括认同当地的语言。同时，高中程度人群在乡村和小城镇依然是属于文化人范围的，其自身的社会地位、文化自信高于小学和初中程度人群，这可能也是高中程度人群坚持“爱”的河间原有发音变式的原因吧。

以上的解释似乎合理，但仍然有陷入“臆测”的危险。鉴于年龄是影响语言变异的强势因子，我们把年龄作为参与变量对这种反常现象作了多元回归分析（见表4－8）。数据支持了受教育程度影响“爱”的读音变式分布的结论。

表4－8　　“爱”与年龄段和受教育程度回归分析

Effect	Model Fitting Criteria	Likelihood Ratio Tests		
	－2 Log Likelihood of Reduced Model	Chi-Square	df	Sig.
Intercept	56.565[a]	0.000	0	0.
年龄段	94.497	37.931	1	0.000
受教育程度	66.369	9.804	3	0.020

The chi-square statistic is the difference in -2 log-likelihoods between the final model and a reduced model. The reduced model is formed by omitting an effect from the final model. The null hypothesis is that all parameters of that effect are 0.

a. This reduced model is equivalent to the final model because omitting the effect does not increase the degrees of freedom.

在年龄作为协变量参与分析的情况下，受教育程度P值为0.02，小于0.05，差异依然在显著水平。

（三）“碍”读音变异因素分析

“碍事”在河间方言里是日常交际中经常用到的词语，“碍”的读音比较偏于口语发音，“碍”的0变式比例高也是可以理解的。

1. 性别

表4－9－1　　“碍”与性别交叉表

			性别		总计
			男	女	
碍	0变式	样本数	65	75	140
		百分比	43.5	28.2	33.7
	0变式和1变式	样本数	0	1	1
		百分比	0.0	0.4	0.2
	1变式	样本数	86	190	276
		百分比	56.6	71.4	66.0

续表

		性别		总计
		男	女	
总计	样本数	152	266	418
	百分比	100.0	100.0	100.0

表 4-9-2　　“碍”与性别交叉分析

	Value	df	Asymp. Sig. (2-sided)
Pearson Chi-Square	11.681[a]	3	0.009
Likelihood Ratio	12.172	3	0.007
N of Valid Cases	418		

a. 4 cells (50.0%) have expected count less than 5. The minimum expected count is .36.

“碍”的读音性别分布差异显著（见表4-9-1和表4-9-2）。女性在普通话规范读音上依然走在男性前面，而男性也依然是方言原有读音模式保持者的多数派。

2. 年龄

表 4-10-1　　“碍”与年龄段交叉表

			年龄段					总计
			18岁以下	18—30岁	31—40岁	41—50岁	50岁以上	
碍	0变式	样本数	1	20	45	48	26	40
		百分比	1.4	2.8	40.0	47.5	74.3	33.7
	0变式和1变式	样本数	0	0	0	1	0	1
		百分比	0.0	0.0	0	1.0	0.0	0.2
	1变式	样本数	70	76	69	52	9	276
		百分比	98.6	79.2	60.0	51.5	5.7	66.0
总计		样本数	71	96	115	101	35	418
		百分比	100.0	1000	100.0	100.0	100.0	100.0

表 4-10-2　　“碍”与年龄段交叉分析

	Value	df	Asymp. Sig. (2-sided)
Pearson Chi-Square	83.002[a]	12	0.000

续表

	Value	df	Asymp. Sig. (2-sided)
Likelihood Ratio	96.755	12	0.000
N of Valid Cases	418		

a. 10 cells (50.0%) have expected count less than 5. The minimum expected count is .08.

“碍”的不同读音变式在作为强势因素年龄的分布上差异显著（见表4－10－1和表4－10－2）。年龄与0变式读音比例成正比，与1变式读音比例成反比，即年龄越大，1变式比例越低，0变式比例越高。

“碍”的读音在迁移因素上分布呈现出明显差异（见表4－11－1和表4－11－2）。

3. 迁徙

表4－11－1　“碍”与是否在外地三年交叉表

			是否在外地三年		总计
			是	不是	
碍	0变式	样本数	13	128	140
		百分比	21.7	35.8	33.7
	0变式和1变式	样本数	1	0	1
		百分比	1.7	0.0	0.2
	1变式	样本数	46	230	276
		百分比	76.7	64.2	66.0
总计		样本数	60	358	418
		百分比	100.0	100.0	100.0

表4－11－2　“碍”与是否在外地三年交叉分析

	Value	df	Asymp. Sig. (2-sided)
Pearson Chi-Square	10.260[a]	3	0.016
Likelihood Ratio	8.622	3	0.035
N of Valid Cases	418		

a. 4 cells (50.0%) have expected count less than 5. The minimum expected count is .14.

没有在外地生活过三年以上经历的被调查者读0变式音的比例明显高于有在外地生活过三年以上经历的被调查者，而读1变式音的情况则正好相反。没有外出经历的人对自己日常生活中的常用词已经内化，他们对常用词发音是否是普通话规范读音不敏感，而有过外出经历的人则对常用词非本地方言读音的规范读音敏感得多，在读字表这种相对注意力集中的情境中，迁徙因素对变式分布的影响就显现出来了。

4. 职业

表 4-12-1　　“碍”与职业交叉表

			职业									总计
			教师	不在业人员	教师以外的专业技术人员	公务员	党群组织负责人及企事业单位负责人	办事人员和有关人员	农、林、牧、渔、水利业生产人员	商业、服务员人员	学生	
碍	0 变式	样本数	6	25	22	9	10	8	24	36	1	140
		百分比	24.0	42.4	62.9	39.1	38.5	42.1	45.3	36.4	1.3	33.7
	0 变式和 1 变式	样本数	0	0	0	1	0	0	0	0	0	1
		百分比	0.0	0.0	0.0	4.3	0.0	0.0	0.0	0.0	0.0	0.2
	1 变式	样本数	19	34	13	13	16	11	29	63	78	276
		百分比	76.0	57.6	37.1	56.5	61.5	57.9	54.7	63.6	98.7	66.0
总计		样本数	25	59	35	23	26	19	53	99	79	418
		百分比	100.0	100.0	100.0	100.0	100.0	100.0	100.0	100.0	100.0	100.0

表 4-12-2　　“碍”与职业交叉分析

	Value	df	Asymp. Sig. (2-sided)
Pearson Chi-Square	82.182[a]	24	0.000
Likelihood Ratio	85.063	24	0.000
N of Valid Cases	418		

a. 18 cells (50.0%) have expected count less than 5. The minimum expected count is .05.

“碍”的读音变式的职业分布也具有显著差异（见表 4-12-1 和表 4-12-2）。学生群体的 0 变式比例最低，只有 1.3%，教师群体 0 变式比例为 24.0%，也较其他群体的 0 变式比例低。最高的 0 变式比例出现在教师以外的专业技术人员群体，达到 62.9%。

“碍”不同变式的受教育程度分布差异不显著（见表4－13－1和表4－13－2）。

表4－13－1　　“碍”与受教育程度交叉表

			受教育程度				总计
			小学	初中	高中（包括中专）	大专及以上	
碍	0变式	样本数	9	62	45	24	140
		百分比	16.7	33.8	42.5	33.3	33.7
	0变式和1变式	样本数	0	0	0	1	1
		百分比	0.0	0.0	0.0	1.4	0.2
	1变式	样本数	45	123	61	47	276
		百分比	83.3	66.1	57.5	65.3	66.0
总计		样本数	54	186	106	72	418
		百分比	100.0	100.0	100.0	100.0	100.0

表4－13－2　　“碍”与受教育程度交叉分析

	Value	df	Asymp. Sig.（2-sided）
Pearson Chi-Square	16.771[a]	9	0.052
Likelihood Ratio	16.563	9	0.056
N of Valid Cases	418		

a. 8 cells（50.0%）have expected count less than 5. The minimum expected count is .13.

从表4－13－1可以看到，“碍”的1变式读音在小学文化程度人群比例最高，而在高中文化程度人群中最低。但受教育程度分布差异显著性不太明显。这似乎不符合人们的通常印象。

不作交叉分析，仅仅依靠百分比数据作分析是很危险的，一是容易得出错误结论，二是对反常现象很难解释清楚。仅从单纯数据看，从小学到高中文化程度，0变式比例随被调查者受教育程度的提高而提高，但在大专及以上人群该比例又出现下降。社会语言学研究一般认为，规范形式的变式在受教育程度高的人群中的比例会偏高。2010年进行的“普通话普及情况调查”数据显示，受教育程度高的人群其普通话水平也越高。从这一点看，似乎本次调查的数据表现不合情理，尽管我们已经看到受教育程度影响“碍”的分布不具有显著性，但真正的原因究竟是什么呢？

表4－14所给出的“碍”的受教育程度、年龄段多项回归分析数据显示，受教育程度与“碍”变式分布差异显著性极低，而与年龄分布呈现高度相关。

表4－14　“碍”与年龄段和受教育程度回归分析

Effect	Model Fitting Criteria	Likelihood Ratio Tests		
	－2 Log Likelihood of Reduced Model	Chi-Square	df	Sig.
Intercept	64.088[a]	0.000	0	0.
年龄段	140.915	76.826	2	0.000
受教育程度	74.028	9.940	6	0.127

The chi-square statistic is the difference in -2 log-likelihoods between the final model and a reduced model. The reduced model is formed by omitting an effect from the final model. The null hypothesis is that all parameters of that effect are 0.

a. This reduced model is equivalent to the final model because omitting the effect does not increase the degrees of freedom.

（四）“案”读音变异因素分析

“案”读音是在“案子”一词中调查的，“案子”尽管是口语化的词语，但“案子”这个词又不是普通人经常说的，不像“碍事”一词那么常用，它的0变式比例是18.4%，比“碍”的0变式比例低得多。影响“案”的读音变式分布的因素又是哪些呢？

1. 性别

表4－15－1　“案”与性别交叉表

			性别		总计
			男	女	
案	0变式	样本数	44	35	79
		百分比	27.5	13.0	18.4
	1变式	样本数	116	235	351
		百分比	72.5	87.0	81.6
总计		样本数	160	270	430
		百分比	100.0	100.0	100.0

表 4－15－2　　“案”与性别交叉分析

	Value	df	Asymp. Sig. (2-sided)	Exact Sig. (2-sided)	Exact Sig. (1-sided)
Pearson Chi-Square	14.157[a]	1	0.000		
Continuity Correction[b]	13.204	1	0.000		
Likelihood Ratio	13.728	1	0.000		
Fisher's Exact Test				0.000	0.000
N of Valid Cases	430				

a. 0 cells (.0%) have expected count less than 5. The minimum expected count is 29.40.

b. Computed only for a 2×2 table.

“案”的读音性别分布差异明显，1 变式男性所占比例低于女性，0 变式女性低于男性（见表 4－15－1 和表 4－15－2）。显示出男性在读音方面的保守性和女性在读音方面的趋时性。

2. 年龄

表 4－16－1　　“案”与年龄段交叉表

			年龄段					总计
			18 岁以下	18—30 岁	31—40 岁	41—50 岁	50 岁以上	
案	0 变式	样本数	0	8	25	26	20	79
		百分比	0.00	8.00	21.00	26.50	55.60	18.40
	1 变式	样本数	77	92	94	72	16	351
		百分比	100.00	92.00	79.00	73.50	44.40	81.60
总计		样本数	77	100	119	98	36	430
		百分比	100.00	100.00	100.00	100.00	100.00	100.00

表 4－16－2　　“案”与年龄段交叉分析

	Value	df	Asymp. Sig. (2-sided)
Pearson Chi-Square	62.595[a]	4	0.000
Likelihood Ratio	69.255	4	0.000
N of Valid Cases	430		

a. 0 cells (.0%) have expected count less than 5. The minimum expected count is 6.61.

从表 4－16－1 和表 4－16－2 看，年龄因素是影响“案”读音变式选择的重要因素。0 变式和 1 变式在年龄上的分布呈现出两个趋势：0

变式随年龄增大比例提高，1 变式随年龄增大比例降低。

是否有在外地居住三年以上的迁徙经历，对“案”的读音变式没有明显影响。

3. 职业

表 4 - 17 - 1　　“案”与职业交叉表

			职业									总计
			教师	不在业人员	教师以外的专业技术人员	公务员	党群组织负责人及企事业单位负责人	办事人员和有关人员	农、林、牧、渔、水利业生产人员	商业、服务员人员	学生	
案	0 变式	样本数	1	15	18	6	8	7	10	12	2	79
		百分比	3. 8	24. 6	52. 9	26. 1	30. 8	36. 8	18. 5	11. 8	2. 4	18. 4
	1 变式	样本数	25	46	16	17	18	12	44	90	83	351
		百分比	96. 2	75. 4	47. 1	73. 9	69. 2	63. 2	81. 5	88. 2	97. 6	81. 6
总计		样本数	26	61	34	23	26	19	54	102	85	430
		百分比	100. 0	100. 0	100. 0	100. 0	100. 0	100. 0	100. 0	100. 0	100. 0	100. 0

表 4 - 17 - 2　　“案”与职业交叉分析

	Value	df	Asymp. Sig. (2-sided)
Pearson Chi-Square	57. 738[a]	8	0. 000
Likelihood Ratio	58. 568	8	0. 000
N of Valid Cases	430		

a. 4 cells (22. 2%) have expected count less than 5. The minimum expected count is 3. 49.

从表 4 - 17 - 1 和表 4 - 17 - 2 看，职业因素也是影响“案”读音变式选择的因素。“案”读音 0 变式的高比例还是集中在教师以外的专业技术人员、办事人员和有关人员以及党群组织负责人及企事业单位负责人这三个群体，尤其是教师以外的专业技术人员群体，在这一比例上高出学生群体 50%。

4. 受教育程度

表 4－18－1　“案”与受教育程度交叉表

			受教育程度				总计
			小学	初中	高中（包括中专）	大专及以上	
案	0 变式	样本数	5	30	29	15	79
		百分比	9.1	15.5	26.9	20.3	18.4
	1 变式	样本数	50	163	79	59	351
		百分比	90.9	84.5	73.1	79.7	81.6
总计		样本数	55	193	108	74	430
		百分比	100.0	100.0	100.0	100.0	100.0

表 4－18－2　“案”与受教育程度交叉分析

	Value	df	Asymp. Sig. (2-sided)
Pearson Chi-Square	9.545[a]	3	0.023
Likelihood Ratio	9.661	3	0.022
N of Valid Cases	430		

a. 0 cells (.0%) have expected count less than 5. The minimum expected count is 10.10.

表 4－18－1 和表 4－18－2 显示，受教育程度因素影响“案”读音变式选择。表 4－18－1 显示，高中程度人群在“案”的读音变式上的表现依然“抢眼”，选择 0 变式的比例最高。

方差分析显示“案”读音在受教育程度上的分布差异显著。但这种反常现象通过多元回归分析得到解释。年龄和受教育程度多元回归分析发现，年龄才是真正的影响分布的因素，而受教育程度与“案”读音变式分布只是表面上的相关（见表 4－19）。

表 4－19　“案”与受教育程度和年龄段回归分析

Effect	Model Fitting Criteria	Likelihood Ratio Tests		
	－2 Log Likelihood of Reduced Model	Chi-Square	df	Sig.
Intercept	55.444[a]	0.000	0	0.
年龄段	112.090	56.646	1	0.000

续表

Effect	Model Fitting Criteria	Likelihood Ratio Tests		
	−2 Log Likelihood of Reduced Model	Chi-Square	df	Sig.
受教育程度	60. 830	5. 387	3	0. 146

The chi-square statistic is the difference in -2 log-likelihoods between the final model and a reduced model. The reduced model is formed by omitting an effect from the final model. The null hypothesis is that all parameters of that effect are 0.

a. This reduced model is equivalent to the final model because omitting the effect does not increase the degrees of freedom.

四、小结

以上对普通话零声母开口字在河间方言读音加［n］现象进行了考察分析。

首先是零声母加［n］字读音的基本概貌。0 变式和 1 变式的选择实际上是对立的，因此我们据 1 变式的分类也就是据 0 变式的分类。对 27 个字按照 1 变式的比例高低分为了三组：高比例组、低比例组和中比例组。观察各组字的特点，1 变式比例高的字具有文化色彩和非生活常用性的特点，而 1 变式比例比较低的字则具有生活化、常用性的特点。

通过对零声母加［n］字的例字的社会因素分布分析，可以得出这样的结论：不同性别、不同年龄、不同职业是影响零声母加［n］字读音变式选择的主要因素。而迁徙与零声母加［n］字读音变式选择不存在显著关系。教育程度因素对于不同的字其影响表现不同，需要具体分析。

0 变式作为河间方言的原有形式，1 变式作为与普通话一致的形式，其保持比例和被采用比例的高低与零声母加［n］字的日常性和文雅色彩等有关系。具体到被调查者因素，不同性别、不同年龄、不同职业的被调查者之间存在明显差异。

年龄是影响零声母加［n］字读音变式选择的强势因素，年龄在考察的所有零声母加［n］字的读音变式分布差异上都显现出显著性。低年龄段 0 变式比例低，1 变式比例高，而高年龄段则是 0 变式比例高，1

变式比例低，中年龄段则处于二者之间。这一点与社会语言学的一般规律吻合。

零声母加［n］字读音变式选择受性别因素影响明显。男性的零声母加［n］字0变式读音比例高于女性，男性在语言保守形式上保持得比女性要好，而女性在规范读音形式上走在男性前面。这与社会语言学研究结果一致，即女性在语言创新方面更积极，与男性相比，女性更偏好规范模式。

被调查者的职业对零声母加［n］字读音变式选择也有影响。非教师专业技术人员、党群组织负责人及企事业单位负责人以及公务员群体选择零声母加［n］字读音0变式的比例一般较高，而学生、教师和商业、服务业人员群体选择零声母加［n］字1变式读音的比例高于其他群体。

第二节　尖音字变项考察

一、尖音字变项基本情况

尖音字团化与团音字合流是汉语语音发展的重要现象，也是现在存在分尖团音现象的方言今后发展的趋势。河间方言的尖音正处于团化过程中，描写其尖音分布状况，考察其尖音变异过程，不仅具有语音学研究价值，也有社会语言学研究价值。

我们用来调查尖音变异的字表包括43个常用字，见表4－20：

表4－20　　**尖音字变项表**

字	声母	汉语拼音	字	声母	汉语拼音	字	声母	汉语拼音
集	精	ji	俊	精	jun	想	心	xiang
鲫	精	ji	七	清	qi	小	心	xiao
尖	精	jian	钱	清	qian	笑	心	xiao
将	精	jiang	枪	清	qiang	谢	心	xie
蕉	精	jiao	俏	清	qiao	心	心	xin
焦	精	jiao	切	清	qie	姓	心	xing
节	精	jie	情	清	qing	兄	心	xiong

续表

字	声母	汉语拼音	字	声母	汉语拼音	字	声母	汉语拼音
姐	精	jie	请	清	qing	秀	心	xiu
进	精	jin	取	清	qu	休	心	xiu
津	精	jin	全	清	quan	选	心	xuan
精	精	jing	鹊	清	que	雪	心	xue
酒	精	jiu	洗	心	xi	寻	心	xun
就	精	jiu	息	心	xi	须	心	xun
聚	精	ju	习	心	xi			
绝	精	jue	先	心	xian			

对尖音字调查字表的设计，我们仍然本着尽量使用常用字和通俗字的原则。在选取的43个尖音字中，常用字占到95%以上，只有“俏”和“鲫”属于次常用字。统计发现，“鲫（鱼）”的有效样本数也最少，只有399个，比平均有效样本数429少了30个，这应该与人们对这个字的识认程度偏低有关系。

在调查时，我们选取了“汽”和“球”作为尖音团化的干扰字。没有发现“球”读尖音现象，“汽”字有1例读成了尖音。读“汽”为尖音［ci］的被调查者是一个十岁小学生，女性，瀛州镇某村人。一般情况下，在分尖团音的群体内，对尖音字和团音字的区别是分明的，基本符合中古系统的音类，精、见两组字尖团不乱。尖音团化是总趋势，团音尖化则仅仅是偶发的个人现象。

为统计方便，对尖音字的变异形式我们用0代表尖音形式，称为0变式，用1代表与普通话读音一致的团音形式，称为1变式，其他已经团化但与普通话读音不一致的读音形式，记为非0非1形式。

二、变项基本数据

表4－21是我们按照尖音字0变式的比例从低到高制作的尖音字读音统计数据表，从表中可以看出，河间方言中尖音字尖音比例最低、团化比例最高的是“兄”字，应该说已经完成团化过程。“俏、蕉”2字，也已经高度团化。

表 4 – 21　**尖音字读音变式基本数据①**

字	0 变式百分比	非 0 非 1 变式（%）	1 变式百分比	有效样本
兄	0		100.0	434
俏	0.2		99.8	416
蕉	0.7		99.3	430
请	1.4		98.6	433
焦	1.6		98.4	428
将	1.6	6.7	91.7	432
休	2.1		97.9	432
就 2	2.4		97.6	417
绝	2.8		97.2	431
津	3.7	56.7	39.6	429
聚	4.1		95.9	434
进	4.2		95.8	427
切	4.9		95.1	430
酒	4.9		95.1	430
秀	5.2		94.8	425
精	5.3	0.2	94.5	435
情	5.3		94.7	438
姓	6.0	27.7	66.3	433
集	6.0		94.0	433
雪	6.3	0.2	93.5	430
须	6.6		93.4	425
节	7.0	45.3	47.7	428
寻	7.2		92.8	432
想	8.1		91.9	430
七	8.5		91.5	436
就 1	9.1		91.0	425
鲫	9.3	62.2	28.3	399
取	10.2		89.8	433

① 注：其中“小”调查“矮小”（记为小 1）和“小站”（记为小 2），“就”调查“就是”（记为就 1）和“吃饭就菜”（记为就 2），出现两次组合，故有 45 个变项。

续表

字	0 变式百分比	非 0 非 1 变式（%）	1 变式百分比	有效样本
息	10.2		89.8	432
鹊	11		89.1	428
谢	11.1	0.2	88.7	433
尖	11.3		88.7	432
枪	11.7		88.3	429
小 2	11.8		88.2	431
钱	12.9		87.1	433
姐	13.2		86.8	446
心	13.3		86.7	428
洗	13.4		86.6	433
先	13.6		86.4	428
小 1	16.5		83.5	412
全	17.0		83.0	435
选	19.9		80.1	432
习	21.0		79.0	428
俊	26.5		73.6	420
笑	28.0		72.0	429

我们按照尖音团化比例的高低把这些尖音字分为三组：

高团化比例组（尖音比例低于 5%）：俏、兄、蕉、请、焦、将、休、就 2、绝、津、聚、进、切、酒。

低团化比例组（尖音比例高于 11%）：笑、俊、习、选、全、小（小 1、小 2）、先、洗、心、姐、钱、枪、尖、谢，14 个字，这 14 个字都是生活常用字。即使在尖团基本完成合流过程的河东地区，口语中仍然残留尖音的有“全、选、俊”三字。

团化比例处于中间状态（5%—11%）的字有：秀、精、情、姓、集、雪、须、节、寻、想、七、就 2、鲫、取、息、鹊。

三、因素分析

下面考察尖音团化比例在社会因素分布上的差异性。因为分尖团现象在河间市有地域特点，因此，在分布因素分析时，除了考察尖团音的社会因素影响以外，我们也重点考察其地域分布即乡镇的分布。

（一）分组考察

在高团化字组中，保持尖音的被调查对象集中分布在瀛州镇和米各庄镇，其他乡镇没有分布。表4－22是高团化字组与社会因素分布差异性统计。

表4－22　　高团化字组与社会因素交叉分析差异显著性统计

字	乡镇	性别	年龄段	迁徙	职业	受教育程度
蕉	–	–	–	–	–	–
俏	–	–	–	–	–	–
兄	–	–	–	–	–	–
请	–	–	+	–	–	–
焦	+	–	+	+	+	–
将	–	+	+	–	–	–
休	–	–	+	–	–	–
就2	+	+	+	–	+	+
绝	+	–	+	–	–	–
津	+	–	+	–	+	–
聚	+	–	+	–	–	+
进	–	–	+	–	–	–
切	+	–	+	–	–	–
酒	+	–	+	–	–	–

除已经完成团化和高度团化的“俏、兄、蕉”3个字以外，其他11个字在年龄段分布上的差异均具有显著性，其次是乡镇，有7个字在乡镇分布上存在显著性差异。

尖音保持比例较高的被调查对象的基本特征可以概括为：瀛州镇或米各庄镇，31—50岁以上，不在业或者从事农业劳动者，商业、服务业者或者是办事人员。

团化比例低的字组，影响分布的主要因素是乡镇、年龄和职业（见表4－23）。

表 4－23 低团化字组与社会因素交叉分析差异显著性统计

低团化字	乡镇	性别	年龄段	迁徙	职业	受教育程度
全	+	－	+	－	+	－
小	+	－	+	－	－	－
枪	+	－	+	－	+	－
姐	+	－	+	－	+	－
谢	+	－	+	－	+	－
笑	+	－	+	－	+	－
俊	+	+	+	－	+	－
洗	+	－	+	+	+	－
钱	+	－	+	－	+	－
尖	+	－	+	－	+	+
心	+	－	+	－	+	－
先	+	－	+	－	+	－
习	+	－	+	－	+	－
选	+	－	+	－	+	－

在中度团化的字组中，乡镇、年龄、职业三个因素依然是影响尖音分布的主要因素（见表 4－24）。

表 4－24 中团化字组与社会因素交叉分析差异显著性统计

中团化字	乡镇	性别	年龄段	迁徙	职业	受教育程度
秀	+	－	+	－	+	－
精	+	－	+	－	－	－
情	+	－	－	+	－	－
姓	+	－	+	－	+	－
集	+	－	+	－	+	－
雪	+	+	+	－	+	－
节	+	－	+	－	+	+
须	+	－	+	－	－	－
寻	+	－	+	－	+	+
想	+	－	+	－	－	－
七	+	－	+	－	+	－

续表

中团化字	乡镇	性别	年龄段	迁徙	职业	受教育程度
就1	-	+	-	-	-	-
鲫	+	-	+	+	+	+
取	+	-	+	-	+	-
息	+	-	+	-	-	-
鹊	+	+	+	-	+	+

受教育程度因素在四个尖音字读音分布上显示差异显著，值得深入分析。通过多元回归似然比率检验发现，“节、鹊”的读音分布差异依然是年龄因素在背后起作用，受教育程度对“节、鹊”的读音不具有显著影响。而“寻、鲫”两字的读音分布与受教育程度有关。

在河间方言尖音字的读音中，“津、姓、鲫”三字的读音变异情况比较特殊，我们将之作为特例进行较为详细的分析。

“津、姓、鲫”的团化比例比较高，“津”的0变式比例为3.7%，“姓”的0变式比例为6.0%，“鲫”的0变式比例为9.3%（见表4－21）。在河间方言里它们不仅仅存在声母尖团的不同分布，还存在声调变异和韵母变异。在河间方言中，“津”团化前只有zing一个读音，团化后既读［tɕin］1，也读［tɕin］1。“姓”团化前有阳平、去声两个声调变体，团化后也有两个声调变体：既读［ɕiŋ］2，又读［ɕiŋ］4。“鲫”团化前只读［zi］1，团化后既读［tɕi］1，也读［tɕi］4，还有读［tɕy］1现象。

（二）“津”读音变异因素分析

“津”的声母［z］团化为［tɕ］的比例很高。但团化后它的字音很奇怪，有［tɕin］、［tɕiŋ］两读，是自由变体，没有意义表达上的差别。河间方言前后鼻音区别分明，这种前后鼻音不分的情况仅存在于这个字音，而且在河北很多方言以及天津方言中均有这种现象出现，即使在规范程度较高的北京方言里也可以听到“津”发后鼻音的现象。

1. 居住地

“津”的尖团音分布在不同乡镇间是有显著差异的（见表4－25）。

表 4－25 “津”与乡镇交叉表

			乡镇					总计
			瀛州镇	米各庄镇	沙河桥镇	兴村乡	黎民居乡	
津	0 变式	样本数	10	6	0	0	0	16
		百分比	7.6	8.7	0.0	0.0	0.0	3.7
	1 变式	样本数	122	63	81	79	68	412
		百分比	92.4	91.3	100.0	100.0	100.0	96.2
总计		样本数	132	69	81	79	68	429
		百分比	100.0	100.0	100.0	100.0	100.0	100.0

从表 4－25 中可以看到，“津”读尖音的现象只存在于瀛州镇和米各庄镇，其他三个乡镇全部团化。

2. 年龄

表 4－26－1 “津”与年龄段交叉表

			年龄段					总计
			18 岁以下	18—30 岁	31—40 岁	41—50 岁	50 岁以上	
津	0 变式	样本数	0	3	3	5	5	16
		百分比	0.0	3.0	3.3	5.2	13.9	3.7
	1 变式	样本数	78	97	115	91	31	412
		百分比	100.0	97.0	96.6	94.8	86.1	96.2
总计		样本数	78	100	119	96	36	429
		百分比	100.0	100.0	100.0	100.0	100.0	100.0

表 4－26－2 “津”与年龄段交叉分析

	Value	df	Asymp. Sig. (2-sided)
Pearson Chi-Square	17.175[a]	8	0.028
Likelihood Ratio	15.934	8	0.043
N of Valid Cases	429		

a. 10 cells (66.7%) have expected count less than 5. The minimum expected count is .08.

“津”在年龄分布上有显著差异（见表 4－26－1 和表 4－26－2）：18 岁以下年龄段的被调查者读“津”已经不读尖音，18—30 岁年龄段读尖音的比例仅有3.0%，而50岁以上年龄段读尖音的比例达到13.9%。

统计结果显示，尖音“津”的尖团变式在性别、职业、受教育程度、迁徙等方面的分布没有明显差异。

如果把韵母变式考虑在内的话，“津”读音的变化情况可以更清楚。

表4－27　“津”的各种读音变体基本数据①

	0变式	非0非1变式	1变式	总计
样本数	16	245	168	429
百分比	3.7	57.1	39.2	100

表4－27的数据表明，读尖音的“津”韵母全部读成后鼻音［iŋ］，读团音的“津”有57.1%的比例是读［iŋ］韵母，读［in］韵母的有39.2%。拟测“津”的读音变化历程可能是：［ziŋ］→［tɕiŋ］→［tɕin］。

“津”的读音尖音团化符合汉语语音发展的大趋势，但韵母由后鼻音向前鼻音发展则没有语音发展规律可循，只能是普通话影响方言向规范读音靠拢，“津”的读音由［tɕiŋ］到［tɕin］恐怕还需要较长的时间。一是因为“津”的［tɕiŋ］读音占比高达50%以上，二是因为其在主要影响因素上分布均匀，没有明显差异，甚至在年龄方面有低年龄段［tɕiŋ］变式占比高出其他年龄段的情况。

表4－28的统计显示，“津”的［tɕiŋ］读音在瀛州镇、米各庄镇、沙河桥镇以及黎民居乡所占比例相差无几，在兴村乡的比例还高至75%，数量上占据优势，而从比例高低来看，与普通话规范读音［tɕin］一致的变式则相对处于劣势。

① 注：0变式代表“津”的［ziŋ］读音，非0非1变式代表“津”的［tɕiŋ］读音，1变式代表“津”的［tɕin］读音，表4－28和表4－29同。

表 4-28 “津”与乡镇交叉表

			乡镇					总计
			瀛州镇	米各庄镇	沙河桥镇	兴村乡	黎民居乡	
津	0 变式	样本数	10	6	0	0	0	16
		百分比	7.6	8.7	0.0	0.0	0.0	3.7
	非 0 非 1 变式	样本数	70	35	42	59	39	245
		百分比	53.0	50.7	51.9	74.7	57.4	57.1
	1 变式	样本数	52	28	39	20	29	168
		百分比	39.4	40.6	48.1	25.3	42.6	39.2
总计		样本数	132	69	81	79	68	429
		百分比	100.0	100.0	100.0	100.0	100.0	100.0

表 4-29 “津”与年龄段交叉表

			年龄段					总计
			18 岁以下	18—30 岁	31—40 岁	41—50 岁	50 岁以上	
津	0 变式	样本数	0	3	3	5	5	16
		百分比	0.0	3.0	2.5	5.2	13.9	3.7
	非 0 非 1 变式	样本数	64	55	61	45	20	245
		百分比	82.1	55.0	51.3	46.9	55.6	57.1
	1 变式	样本数	14	42	55	46	11	168
		百分比	17.9	42.0	46.2	47.9	30.6	39.2
总计		样本数	78	100	119	96	36	429
		百分比	100.0	100.0	100.0	100.0	100.0	100.0

“津”［tɕiŋ］读音形式在年龄段上分布也比较占优势，在中老年年龄段比例较高，在 18 岁以下人群中甚至达到 80% 以上（见表4-29）。这样的年龄分布，让我们很难对规范模式的发展前景有信心。

天津作为历史悠久的大都市，在近现代历史上是华北地区最繁华的大城市，对周边地区影响很大。长期以来，很多地方的人包括北京市、天津市的市民也称“天津”为 Tian1 jing1。我们知道，专有名词的使用传承性很强，具有一定的使用惯性，不会轻易发生改变。再者，前后鼻音的区别在不影响语义表达的情况下不会得到语言使用者重视，因此规范读音不能够轻易战胜传统发音。而且从发音省力角度讲，似乎“津”

发［tɕiŋ］比［tɕin］要省力一些，发［in］需要舌面接触上腭，而发［iŋ］只需要鼻腔共鸣。尽管“津”在其他组合如“津津有味”、“津贴”等词语中有可能发［tɕin］，但天津的“津”要完成由［tɕin］到［tɕiŋ］的变化，尚需时日。

（三）“将”读音变异因素分析

尖音字“将来”之“将”在普通话里的读音为［tɕiaŋ］1，但在河间方言里存在［ziaŋ］1、［ziaŋ］3、［tɕiaŋ］1、［tɕiaŋ］3 四种变体。

1. “将”声母的尖团音分布

单从尖音团化看，被调查者中“将”的团化比例达到了 98.4%。“将”的尖团读音分布存在地域、性别、年龄差异。下面考察“将”声母的尖团音分布情况。尖音变式［ziaŋ］1 和［ziaŋ］3 标记为 0 变式，团音变式［tɕiaŋ］1 和［tɕiaŋ］3 标记为 1 变式。

（1）地域

表 4－30－1　“将”与乡镇交叉表

			乡镇					总计
			瀛州镇	米各庄镇	沙河桥镇	兴村乡	黎民居乡	
将	0 变式	样本数	5	2	0	0	0	7
		百分比	3.8	2.8	0.0	0.0	0.0	1.6
	1 变式	样本数	127	70	81	79	68	425
		百分比	96.2	97.2	100.0	100.0	100.0	98.4
总计		样本数	132	72	81	79	68	432
		百分比	100.0	100.0	100.0	100.0	100.0	100.0

表 4－30－2　“将”与乡镇交叉分析

	Value	df	Asymp. Sig.（2-sided）
Pearson Chi-Square	8.251[a]	4	0.083
Likelihood Ratio	10.781	4	0.029
N of Valid Cases	432		

a. 5 cells（50.0%）have expected count less than 5. The minimum expected count is 1.10.

虽然卡方检验结果显示“将”尖团变式的乡镇分布差异不显著，但 Likelihood Ratio P 值 <0.05，说明差异具有显著性（见表 4－30－2）。表

4－30－1的数据显示，在所有样本乡镇中，“将”的团化比例均很高，7例读尖音者均来自瀛州镇和米各庄镇，其他三镇已经团化。

（2）性别

表 4－31－1　“将”与性别交叉表

			性别		总计
			男	女	
将	0 变式	样本数	6	1	7
		百分比	3.7	0.4	1.6
	1 变式	样本数	156	269	425
		百分比	96.3	99.6	98.4
总计		样本数	162	270	432
		百分比	100.0	100.0	100.0

表 4－31－2　“将”与性别交叉分析

	Value	df	Asymp. Sig. (2-sided)	Exact Sig. (2-sided)	Exact Sig. (1-sided)
Pearson Chi-Square	7.057[a]	1	0.008		
Continuity Correction[b]	5.121	1	0.024		
Likelihood Ratio	7.083	1	0.008		
Fisher's Exact Test				0.013	0.013
N of Valid Cases	432				

a. 2 cells (50.0%) have expected count less than 5. The minimum expected count is 2.63.

b. Computed only for a 2×2 table

“将”的尖团变式在性别分布上有显著差异（见表4－31－1和表4－31－2）：男性尖音比例高于女性，换句话说，女性团化比例高于男性。

（3）年龄

“将”的尖团变式年龄段分布的差异也很显著（见表4－32－1和表4－32－2）：18岁以下和18—30岁年龄段的被调查者已经全部团化，31岁及以上的被调查者的年龄越大，发尖音的比例越高，尤其是50岁以上年龄段的被调查者，尖音比例为8.3%。

表 4－32－1 “将”与年龄段交叉表

			年龄段					总计
			18 岁以下	18—30 岁	31—40 岁	41—50 岁	50 岁以上	
将	0 变式	样本数	0	0	1	3	3	7
		百分比	0.0	0.0	0.8	3.1	8.3	1.6
	1 变式	样本数	78	102	118	94	33	425
		百分比	100.0	100.0	99.2	96.9	91.7	98.4
总计		样本数	78	102	119	97	36	432
		百分比	100.0	100.0	100.0	100.0	100.0	100.0

表 4－32－2 “将”与年龄段交叉分析

	Value	df	Asymp. Sig. (2-sided)
Pearson Chi-Square	14.915[a]	4	0.005
Likelihood Ratio	12.636	4	0.013
N of Valid Cases	432		

a. 5 cells (50.0%) have expected count less than 5. The minimum expected count is .58.

“将”的尖团变式在职业、受教育程度以及迁徙经历方面的分布不存在显著差异。

2. “将”声调的上声、阴平分布

“将”团化后有两种读音，一种是河间方言读音［tɕiaŋ］3，一种是与普通话规范读音一致的［tɕiaŋ］1。考察这两种变式的分布情况，可以看到规范音对方言读音的影响程度及方言读音的发展趋势。

表 4－33 “将”的各种读音变式基本数据①

	0 变式	非 0 非 1 变式	1 变式	总计
样本数	7	29	396	432
百分比	1.6	6.7	91.7	100

表 4－33 显示，“将”团化后，与规范读音相同的 1 变式比例达到 91.7%，而团化后上声的比例占 6.7%。我们考察一下“将”的团音声

① 注：表中非 0 非 1 变式代表“将”的［tɕiaŋ］3 读音变式。表 4－34 至表 4－37 同。

调分布情况。

（1）地域

表 4－34 **“将”与地域交叉表**

			乡镇					总计
			瀛州镇	米各庄镇	沙河桥镇	兴村乡	黎民居乡	
将	0 变式	样本数	5	2	0	0	0	7
		百分比	3.8	2.8	0	0	0	1.6
	非 0 非 1 变式	样本数	8	6	3	0	12	29
		百分比	6.1	8.3	3.7	0	17.6	6.7
	1 变式	样本数	119	64	78	79	56	396
		百分比	90.2	88.9	96.3	100	82.4	91.7
总计		样本数	132	72	81	79	68	432
		百分比	100.0	100.0	100.0	100.0	100.0	100.0

表中 4－34 数据显示，“将”的团化上声分布在四个乡镇，只有兴村乡没有出现。出现比例最高的黎民居乡达到 17.6%，尽管如此，这个变式仍不可能与 1 变式规范读音相抗衡。

（2）年龄

表 4－35 **“将”与年龄段交叉表**

			年龄段					总计
			18 岁以下	18—30 岁	31—40 岁	41—50 岁	50 岁以上	
将	0 变式	样本数	0	0	1	3	3	7
		百分比	0.0	0.0	0.8	3.1	8.3	1.6
	非 0 非 1 变式	样本数	0	5	7	10	7	29
		百分比	0.0	4.9	5.9	10.3	19.4	6.7
	1 变式	样本数	78	97	111	84	26	396
		百分比	100.0	95.1	93.3	86.6	72.2	91.7
总计		样本数	78	102	119	97	36	432
		百分比	100.0	100.0	100.0	100.0	100.0	100.0

观察表 4－35 会发现，“将”团化上声变式的年龄分布很有规律，高比例分布在高年龄段，低比例分布在较低年龄段，18 岁以下的被调

查者，已经完全是规范读音了。这种年龄上的分布也显示，“将”团化上声变式没有发展前途，其被团化阴平变式代替是可以预见的。

（3）性别

表 4 – 36　　“将”与性别交叉表

			性别		总计
			男	女	
将	0 变式	样本数	6	1	7
		百分比	3.7	0.4	1.6
	非 0 非 1 变式	样本数	22	7	29
		百分比	13.6	2.6	6.7
	1 变式	样本数	134	262	396
		百分比	82.7	97.0	91.7
总计		样本数	162	270	432
		百分比	100.0	100.0	100.0

表 4 – 36 显示，“将”的读音变式在性别分布上差异显著。团化上声变式男性高出女性 11%，再次显示出男性语音趋于保守、女性语音趋于规范的特点。

（4）职业

表 4 – 37　　“将”与职业交叉表

			职业									总计
			教师	不在业人员	教师以外的专业技术人员	公务员	党群组织负责人及企事业单位负责人	办事人员和有关人员	农、林、牧、渔、水利业生产人员	商业、服务业人员	学生	
案	0 变式	样本数	0	2	0	0	0	2	1	2	0	7
		百分比	0.0	3.4	0.0	0.0	0.0	11.1	1.8	2.0	0.0	1.6
	非 0 非 1 变式	样本数	1	5	7	3	3	1	4	4	1	29
		百分比	3.8	8.5	20.0	13.0	11.5	5.6	7.0	3.9	1.2	6.7
	1 变式	样本数	25	52	28	20	23	15	52	96	85	396
		百分比	96.2	88.1	80.0	87.0	88.5	83.3	91.2	94.1	98.8	91.7

续表

		职业									总计
		教师	不在业人员	教师以外的专业技术人员	公务员	党群组织负责人及企事业单位负责人	办事人员和有关人员	农、林、牧、渔、水利业生产人员	商业、服务业人员	学生	
总计	样本数	26	59	35	23	26	18	57	102	86	432
	百分比	100.0	100.0	100.0	100.0	100.0	100.0	100.0	100.0	100.0	100.0

表4－37显示，“将”的读音变式在职业分布上差异明显。团化上声变式集中出现在教师以外的专业技术人员、公务员、党群组织负责人及企事业单位负责人三个人群。这三个群体在很多字的保守变式上都保持着较高比例，鉴于这三个群体社会威望较高，有一定影响力，“将”团化上声变式也许由于这三个人群的保持而延缓消失速度。

（四）“鲫”读音变异因素分析

“鲫”的团化比例不高，读音复杂。在声母上是尖团音问题，在韵母上是齐撮问题，在声调上是入声消失分派问题。河间方言存在［zi］1、［tɕi］1、［tɕy］1、［tɕi］4四个读音。统计显示（见表4－21），从尖音团化看，发［tɕi］1的比例最高，达到62.2%，发［tɕi］4的占28.3%，拟测“鲫”的读音发展轨迹可能如下：

［zi］1→［tɕi］1→［tɕi］4

↘ ↓↑ ↗

［tɕy］1

“鲫”的［zi］1读音，在声调不变时，团化后可能的方向有两个：一个方向是团化为［tɕi］1后，再受规范读音模式影响发生声调变化，变为［tɕi］4；另外一个方向是团化为［tɕy］1后，［tɕy］1与［tɕi］1同时共存发生竞争，在竞争中被［tɕi］1战胜，再发生声调变化变为规范读音模式。当然，“鲫”也可以保持尖音，先改变声调，发［zi］4，再团化为［tɕi］4。但目前河间方言里，“鲫”没有［zi］去声的读音，因此不好作这种发展路径的推测。［tɕy］1变式很可能是受后字“鱼”发音的影响才出现的韵母音变，“鲫”很少单说，因为鲫鱼作为常见鱼类，“鲫鱼”一词作为日常词语总是“鲫”和“鱼”黏合在一起使用，因此“鲫”的发音受“鱼”（在河间方言“鲫鱼”的“鱼”发轻声）影响发生由［tɕi］1 到［tɕy］1 的音变可能性很大，这种变体没有意义表达区别。至于“鲫”的［tɕy］1 有无可能直接变为规范读音［tɕi］4，这条发展路径涉及韵母和声调两个因素，这种变化可能性似乎不大。

我们来仔细看看“鲫”读音变式的分布。

1. 居住地

表 4－38－1　“鲫”与乡镇交叉表

			乡镇					总计
			瀛州镇	米各庄镇	沙河桥镇	兴村乡	黎民居乡	
鲫	［tɕi］1	样本数	72	30	47	44	55	248
		百分比	59.0	50.8	62.7	57.9	84.6	62.5
	0 变式	样本数	26	1	0	0	0	27
		百分比	21.3	1.7	0.0	0.0	0.0	6.8
	1 变式	样本数	24	28	27	30	8	117
		百分比	19.7	47.5	36.0	39.5	12.3	29.5
	［tɕy］1	样本数	0	0	1	2	2	5
		百分比	0.0	0.0	1.3	2.6	3.1	1.3
总计		样本数	122	59	75	76	65	397
		百分比	100.0	100.0	100.0	100.0	100.0	100.0

表 4－38－2　“鲫”与 乡镇交叉分析

	Value	df	Asymp. Sig.（2-sided）
Pearson Chi-Square	87.326[a]	12	0.000
Likelihood Ratio	91.346	12	0.000
N of Valid Cases	397		

a. 7 cells（35.0%）have expected count less than 5. The minimum expected count is .74.

表 4－38－1 和表 4－38－2 显示，“鲫”的读音变式在地域上的分布有明显差异。在河间方言中，尖音字“鲫”读音变式的乡镇分布存在明显差异。“鲫”读尖音主要存在于瀛州镇，在米各庄镇也有少量存在。在其他三个乡镇尖音“鲫”已经完成团化过程。

“鲫”团化后读音变式［tɕi］1的高比例显示出其在各乡镇都是优势读音，而［tɕy］1在沙河桥镇、兴村乡、黎民居乡只有低比例存在。

“鲫”的1变式在五个乡镇都有分布，在米各庄镇甚至接近50%，其对其他变式的规范力量不容小觑。

“鲫”的尖音在性别上的分布没有明显差异。

2. 年龄

表4－39－1　　“鲫”与年龄段交叉表

			年龄段					总计
			18岁以下	18—30岁	31—40岁	41—50岁	50岁以上	
鲫	［tɕi］1	样本数	32	65	74	59	18	248
		百分比	47.1	67.0	67.3	64.8	58.1	62.5
	0变式	样本数	0	3	12	9	3	27
		百分比	0.0	3.1	10.9	9.9	9.7	6.8
	1变式	样本数	36	29	20	23	9	117
		百分比	52.9	29.9	18.2	25.3	29.0	29.5
	［tɕy］1	样本数	0	0	4	0	1	5
		百分比	0.0	0.0	3.6	0.0	3.2	1.3
总计		样本数	68	97	110	91	31	397
		百分比	100.0	100.0	100.0	100.0	100.0	100.0

表4－39－2　　“鲫”与年龄段交叉分析

	Value	df	Asymp. Sig.（2-sided）
Pearson Chi-Square	41.588[a]	12	0.000
Likelihood Ratio	45.902	12	0.000
N of Valid Cases	397		

a. 7 cells（35.0%）have expected count less than 5. The minimum expected count is .39.

从表4－39－1和表4－39－2可以看出，“鲫”的读音变式在年龄段上的分布差异是显著的。从尖音比例高低上明显分为30岁及以下和30岁以上两个年龄段。团化且声调与普通话一致的［tɕi］4比例以18岁以下年龄段为最高。在尖音团化这一语音变化的大潮流下，在年龄分布的弱势情况下，尖音变式［zi］1可能会加快完成团化。

“鲫”［tɕy］1 作为单纯语流音变的产物，没有意义表达的必要性和年龄优势，竞争力微弱，被淘汰是必然的。从总体年龄分布看，［tɕi］1 变式比例占优，但在低年龄段该比例已经低于与普通话规范变式一致的［tɕi］4 变式。由此看，“鲫”声调的阴平变式力量强大，但去声变式具有成长性，“鲫”［tɕi］0 变式和“鲫”［tɕi］1 变式会长期处于竞争状态。

3. 迁徙

表 4－40－1　　“鲫”与是否在外地三年以上交叉表

			是否在外地三年		总计
			是	不是	
鲫	［tɕi］1	样本数	35	213	248
		百分比	61.4	62.6	62.5
	0 变式	样本数	11	16	27
		百分比	19.3	4.7	6.8
	1 变式	样本数	11	106	117
		百分比	19.3	31.2	29.5
	［tɕy］1	样本数	0	5	5
		百分比	0.0	1.5	1.3
总计		样本数	57	340	397
		百分比	100.0	100.0	100.0

表 4－40－2　　“鲫”与是否在外地三年以上交叉分析

	Value	df	Asymp. Sig.（2-sided）
Pearson Chi-Square	12.850[a]	3	0.005
Likelihood Ratio	11.187	3	0.011
N of Valid Cases	399		

a. 2 cells（25.0%）have expected count less than 5. The minimum expected count is .14.

从表 4－40－1 和表 4－40－2 看，“鲫”读音变式在是否在外地生活三年以上的迁徙因素上的分布差异是明显的。

“鲫”团化阴平变式在两个人群中均占优势。

0 变式比例是有迁徙经历的人群高于没有迁徙经历的人群，而 1 变式比例正好相反，没有迁徙经历的人群高于有迁徙经历的人群。这与我们的预期似乎是矛盾的。社会语言学一般认为，有在外地生活经历的人因为交往较广，往往受其他方言的影响，受通用语言的影响更大。我们的调查结果显示，有些一般性认识需要重新思考，也许因为见多识广，有外出经历回到家乡的人群对本地语言文化更为认同，这种认同也会体现在对方言变式的认同上。

4. 职业

表 4－41－1　　“鲫”与职业交叉表

			职业									总计
			教师	不在业人员	教师以外的专业技术人员	公务员	党群组织负责人及企事业单位负责人	办事人员和有关人员	农、林、牧、渔、水利业生产人员	商业、服务业人员	学生	
鲫	[tɕi] 1	样本数	16	32	24	12	21	14	29	61	39	248
		百分比	61.5	66.7	68.6	52.2	84.0	77.8	56.9	64.9	50.6	62.5
	0 变式	样本数	1	5	7	7	0	1	4	2	0	27
		百分比	3.8	10.4	20.0	30.4	0.0	5.6	7.8	2.1	0.0	6.8
	1 变式	样本数	9	10	3	4	4	3	17	29	38	117
		百分比	34.6	20.8	8.6	17.4	16.0	16.7	33.3	30.9	49.4	29.5
	[tɕy] 1	样本数	0	1	1	0	0	0	1	2	0	5
		百分比	0.0	2.1	2.9	0.0	0.0	0.0	2.0	2.1	0.0	1.3
总计		样本数	26	48	35	23	25	18	51	94	77	397
		百分比	100.0	100.0	100.0	100.0	100.0	100.0	100.0	100.0	100.0	100.0

表 4－41－2　　“鲫”与职业交叉分析

	Value	df	Asymp. Sig. (2-sided)
Pearson Chi-Square	69.344[a]	24	0.000
Likelihood Ratio	68.210	24	0.000
N of Valid Cases	397		

a. 16 cells (44.4%) have expected count less than 5. The minimum expected count is .23.

从表 4－41－1 和表 4－41－2 看，“鲫”读音变式的职业分布具有显著性差异。0 变式在公务员和非教师专业技术人员中比例高，团化阴平变式在各职业中均占比较高，1 变式在学生、教师和农、林、牧、渔、水利业生产人员群体中比例高。

5. 受教育程度

表 4－42－1　　“鲫”与受教育程度交叉表

			受教育程度				总计
			小学	初中	高中（包括中专）	大专及以上	
鲫	[tɕi] 1	样本数	24	103	77	44	248
		百分比	52.2	58.5	75.5	60.3	62.5
	0 变式	样本数	0	9	4	14	27
		百分比	0.0	5.1	3.9	19.2	6.8
	1 变式	样本数	21	62	19	15	117
		百分比	45.7	35.2	18.6	20.5	29.5
	[tɕy] 1	样本数	1	2	2	0	5
		百分比	2.2	1.1	2.0	0.0	1.3
总计		样本数	46	176	102	73	397
		百分比	100.0	100.0	100.0	100.0	100.0

表 4－42－2　　“鲫”与受教育程度交叉分析

	Value	df	Asymp. Sig. (2-sided)
Pearson Chi-Square	39.348[a]	9	0.000
Likelihood Ratio	38.119	9	0.000
N of Valid Cases	397		

a. 6 cells (37.5%) have expected count less than 5. The minimum expected count is .58.

从表 4－42－1 和表 4－42－2 看，“鲫”的读音变式在受教育程度分布上也有显著差异，而且与年龄因素进行回归分析后依然显示具有显著性。小学程度人群的 1 变式比例高于其他人群，呈现“超越模式”的特点。数据说明，方言固有模式的保持并不一定与受教育程度的高低呈正比。很多语言事实告诉我们，也许正是受过较高程度教育的人群在有意识地维护方言原有形式。

四、小结

尖团音的问题是汉语语音发展史上的一个非常重要的问题，直到现在，仍然是语言学研究的重要内容，也是关心语言文字工作人士的一个话题。因此，就河间方言的尖团音分布状况所作的考察分析，相信对语言学界更为清晰地认识尖团音问题有借鉴和参考意义。

尖音和团音的概念最早出自清道光年间的官方辨音专书《圆音正考》的序言，序言中说："试取三十六字母审之，隶见溪群晓匣五母者属团，隶精清从心邪五母者属尖，判若泾渭，与开口、闭口、轻唇、重唇之分，有厘然其不容紊者，援辑斯篇，凡四十八音，为字一千六百有奇。每音各标国书（注：指满文）一字于首，团音在前，尖音居后。"《圆音正考》是一部为戏曲（京昆）分辨尖团字音服务的工具书，其序言里的这段话不仅告诉我们尖团音是什么，而且还透露出其时尖团音已经有合流现象。

尖音与精、清、从、心、邪五母相对应。所谓尖音，是指［z］、［c］、［s］声母拼［i］、［y］或以［i］、［y］为介音的韵母，大概因其发音时舌尖靠前故名。团音对应见、溪、群、晓、匣五母。团音指［tɕ］［tɕ‘］［ɕ］拼［i］、［y］或以［i］、［y］为介音的韵母，可能因其发音时舌面接近上腭而得名。

尖团合流现象在清代已经发生而且影响到戏曲的唱词咬音，以至需要专书纠正才行。现在的普通话［tɕ］、［tɕ‘］、［ɕ］来源有两种：一种由见、溪、群、晓、匣声母腭化（舌面抬高接近硬腭）而来，这种音变现象发生较早，但在一些方言如粤方言、客家方言里，腭化还没有完成，还保留没有腭化的读音；另一种是由精、清、从、心、邪声母团化而来，这种语音变化在作为普通话标准音系的北京话音系中已经完成，而在河间方言里则是正处于进行中的变化。

尖音向团音变化在河间方言中正处于进行中。本书不用"尖团合流"而用"尖音团化"这一术语来专指尖音向团音发展的现象。不使用"尖团合流"而使用"团化"这个术语是基于这样的认识：

尖音发展的单向性：尖音向团音的发展是一条"单行道"，一是尖音一旦变化为团音，就不会回头再发生逆团化现象，二是尖音单方面向团音发展，而团音不会向尖音发展。“尖团合流”的概念掩盖了这种单向性。

尖音发展的过程性：“化”就是指的事物发展的过程，既然尖音向团音发展是基本趋势，而且是尚未完成的一种变化，用“团化”这个概念可能会比较简洁、准确地概括这个语音演变过程。

从目前看，尖音团化是汉语语音发展的总趋势。本书的考察分析结果显示，尖音团化的发展与尖音字本身有关系，与使用者的地域有关系，与使用者年龄有关系。

不同尖音字在语言使用者中的团化比例是不一样的。书面色彩较浓的、非常用的字团化比例高，而日常生活化的字则团化比例较低。

尖音团化在河间五个乡镇发展是不平衡的。在五个样本乡镇中，河西的瀛州镇和米各庄镇团化比例低于沙河桥镇、黎民居乡和兴村乡。瀛州镇作为河间市行政机构所在地，在尖音团化方面并没有走在其他乡镇前面。

尖音团化受年龄因素影响。尖音在高年龄段（50 岁以上）保持比例高于其他年龄段，在低年龄段（18 岁以下）分布比例很低。年龄由低到高，尖音字读尖音的比例也由低到高，呈现正相关关系。

地域和年龄，是所有方言变化研究必须考虑的因素，但社会语言学考虑的社会因素则更多。对尖音团化现象作社会语言学研究，当然需要考虑除了地域这个自然因素之外的年龄、性别、职业、受教育程度以及迁徙等因素。数据分析显示，尖音团化与年龄以外的其他社会因素关系并不紧密，绝大多数尖音字的变项在性别、职业、受教育程度、迁徙方面并未表现出明显分布差异。

第五章　方言语音变异考察(下)

第一节　入声字声调变项考察

入声字在大部分北方方言中已经消失，入声字消失的语音演变现象在语音学上统称为“入派三声”。但入声消失具体派三声的情况在不同方言中有不同的表现。有一些入声字在河间方言所派三声与普通话不同，形成与普通话不同的方言特点。带有方言特点的语言成分在语言接触过程中，是被语言使用者坚守还是放弃，坚守和放弃受哪些因素影响，这正是本节要讨论的问题。

一、入声字变项基本情况

入声字表 5－1 共选取 30 个入声字作为考察变项。30 个字覆盖 13 个声母、13 个韵母、4 个声调。所选的 30 个字在河间方言与普通话的读音不一致。素材来源于笔者平时的观察和积累，同时参考了《河北方言概况》和刘淑学《中古入声字在河北方言中的读音研究》。

表 5－1　　　　　　入声字变项表

序号	字	汉语拼音	序号	字	汉语拼音	序号	字	汉语拼音
1	笔	bi3	11	觉	jue2	21	血	xue4
2	册	ce4	12	略	lüe4	22	约	yue1
3	得	de2	13	没	mei2	23	跃	yue4
4	福	fu2	14	摸	mo1	24	泽	ze2
5	革	ge2	15	墨	mo4	25	责	ze2
6	各	ge4	16	迫	po4	26	窄	zhai3
7	国	guo2	17	踏	ta4	27	自	zi4

续表

序号	字	汉语拼音	序号	字	汉语拼音	序号	字	汉语拼音
8	吉	ji2	18	铁	tie3	28	竹	zhu2
9	脚	jiao3	19	雪	xue3	29	足	zu2
10	菊	ju2	20	学	xue2	30	做	zuo4

以上入声字在河间方言中均存在一个以上的读音形式，大部分有文白两读，这些字与普通话规范读音在声母上是一致的，差异主要存在于声调和韵母方面。在调查设计上，与普通话规范读音一致的变式用1标记，称为1变式，河间方言的原有读音用0标记，称为0变式，其他非0非1变式在表中具体说明。

二、变项基本数据

30个入声字可以分为三种类型，即简单两变式字、三变式字和复杂多变式字。

表5-2-1　　两变式字组读音变式基本数据①

序号	字	0变式形式	0变式百分比	1变式百分比	0变式和1变式百分比	总计
1	责	zhai2	2.6	97.4		100.0
2	略	liao4	3.3	96.7		100.0
3	雪	xue1	6.5	93.5		100.0
4	跃	yao4	7.2	92.8		100.0
5	学	xiao2	7.4	92.6		100.0
6	墨	mei4	8.4	91.6		100.0
7	做	zou4	9.1	90.9		100.0
8	约	yao1	10.0	90.0		100.0
9	踏	ta3	10.7	89.3		100.0
10	笔	bei1	14.9	84.6	0.5	100.0
11	摸	mao1	18.4	81.1	0.5	100.0

① 注：1. 0变式是河间方言原有读音，列表标出，1变式读音与普通话读音相同，不标。2. “学”变项数据取自学$_1$、学$_2$、学$_3$的平均值。“学1”指在“学习”中的读音，“学2”指在“学生”中的读音，“学3”指在“数学”中的读音。

续表

序号	字	0变式形式	0变式百分比	1变式百分比	0变式和1变式百分比	总计
12	得	de3	19.5	80.5		100.0
13	脚	jiao1	22.2	77.7		100.0
14	足	zu1	22.6	77.4		100.0
15	铁	tie1	27.4	72.6		100.0
16	各	ge3	32.4	67.6		100.0
17	吉	ji1	36.9	63.0		100.0
18	自	zi2	47.7	52.3		100.0
19	菊	ju1	63.6	36.5		100.0
20	国	guo3	73.0	27.0		100.0

表5－2－1是简单两变式字的读音变式具体数据。0变式比例在20%以上的有8个字：国、菊、自、吉、各、足、脚、铁，0变式在10%以下的有7个字：责、略、学、雪、跃、墨、做，其他字的0变式读音比例则在10%—20%之间。

表5－2－2　　三变式字组读音变式基本数据

序号	字	0变式形式	0变式百分比	非0非1变式形式	非0非1变式百分比	1变式百分比	0变式和1变式百分比	总计
1	窄	zhai1	5.7	zai1	5.3	89.0		100.0
2	泽	zhai2	6.1	zai2	6.5	86.9	0.5	100.0
3	迫	pai1	6.3	po1	4.4	89.3		100.0
4	册	chai3	23.4	cai3	3.7	72.2	0.7	100.0
5	没	mei1	23.5	mei3	19.5	57.0		100.0
6	革	ge1	35.7	ge3	3.5	60.8		100.0
7	福	fu1	38.2	fu3	0.7	61.1		100.0

表5－2－3　　多变式字组读音变式基本数据

	变式	zu1	zu2	zhu1	zhu2	总计
竹	样本数	8	7	99	313	427
	百分比	1.9	1.6	23.2	73.3	100

血	变式	xie3	xue1	xue3	xie1	xue4	总计
	样本数	76	22	205	71	52	426
	百分比	17.8	5.2	48.1	16.7	12.2	100

觉1（觉着）	变式	jiao3	jue1	jue3	jiao1	jue2	总计
	样本数	6	12	22	72	311	423
	百分比	1.4	2.8	5.2	17	73.5	100

觉2（觉悟）	变式	jiao3	jue1	jue3	jiao1	jue2	总计
	样本数	26	4	9	7	378	424
	百分比	6.1	0.9	2.1	1.7	89.2	100

从表5－2－2和表5－2－3中可以看到，三变式和多变式字读音变异涉及声母、韵母、声调三方面，比单纯的二变式复杂得多。另外，同一个字，在不同的词语里，其变式比例也是不同的。

三、因素分析

我们通过例字来考察分析影响读音变项的因素。在二变式、三变式和多变式三种类型中选取“国、福、学、觉、血”为例分析变式之间关系，剖析河间方言入声字读音变异的有关因素。

（一）“国”读音变异因素分析

“国”，入声，德韵，见母，在河间方言中有两种读音形式：0变式guo3和1变式guo2。从数据看，0变式在河间方言读音中占优势，达到73%（见表5－2－1）。其实，从老电影和录音材料看，“国”读上声的读音形式在新中国成立前曾经是规范读音。老规范和新规范在河间方言的叠置造成的不同变式在分布上受哪些因素影响呢？我们从居住地（乡镇和城乡）、性别、年龄、职业和受教育程度方面进行考察。

1. 居住地

表5－3－1 “国”与乡镇交叉表

			乡镇					总计
			瀛州镇	米各庄镇	沙河桥镇	兴村乡	黎民居乡	
国	0变式	样本数	106	53	65	36	54	314
		百分比	80.3	74.6	81.3	45.6	79.4	73.0
	1变式	样本数	26	18	15	43	14	116
		百分比	19.7	25.4	18.8	54.4	20.6	27.0
总计		样本数	132	71	80	79	68	430
		百分比	100.0	100.0	100.0	100.0	100.0	100.0

表5－3－2 “国”与乡镇交叉分析

	Value	df	Asymp. Sig.（2-sided）
Pearson Chi-Square	38.029[a]	4	0.000
Likelihood Ratio	34.760	4	0.000
N of Valid Cases	430		

a. 0 cells（.0%）have expected count less than 5. The minimum expected count is 18.34.

从表5－3－1和表5－3－2看，“国”读音变式的乡镇分布差异显著，兴村乡的0变式比例明显低于其他乡镇。

居住地是城里还是乡村，其“国”的读音变式分布差异显著（见表5－3－3和表5－3－4），但这种差异是城里0变式比例高于乡村，而城里1变式比例低于乡村。这与社会语言学通常所说城市是语言变异的“引领者”相悖，乡村成为了使用规范变式的先锋。

表5－3－3 “国”与城乡交叉表

			城乡		总计
			城	乡	
国	0变式	样本数	106	208	314
		百分比	80.3	69.8	73.0
	1变式	样本数	26	90	116
		百分比	19.7	30.2	27.0
总计		样本数	132	298	430
		百分比	100.0	100.0	100.0

表 5－3－4　　“国”与城乡交叉分析

	Value	df	Asymp. Sig.（2-sided）	Exact Sig.（2-sided）	Exact Sig.（1-sided）
Pearson Chi-Square	5.124[a]	1	0.024		
Continuity Correction[b]	4.605	1	0.032		
Likelihood Ratio	5.328	1	0.021		
Fisher's Exact Test				0.025	0.015
N of Valid Cases	430				

a. 0 cells（.0%）have expected count less than 5. The minimum expected count is 35.61.

b. Computed only for a 2 × 2 table

2. 年龄

表 5－4－1　　“国”与年龄段交叉表

			年龄段					总计
			18 岁以下	18—30 岁	31—40 岁	41—50 岁	50 岁以上	
国	0 变式	样本数	33	61	98	87	35	314
		百分比	42.3	61.0	81.7	90.6	97.2	73.0
	1 变式	样本数	45	39	22	9	1	116
		百分比	57.7	39.0	18.3	9.4	2.8	27.0
总计		样本数	78	100	120	96	36	430
		百分比	100.0	100.0	100.0	100.0	100.0	100.0

表 5－4－2　　“国”与年龄段交叉分析

	Value	df	Asymp. Sig.（2-sided）
Pearson Chi-Square	75.045[a]	4	0.000
Likelihood Ratio	78.162	4	0.000
N of Valid Cases	430		

a. 0 cells（.0%）have expected count less than 5. The minimum expected count is 9.71.

从表 5－4－1 和表 5－4－2 可以看出，“国”读音变式的年龄分布有显著差异。年龄越大，“国”的 0 变式读音比例越高。年轻人是规范变式的主要使用者，18 岁以下年龄段的 1 变式比例已经超 50%，而 50 岁以上人群保持方言读音的比例在 95% 以上。“国”不同读音变式的年龄分布以图示意会更直观（见图 5－1）。

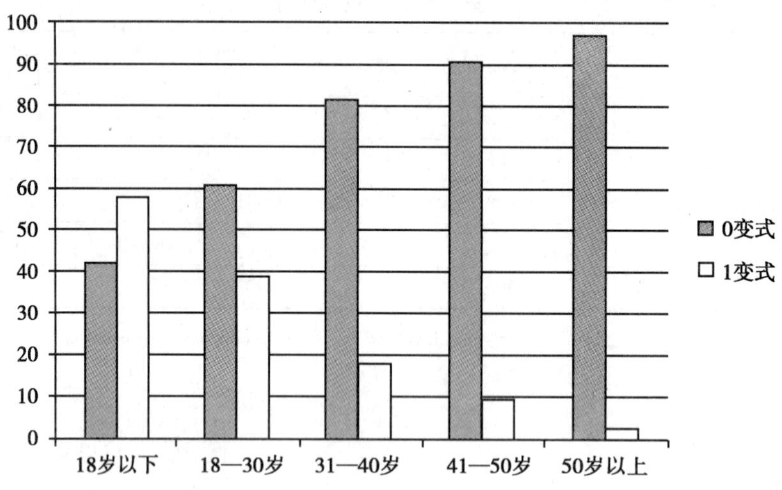

图 5－1 “国”读音变式年龄分布

3. 职业

表 5－5－1 “国”与职业交叉表

			职业									总计
			教师	不在业人员	教师以外的专业技术人员	公务员	党群组织负责人及企事业单位负责人	办事人员和有关人员	农、林、牧、渔、水利业生产人员	商业、服务业人员	学生	
国	0 变式	样本数	16	48	32	21	20	14	46	79	38	314
		百分比	64.0	82.8	91.4	91.3	76.9	82.4	80.7	76.7	44.2	73.0
	1 变式	样本数	9	10	3	2	6	3	11	24	48	116
		百分比	36.0	17.2	8.6	8.7	23.1	17.6	19.3	23.3	55.8	27.0
总计		样本数	25	58	35	23	26	17	57	103	86	430
		百分比	100.0	100.0	100.0	100.0	100.0	100.0	100.0	100.0	100.0	100.0

表 5－5－2 “国”与职业交叉分析

	Value	df	Asymp. Sig. (2-sided)
Pearson Chi-Square	53.413[a]	8	0.000
Likelihood Ratio	51.598	8	0.000
N of Valid Cases	430		

a. 1 cells (5.6%) have expected count less than 5. The minimum expected count is 4.59.

从表5－5－1和表5－5－2看，“国”读音变式职业分布存在显著差异。学生和教师群体0变式读音比例明显低于其他群体，教师以外的专业技术人员和公务员群体0变式读音的比例则超出了90%以上。学生、教师是规范读音的引领者，而公务员和专业技术人员群体则是保守读音变式的坚守者。

4. 受教育程度

表5－6－1　“国”与受教育程度交叉表

			受教育程度				总计
			小学	初中	高中（包括中专）	大专及以上	
国	0变式	样本数	32	144	77	61	314
		百分比	58.2	72.7	74.0	83.6	73.0
	1变式	样本数	23	54	27	12	116
		百分比	41.8	27.3	26.0	16.4	27.0
总计		样本数	55	198	104	73	430
		百分比	100.0	100.0	100.0	100.0	100.0

表5－6－2　“国”与受教育程度交叉分析

	Value	df	Asymp. Sig.（2-sided）
Pearson Chi-Square	10.329[a]	3	0.016
Likelihood Ratio	10.245	3	0.017
N of Valid Cases	430		

a. 0 cells (.0%) have expected count less than 5. The minimum expected count is 14.84.

表5－6－3　“国”与受教育程度和年龄段回归分析

Effect	Model Fitting Criteria	Likelihood Ratio Tests		
	－2 Log Likelihood of Reduced Model	Chi-Square	df	Sig.
Intercept	53.426[a]	0.000	0	0.
年龄段	122.586	69.160	1	0.000
受教育程度	55.116	1.690	3	0.639

The chi-square statistic is the difference in -2 log-likelihoods between the final model and a reduced model. The reduced model is formed by omitting an effect from the final model. The null hypothesis is that all parameters of that effect are 0.

a. This reduced model is equivalent to the final model because omitting the effect does not increase the degrees of freedom.

从表5－6－1和表5－6－2的数据看，“国”读音变式受教育程度分布具有明显差异，但加入协变量年龄因素作多元回归分析后，则显示差异没有显著性（见表5－6－3）。

“国”读音变式在性别以及是否在外地生活三年的经历上分布没有明显差异。

（二）“学”读音变异因素分析

“学”，入声，觉韵，见母，音鷽（xue2），音效，辖觉切。“学”在很多方言里都存在变异现象。在20世纪50年代的电影和相声里，还能听到“学”发xiao2音，如侯宝林、马三立等相声大师在作品中就有发这个音的现象。学界所谓“文白异读”即指像“学”这类字所存在的两种读音：在日常说话时的发音xiao2为“白读”，在书面化语言中的发音xue2为“文读”。在河间方言里，“学”的读音有两种变式：xiao2和xue2，我们在调查时为“学”字设计了三个出现环境：“学习”、“学生”和“数学”。从表5－7的数据看，在三个词语中的“学”读音变式的分布是不同的。“学”在“学生”一词中的0变式比例最高，达9.6%，次高是在“学习”中，为8.6%，在“数学”中的0变式比例最低，仅3.7%。

表5－7　“学”的读音变式基本数据①

字	0变式xiao百分比	1变式xue百分比	总计
学1	8.6	91.3	100.0
学2	9.6	90.4	100.0
学3	3.7	96.2	100.0

“学习”在河间方言口语中往往表达成“看书”、“念书”，“数学”在乡村是比较后起的专有名词，它在20世纪70年代以前称为“算术”，因此在这两个词中的“学”文读形式的1变式比例稍高。只有“学生”一词一直沿用，没有口语和书面语的形式变化，沿用白读的xiao2比例较高就不奇怪了。

我们以“学生”之“学”为切入点考察一下它的读音变式分布与

① 注：“学1”是“学习”之“学”，“学2”是“学生”之“学”，“学3”是“数学”之“学”。

哪些因素有关。

1. 居住地

表 5－8　“学”与乡镇交叉表

			乡镇					总计
			瀛州镇	米各庄镇	沙河桥镇	兴村乡	黎民居乡	
学	0 变式	样本数	9	1	2	2	28	42
		百分比	6.8	1.4	2.5	2.6	41.8	9.8
	1 变式	样本数	123	70	78	76	39	386
		百分比	93.2	98.6	97.5	97.4	58.2	90.2
总计		样本数	132	71	80	78	67	428
		百分比	100.0	100.0	100.0	100.0	100.0	100.0

从表 5－8 看，“学”的读音变式在乡镇分布上差异显著，0 变式比例在黎民居乡明显高于其他乡镇。米各庄镇的 0 变式比例最低。“学”的读音变式在城乡分布上差异不明显。

2. 性别

表 5－9－1　“学”与性别交叉表

			性别		总计
			男	女	
学	0 变式	样本数	26	16	42
		百分比	16.4	5.9	9.8
	1 变式	样本数	133	253	386
		百分比	83.6	94.1	90.2
总计		样本数	159	269	428
		百分比	100.0	100.0	100.0

表 5－9－2　“学”与性别交叉分析

	Value	df	Asymp. Sig. (2-sided)	Exact Sig. (2-sided)	Exact Sig. (1-sided)
Pearson Chi-Square	12.223[a]	1	0.000		
Continuity Correction[b]	11.076	1	0.001		
Likelihood Ratio	11.744	1	0.001		

续表

	Value	df	Asymp. Sig.（2-sided）	Exact Sig.（2-sided）	Exact Sig.（1-sided）
Fisher's Exact Test				0.001	0.001
N of Valid Cases	428				

a. 0 cells（.0%）have expected count less than 5. The minimum expected count is 15.60.

b. Computed only for a 2 × 2 table

从表5－9－1和表5－9－2看“学”读音变式的性别分布差异明显，0变式比例男性高于女性，与规范读音一致的1变式比例女性高于男性。

3. 年龄

表5－10－1　　“学”与年龄段交叉表

			年龄段					总计
			18岁以下	18—30岁	31—40岁	41—50岁	50岁以上	
学	0变式	样本数	1	4	17	11	9	42
		百分比	1.3	4.0	14.4	11.3	25.0	9.8
	1变式	样本数	76	96	101	86	27	386
		百分比	98.7	96.0	85.6	88.7	75.0	90.2
总计		样本数	77	100	118	97	36	428
		百分比	100.0	100.0	100.0	100.0	100.0	100.0

表5－10－2　　“学”与年龄段交叉分析

	Value	df	Asymp. Sig.（2-sided）
Pearson Chi-Square	22.577[a]	4	0.000
Likelihood Ratio	24.097	4	0.000
N of Valid Cases	428		

a. 1 cells（10.0%）have expected count less than 5. The minimum expected count is 3.53.

从表5－10－1和表5－10－2看“学”读音变式在年龄段的分布上差异明显，年龄越大，0变式的比例也越高。但即使在高年龄组，1变式的比例也达到75%，在低年龄组的1变式比例更已近99%。从年龄因素看，“学”的白读形式在“学生”一词中的消失是可以预见的。

4. 职业

表 5－11－1　“学”与职业交叉表

			职业									总计
			教师	不在业人员	教师以外的专业技术人员	公务员	党群组织负责人及企事业单位负责人	办事人员和有关人员	农、林、牧、渔、水利业生产人员	商业、服务业人员	学生	
学	0 变式	样本数	2	6	14	2	5	5	3	4	1	42
		百分比	7.7	10.5	40.0	8.7	19.2	26.3	5.4	4.0	1.2	9.8
	1 变式	样本数	24	51	21	21	21	14	53	97	84	386
		百分比	92.3	89.5	60.0	91.3	80.8	73.7	94.6	96.0	98.8	90.2
总计		样本数	26	57	35	23	26	19	56	101	85	428
		百分比	100.0	100.0	100.0	100.0	100.0	100.0	100.0	100.0	100.0	100.0

表 5－11－2　“学”与职业交叉分析

	Value	df	Asymp. Sig. (2-sided)
Pearson Chi-Square	57.017[a]	8	0.000
Likelihood Ratio	46.278	8	0.000
N of Valid Cases	428		

a. 5 cells (27.8%) have expected count less than 5. The minimum expected count is 1.86.

从表 5－11－1 和表 5－11－2 看“学”读音变式的职业分布差异明显，教师以外的专业技术人员和办事人员及有关人员、党群组织及企事业单位负责人三个群体保持 0 变式比例较高。

5. 受教育程度

表 5－12－1　“学”与受教育程度交叉表

			受教育程度				总计
			小学	初中	高中（包括中专）	大专及以上	
学	0 变式	样本数	3	10	21	8	42
		百分比	5.5	5.1	20.0	11.0	9.8
	1 变式	样本数	52	185	84	65	386
		百分比	94.5	94.9	80.0	89.0	90.2

续表

		受教育程度				总计
		小学	初中	高中（包括中专）	大专及以上	
总计	样本数	55	195	105	73	428
	百分比	100.0	100.0	100.0	100.0	100.0

表 5－12－2　　“学”与受教育程度交叉分析

	Value	df	Asymp. Sig.（2-sided）
Pearson Chi-Square	18.437[a]	3	0.000
Likelihood Ratio	17.016	3	0.001
N of Valid Cases	428		

a. 0 cells（.0%）have expected count less than 5. The minimum expected count is 5.40.

表 5－12－3　　“学”与受教育程度和年龄段多元回归分析

Effect	Model Fitting Criteria	Likelihood Ratio Tests		
	－2 Log Likelihood of Reduced Model	Chi-Square	df	Sig.
Intercept	50.376[a]	0.000	0	0.000
年龄段	65.205	14.829	1	0.000
受教育程度	64.163	13.787	3	0.003

The chi-square statistic is the difference in -2 log-likelihoods between the final model and a reduced model. The reduced model is formed by omitting an effect from the final model. The null hypothesis is that all parameters of that effect are 0.

a. This reduced model is equivalent to the final model because omitting the effect does not increase the degrees of freedom.

从表 5－12－1 和表 5－12－2 看“学”读音变式分布在受教育程度上呈现显著性差异，小学、初中人群 1 变式比例高于高中和大专及以上人群。加入年龄段为协变量作多项回归检验后，差异仍然显著（见表 5－12－3）。

经卡方检验，“学”在迁徙因素“是否在外地生活三年”的分布上差异不具显著性。

（三）“福”读音变异因素分析

“福”在河间方言中有三种读音：fu1、fu2、fu3，fu1 是河间方言的原有读音，为 0 变式，fu2 是与普通话一致的读音，为 1 变式。

因为河间方言五度标调阳平调值为53，上声调值为213，普通话的阳平调35和上声调214在河间人听来区别不大，因此在由方言阴平调转普通话阳平调时有误发为上声调的情况，“福”发成上声调即是如此。河间方言“福”的阴平读音44在向规范读音阳平35靠拢的过程中发生了偏差，矫枉过正成为上声调214了。我们把“福”的fu3看做非0非1变式，是由0变式向1变式发展过程中产生的读音形式。对“福”变式的社会分布分析如下。

1. 居住地

表5－13－1　　“福”与乡镇交叉表

			乡镇					总计
			瀛州镇	米各庄镇	沙河桥镇	兴村乡	黎民居乡	
福	0变式	样本数	62	30	25	10	37	164
		百分比	47.3	41.7	30.9	12.8	55.2	38.2
	1变式	样本数	67	42	55	68	30	262
		百分比	51.1	58.3	67.9	87.2	44.8	61.1
	非0非1变式	样本数	2	0	1	0	0	3
		百分比	1.5	0.0	1.2	0.0	0.0	0.7
总计		样本数	131	72	81	78	67	429
		百分比	100.0	100.0	100.0	100.0	100.0	100.0

表5－13－2　　“福”与乡镇交叉分析

	Value	df	Asymp. Sig. (2-sided)
Pearson Chi-Square	40.015[a]	8	0.000
Likelihood Ratio	44.389	8	0.000
N of Valid Cases	429		

a. 5 cells (33.3%) have expected count less than 5. The minimum expected count is .47.

从表5－13－1和表5－13－2看“福”读音变式的乡镇分布差异显著。兴村乡1变式比例最高，黎民居乡0变式比例最高。

2. 性别

表 5－14－1 “福”与性别交叉表

			性别		总计
			男	女	
学	0 变式	样本数	76	88	164
		百分比	47.5	32.7	38.2
	1 变式	样本数	83	179	262
		百分比	51.9	66.5	61.1
	非 0 非 1 变式	样本数	1	2	3
		百分比	0.6	0.7	0.7
总计		样本数	160	269	429
		百分比	100.0	100.0	100.0

表 5－14－2 “福”与性别交叉分析

	Value	df	Asymp. Sig. (2-sided)
Pearson Chi-Square	9.292[a]	2	0.010
Likelihood Ratio	9.226	2	0.010
N of Valid Cases	429		

a. 2 cells (33.3%) have expected count less than 5. The minimum expected count is 1.12.

从表 5－14－1 和表 5－14－2 看“福”读音变式的性别分布差异显著，男性的 0 变式比例高于女性，女性的 1 变式比例高于男性。由方言原有变式向通用语言规范变式发展进程中，女性扮演先进者。

3. 年龄

表 5－15－1 “福”与年龄段交叉表

			年龄段					总计
			18 岁以下	18—30 岁	31—40 岁	41—50 岁	50 岁以上	
福	0 变式	样本数	0	12	49	71	32	164
		百分比	0.0	11.8	41.9	74.0	88.9	38.2
	1 变式	样本数	75	90	68	25	4	262
		百分比	96.2	88.2	58.1	26.0	11.1	61.1
	非 0 非 1 变式	样本数	3	0	0	0	0	3
		百分比	3.8	0.0	0.0	0.0	0.0	0.7

续表

		年龄段					总计
		18 岁以下	18—30 岁	31—40 岁	41—50 岁	50 岁以上	
总计	样本数	78	102	117	96	36	429
	百分比	100.0	100.0	100.0	100.0	100.0	100.0

表 5－15－2　　　　“福”与年龄段交叉分析

	Value	df	Asymp. Sig. (2-sided)
Pearson Chi-Square	180.852[a]	8	0.000
Likelihood Ratio	209.923	8	0.000
N of Valid Cases	429		

a. 5 cells (33.3%) have expected count less than 5. The minimum expected count is .25.

从表 5－15－1 和表 5－15－2 看“福”的读音变式在年龄段分布差异明显。年龄越大，0 变式比例越高，1 变式比例越低。18 岁以下年龄段被调查对象的 0 变式读音比例为 0。可以看出，三例“福”的 fu3 读音均来自低年龄段人群。从年龄因素看，“福”的阴平调变式消失不可避免。

4. 职业

表 5－16－1　　　　“福”与职业交叉表

			职业									总计
			教师	不在业人员	教师以外的专业技术人员	公务员	党群组织负责人及企事业单位负责人	办事人员和有关人员	农、林、牧、渔、水利业生产人员	商业、服务业人员	学生	
福	0 变式	样本数	10	25	25	11	13	12	27	39	2	164
		百分比	40.0	43.9	71.4	50.0	50.0	63.2	48.2	37.9	2.3	38.2
	1 变式	样本数	15	32	10	11	13	7	28	64	82	262
		百分比	60.0	56.1	28.6	50.0	50.0	36.8	50.0	62.1	95.3	61.1
	非 0 非 1 变式	样本数	0	0	0	0	0	0	1	0	2	3
		百分比	0.0	0.0	0.0	0.0	0.0	0.0	1.8	0.0	2.3	0.7

续表

福		职业									总计
		教师	不在业人员	教师以外的专业技术人员	公务员	党群组织负责人及企事业单位负责人	办事人员和有关人员	农、林、牧、渔、水利业生产人员	商业、服务业人员	学生	
总计	样本数	25	57	35	22	26	19	56	103	86	429
	百分比	100.0	100.0	100.0	100.0	100.0	100.0	100.0	100.0	100.0	100.0

表 5－16－2　　“福”与职业交叉分析

	Value	df	Asymp. Sig.（2-sided）
Pearson Chi-Square	78.844[a]	16	0.000
Likelihood Ratio	97.512	16	0.000
N of Valid Cases	429		

a. 9 cells（33.3%）have expected count less than 5. The minimum expected count is .13.

从表 5－16－1 和表 5－16－2 看“福”读音变式的职业分布差异也具有显著性。教师以外专业技术人员 0 变式比例最高，学生比例最低，商业、服务业人员 1 变式比例仅次于学生群体，达到 62%。

5. 受教育程度

表 5－17－1　　“福”与受教育程度交叉表

			受教育程度				总计
			小学	初中	高中（包括中专）	大专及以上	
福	0 变式	样本数	11	69	44	40	164
		百分比	20.0	35.2	41.5	55.6	38.2
	1 变式	样本数	42	126	62	32	262
		百分比	76.4	64.3	58.5	44.4	61.1
	非 0 非 1 变式	样本数	2	1	0	0	3
		百分比	3.6	0.5	0.0	0.0	0.7
总计		样本数	55	196	106	72	429
		百分比	100.0	100.0	100.0	100.0	100.0

表 5－17－2　“福”与受教育程度交叉分析

	Value	df	Asymp. Sig. (2-sided)
Pearson Chi-Square	25.145[a]	6	0.000
Likelihood Ratio	23.484	6	0.001
N of Valid Cases	429		

a. 4 cells (33.3%) have expected count less than 5. The minimum expected count is .38.

从表 5－17－1 和表 5－17－2 看“福”读音变式受教育程度分布差异显著，但加入年龄段作协变量多元回归分析发现，年龄段分布差异是显著的，而受教育程度分布则不具有显著性（见表 5－17－3）。

表 5－17－3　“福”与受教育程度和年龄段多元回归分析

Effect	Model Fitting Criteria	Likelihood Ratio Tests		
	-2 Log Likelihood of Reduced Model	Chi-Square	df	显著性
Intercept	54.660[a]	0.000	0	0.000
年龄段	237.435	182.776	2	0.000
受教育程度	56.690	2.031	6	0.917

The chi-square statistic is the difference in -2 log-likelihoods between the final model and a reduced model. The reduced model is formed by omitting an effect from the final model. The null hypothesis is that all parameters of that effect are 0.

a. This reduced model is equivalent to the final model because omitting the effect does not increase the degrees of freedom.

经检验，“福”在“是否在外地生活过三年以上”的分布上差异不显著。

（四）“觉”读音变异因素分析

“觉”，见母，分属二韵：孝韵，去声，古孝切；觉韵，入声，古岳切。在现代汉语里“觉”仍然是多音多义字：睡觉的“觉”jiao4 和感觉的“觉”jue2。“睡觉”之“觉”不存在读音变异现象。在河间方言里，“感觉”之“觉”存在变异现象。本书置“觉”于“觉着”（觉1）、“觉悟”（觉 2）二词中调查其读音变式分布，前者是常用口语词，后者是书面语词。

“觉”在河间方言中有五种读音：jiao1、jiao3、jue1、jue3、jue2，其中 jiao1 是河间方言的原有读音，jue2 是与普通话一致的规范读音，其他三种变式则是0变式向1变式过渡过程中的派生变式。“觉”各读音变式比例统计结果见表5－18：

表5－18 “觉”读音变式基本数据（%）

	0变式	非0非1变式			1变式	合计
		jiao3	jue1	jue3		
觉1（觉着）	17.0	1.4	2.8	5.2	73.5	100.0
觉2（觉悟）	1.7	6.1	0.9	2.1	89.2	100.0

从表5－18可以看出，“觉”的0变式在口语词“觉着”中的比例远远高于在书面语词“觉悟”中的比例。显示了“觉”的文读和白读的色彩区别。但即使是口语词，其读音的规范变式比例也高达73.5%。

如果把0变式和1变式看做“觉”音变的两端，从0变式到1变式的音变过程中会留下痕迹，这种音变过程性产物就形成了各种非0非1变式，构成一条音变链：

觉jiao1（声调改变→jiao3；韵母改变→jue1；声调、韵母均改变→jue3）声调、韵母均改变→jue2

从变式的读音形式分析，jiao3保留了0变式的韵母，只是改变了声调。jue1只是保留了0变式的声调，改变了韵母。二者处于同一变化层次。jue3同时改变0变式的韵母和声调，只是受方言影响声调改变出现了偏误。这种音变处于另一个变化层次，更接近1变式。

非0非1变式占将近10%的比例，不是偶现和个人现象。但占比较高、形成明显差异的还是0变式和1变式。

下面以“觉着”之“觉”为例分析其社会分布情况。

1. 居住地

表5－19－1 “觉”与乡镇交叉表

			乡镇					总计
			瀛州镇	米各庄镇	沙河桥镇	兴村乡	黎民居乡	
觉	0变式	样本数	22	3	11	3	33	72
		百分比	16.8	4.3	13.9	3.9	50.0	17.0

续表

			乡镇					总计
			瀛州镇	米各庄镇	沙河桥镇	兴村乡	黎民居乡	
觉	1 变式	样本数	88	61	63	73	26	311
		百分比	67.2	87.1	79.7	94.8	39.4	73.5
	jiao3	样本数	3	0	2	0	1	6
		百分比	2.3	0.0	2.5	0.0	1.5	1.4
	jue1	样本数	5	0	1	0	6	12
		百分比	3.8	0.0	1.3	0.0	9.1	2.8
	jue3	样本数	13	6	2	1	0	22
		百分比	9.9	8.6	2.5	1.3	0.0	5.2
总计		样本数	131	70	79	77	66	423
		百分比	100.0	100.0	100.0	100.0	100.0	100.0

表 5－19－2　　“觉”与乡镇交叉分析

	Value	df	Asymp. Sig. (2-sided)
Pearson Chi-Square	106.982[a]	16	0.000
Likelihood Ratio	106.532	16	0.000
N of Valid Cases	423		

a. 14 cells (56.0%) have expected count less than 5. The minimum expected count is .94.

从表 5－19－1 和表 5－19－2 看，“觉”的变式乡镇分布差异明显。0 变式最高的是黎民居乡，达到 50%，其次是瀛州镇和沙河桥镇。兴村乡的 1 变式比例明显高出其他乡镇。

2. 性别

表 5－20－1　　“觉”与性别交叉表

			性别		总计
			男	女	
觉	0 变式	样本数	36	36	72
		百分比	23.1	13.5	17.0
	1 变式	样本数	99	212	311
		百分比	63.5	79.4	73.5

续表

			性别		总计
			男	女	
觉	jiao3	样本数	5	1	6
		百分比	3.2	0.4	1.4
	jue1	样本数	8	4	12
		百分比	5.1	1.5	2.8
	jue3	样本数	8	14	22
		百分比	5.1	5.2	5.2
总计		样本数	156	267	423
		百分比	100.0	100.0	100.0

表 5－20－2　　“觉”与性别交叉分析

	Value	df	Asymp. Sig. (2-sided)
Pearson Chi-Square	18.866[a]	4	0.001
Likelihood Ratio	18.469	4	0.001
N of Valid Cases	423		

a. 3 cells (30.0%) have expected count less than 5. The minimum expected count is 2.21.

“觉”的读音变式从表 5－20－1 和表 5－20－2 看，性别分布差异显著。女性 1 变式比例高于男性，0 变式比例低于男性。

3. 年龄

表 5－21－1　　“觉”与年龄交叉表

			年龄段					总计
			18 岁以下	18—30 岁	31—40 岁	41—50 岁	50 岁以上	
觉	0 变式	样本数	1	6	24	27	14	72
		百分比	1.3	6.1	20.5	28.4	40.0	17.0
	1 变式	样本数	76	88	87	49	11	311
		百分比	98.7	88.9	74.4	51.6	31.4	73.5
	jiao3	样本数	0	0	0	3	3	6
		百分比	0.0	0.0	0.0	3.2	8.6	1.4

续表

			年龄段					总计
			18 岁以下	18—30 岁	31—40 岁	41—50 岁	50 岁以上	
觉	jue1	样本数	0	1	1	6	4	12
		百分比	0.0	1.0	0.9	6.3	11.4	2.8
	jue3	样本数	0	4	5	10	3	22
		百分比	0.0	4.0	4.3	10.5	8.6	5.2
总计		样本数	77	99	117	95	35	423
		百分比	100.0	100.0	100.0	100.0	100.0	100.0

表 5－21－2　　“觉”与年龄交叉分析

	Value	df	Asymp. Sig.（2-sided）
Pearson Chi-Square	108.942[a]	16	0.000
Likelihood Ratio	114.724	16	0.000
N of Valid Cases	423		

a. 13 cells（52.0%）have expected count less than 5. The minimum expected count is .50.

从表 5－21－1 和表 5－21－2 看“觉”读音变式年龄分布差异显著。0 变式比例随年龄的增大而增加，1 变式比例随年龄增大而降低。jiao3、jue1、jue3 三个变式集中分布在中老年龄段，而 18 岁以下年龄段基本完成了由 jiao1 到 jue2 的读音变化，显示了“觉”的读音由 0 变式到 1 变式的变化过程。

4. 迁徙

表 5－22－1　　“觉”与是否在外地三年以上交叉表

			是否在外地三年		总计
			是	不是	
觉	0 变式	样本数	10	62	72
		百分比	16.9	17.0	17.0
	1 变式	样本数	38	273	311
		百分比	64.4	75.0	73.5
	jiao3	样本数	2	4	6
		百分比	3.4	1.1	1.4

续表

			是否在外地三年		总计
			是	不是	
觉	jue1	样本数	1	11	12
		百分比	1.7	3.0	2.8
	jue3	样本数	8	14	22
		百分比	13.6	3.8	5.2
总计		样本数	59	364	423
		百分比	100.0	100.0	100.0

表 5－22－2　　“觉”与是否在外地三年以上交叉分析

	Value	df	Asymp. Sig. (2-sided)
Pearson Chi-Square	12.179[a]	4	0.016
Likelihood Ratio	9.489	4	0.050
N of Valid Cases	423		

a. 3 cells (30.0%) have expected count less than 5. The minimum expected count is .84.

仅从“觉”与是否在外地生活过三年以上交叉分析看（见表 5－22－2），分布差异达到明显程度，表现为有迁徙经历的被调查者 1 变式比例低于没有迁徙经历的被调查者，但这种差距在变式 jue3 的比例上得到代偿（见表 5－22－1）。迁徙因素对其他变式分布影响不明显。通过加入年龄协变量作多元回归分析发现，P 值大于 0.05，迁徙分布差异不具有显著性（见表 5－22－3）。

表 5－22－3　“觉”与是否在外地三年和年龄段多元回归分析

Likelihood Ratio Tests				
Effect	Model Fitting Criteria	Likelihood Ratio Tests		
	-2 Log Likelihood of Reduced Model	Chi-Square	df	Sig.
Intercept	83.410[a]	0.000	0	0.000
年龄段	188.979	105.569	4	0.000
是否在外地三年	92.402	8.992	4	0.061

The chi-square statistic is the difference in -2 log-likelihoods between the final model and a reduced model. The reduced model is formed by omitting an effect from the final model. The null hypothesis is that all parameters of that effect are 0.

a. This reduced model is equivalent to the final model because omitting the effect does not increase the degrees of freedom.

5. 职业

表 5－23－1　“觉”与职业交叉表

			职业									总计
			教师	不在业人员	教师以外的专业技术人员	公务员	党群组织负责人及企事业单位负责人	办事人员和有关人员	农、林、牧、渔、水利业生产人员	商业、服务业人员	学生	
觉	0 变式	样本数	1	9	16	8	7	7	10	12	2	72
		百分比	3.8	16.1	45.7	34.8	26.9	38.9	18.2	12.0	2.4	17.0
	1 变式	样本数	18	40	16	12	16	9	39	79	82	311
		百分比	69.2	71.4	45.7	52.2	61.5	50.0	70.9	79.0	97.6	73.5
	jiao3	样本数	1	1	1	0	1	0	2	0	0	6
		百分比	3.8	1.8	2.9	0.0	3.8	0.0	3.6	0.0	0.0	1.4
	jue1	样本数	3	3	0	0	1	1	1	3	0	12
		百分比	11.5	5.4	0.0	0.0	3.8	5.6	1.8	3.0	0.0	2.8
	jue3	样本数	3	3	2	3	1	1	3	6	0	22
		百分比	11.5	5.4	5.7	13.0	3.8	5.6	5.5	6.0	0.0	5.2
总计		样本数	26	56	35	23	26	18	55	100	84	423
		百分比	100.0	100.0	100.0	100.0	100.0	100.0	100.0	100.0	100.0	100.0

表 5－23－2　“觉”与职业交叉分析

	Value	df	Asymp. Sig. (2-sided)
Pearson Chi-Square	86.852[a]	32	0.000
Likelihood Ratio	92.190	32	0.000
N of Valid Cases	423		

a. 30 cells (66.7%) have expected count less than 5. The minimum expected count is .26.

从表 5－23－1 和表 5－23－2 看“觉”读音变式职业分布呈现显著性差异。0 变式在教师以外专业技术人员中比例最高，而 1 变式比例在学生群体中最高。

6. 受教育程度

表 5-24-1　　“觉”与受教育程度交叉表

			受教育程度				总计
			小学	初中	高中（包括中专）	大专及以上	
觉	0 变式	样本数	4	24	27	17	72
		百分比	7.3	12.6	26.0	23.3	17.0
	1 变式	样本数	47	155	66	43	311
		百分比	85.5	81.2	63.5	58.9	73.5
	jiao3	样本数	1	1	2	2	6
		百分比	1.8	0.5	1.9	2.7	1.4
	jue1	样本数	2	2	6	2	12
		百分比	3.6	1.0	5.8	2.7	2.8
	jue3	样本数	1	9	3	9	22
		百分比	1.8	4.7	2.9	12.3	5.2
总计		样本数	55	191	104	73	423
		百分比	100.0	100.0	100.0	100.0	100.0

表 5-24-2　　“觉”与受教育程度交叉分析

	Value	df	Asymp. Sig.（2-sided）
Pearson Chi-Square	35.160[a]	12	0.000
Likelihood Ratio	34.196	12	0.001
N of Valid Cases	423		

a. 9 cells（45.0%）have expected count less than 5. The minimum expected count is .78.

表 5-24-3　　“觉”与受教育程度和年龄段多元回归分析

Effect	Model Fitting Criteria	Likelihood Ratio Tests		
	-2 Log Likelihood of Reduced Model	Chi-Square	df	Sig.
Intercept	126.817[a]	0.000	0	0.000
年龄段	220.729	93.912	4	0.000
受教育程度	148.860	22.042	12	0.037

The chi-square statistic is the difference in -2 log-likelihoods between the final model and a reduced model. The reduced model is formed by omitting an effect from the final model. The null hypothesis is that all parameters of that effect are 0.

a. This reduced model is equivalent to the final model because omitting the effect does not increase the degrees of freedom.

从表5－24－1和表5－24－2看“觉”读音变式在受教育程度分布上差异显著，与年龄多元回归分析后，依然具有显著性（见表5－24－3）。0变式随着受教育程度提高，比例也增高，1变式比例随受教育程度提高比例反降低。数据再次说明，受教育程度与规范读音变式并不相伴相随，受教育程度高的群体更可能成为方言原有变式的坚守者。

（五）“血”读音变异因素分析

血，入声，屑韵，晓母，在现代汉语普通话中有xie3、xue4二读音。在河间方言里，“血”的读音有五种变式：xie1、xie3、xue1、xue3、xue4，其中xie1是河间方言原有形式，标记为0变式，xue4是与普通话规范读音一致的形式，标记为1变式。而xie3、xue1、xue3三种变式是由0变式到1变式音变过程中的过渡形式。由0变式到1变式的音变路径图示如下：

方言原有形式 xie1 ⎧ 声调改变→xie3
⎨ 韵母改变→xue1
⎩ 声调、韵母均改变→xue3 ⎫⎬⎭ 声调、韵母均改变→xue4

表5－25是本次调查各变式的比例：

表5－25　“血”读音变式基本数据（%）

变式	xie3	xue1	xue3	xie1	xue4	总计
比例	17.8	5.2	48.1	16.7	12.2	100.0

数据统计结果显示，在河间方言里，“血”的不同读音形式，占比例最大的是xue3变式，近50%，其次是xie3、xie1。比例最低的是xue1，只有5.2%。

从数据分析，“血”的河间方言原有变式xie1的衰微明显，趋于消失不可避免。但其音变过程都不是呈直线的，而是充满了复杂、曲折的竞争。规范读音变式xue4比例较低，并不处于竞争的强势地位，xie1和xie3的竞争力不相上下，而xue3变式的高比例使其处于竞争的绝对优势。但音变的方向还取决于其他社会因素。

下面考察“血”读音变式分布差异情况。

1. 居住地

表 5 -26 -1　　“血”与乡镇交叉表

			乡镇					总计
			瀛州镇	米各庄镇	沙河桥镇	兴村乡	黎民居乡	
血	0 变式	样本数	21	8	11	5	26	71
		百分比	15.9	11.6	13.8	6.4	38.8	16.7
	1 变式	样本数	13	10	5	18	6	52
		百分比	9.8	14.5	6.3	23.1	9.0	12.2
	xie3	样本数	17	5	14	23	17	76
		百分比	12.9	7.2	17.5	29.5	25.4	17.8
	xue1	样本数	10	1	3	5	3	22
		百分比	7.6	1.4	3.8	6.4	4.5	5.2
	xue3	样本数	71	45	47	27	15	205
		百分比	53.8	65.2	58.8	34.6	22.4	48.1
总计		样本数	132	69	80	78	67	426
		百分比	100.0	100.0	100.0	100.0	100.0	100.0

表 5 -26 -2　　“血”与乡镇交叉分析

	Value	df	Asymp. Sig. (2-sided)
Pearson Chi-Square	74.790[a]	16	0.000
Likelihood Ratio	72.914	16	0.000
N of Valid Cases	426		

a. 4 cells (16.0%) have expected count less than 5. The minimum expected count is 3.46.

从表 5 -26 -1 和表 5 -26 -2 看，“血”在不同乡镇的读音分布上具有明显差异。0 变式比例最高的是黎民居乡，兴村乡比例最低。1 变式在兴村乡和米各庄镇比例比较高，在沙河桥镇最低，只有 6.3%。

城乡因素在“血”的读音分布上影响不明显。

2. 性别

表 5－27－1　　“血”与性别交叉表

			性别		总计
			男	女	
血	0 变式	样本数	38	33	71
		百分比	24.2	12.3	16.7
	1 变式	样本数	20	32	52
		百分比	12.7	11.9	12.2
	xie3	样本数	29	47	76
		百分比	18.5	17.5	17.8
	xue1	样本数	12	10	22
		百分比	7.6	3.7	5.2
	xue3	样本数	58	147	205
		百分比	36.9	54.6	48.1
总计		样本数	157	269	426
		百分比	100.0	100.0	100.0

表 5－27－2　　“血”与性别交叉分析

	Value	df	Asymp. Sig. (2-sided)
Pearson Chi-Square	18.004[a]	4	0.001
Likelihood Ratio	17.793	4	0.001
N of Valid Cases	426		

a. 0 cells (.0%) have expected count less than 5. The minimum expected count is 8.11.

从表 5－27－1 和表 5－27－2 看“血”读音变式的性别分布存在明显差异。男女 1 变式比例相差不大，但在 0 变式比例上男女差异显著。男性 0 变式比例明显高出女性。男性语言的保守性特点再次体现。

3. 年龄

表 5 - 28 - 1 "血"与年龄段交叉表

			年龄段					总计
			18 岁以下	18—30 岁	31—40 岁	41—50 岁	50 岁以上	
血	0 变式	样本数	3	13	20	26	9	71
		百分比	3.9	13.0	17.1	27.1	25.0	16.7
	1 变式	样本数	16	13	16	5	2	52
		百分比	20.8	13.0	13.7	5.2	5.6	12.2
	xie3	样本数	22	13	16	19	6	76
		百分比	28.6	13.0	13.7	19.8	16.7	17.8
	xue1	样本数	4	3	4	5	6	22
		百分比	5.2	3.0	3.4	5.2	16.7	5.2
	xue3	样本数	32	58	61	41	13	205
		百分比	41.6	58.0	52.1	42.7	36.1	48.1
总计		样本数	77	100	117	96	36	426
		百分比	100.0	100.0	100.0	100.0	100.0	100.0

表 5 - 28 - 2 "血"与年龄段交叉分析

	Value	df	Asymp. Sig. (2-sided)
Pearson Chi-Square	49.402[a]	16	0.000
Likelihood Ratio	48.548	16	0.000
N of Valid Cases	426		

a. 4 cells (16.0%) have expected count less than 5. The minimum expected count is 1.86.

从表 5 - 28 - 1 和表 5 - 28 - 2 看，年龄因素对"血"的读音存在影响，分布呈现显著性差异。"血"的 0 变式和 1 变式的比例分布在 18 岁以下、18—40 岁、40 岁以上三个年龄段表现出明显差异。0 变式在低年龄段人群的比例已经低于5%，在41 岁以上年龄段人群的比例也不到30%。xue3 变式在所有年龄段比例都是最高的，而规范读音变式即使在18 岁以下年龄段也仅有 20% 的比例，看来"血"的规范读音 xue4 扩散的阻力不是来自河间方言的 0 变式 xie1，而是主要来自 xue3，规范变式的推广来日方长。

4. 职业

表 5－29－1　**"血"与职业交叉表**

			职业									总计
			教师	不在业人员	教师以外的专业技术人员	公务员	党群组织负责人及企事业单位负责人	办事人员和有关人员	农、林、牧、渔、水利业生产人员	商业、服务业人员	学生	
血	0 变式	样本数	3	10	13	7	7	5	9	14	3	71
		百分比	11.5	17.9	37.1	30.4	26.9	26.3	16.1	14.0	3.5	16.7
	1 变式	样本数	7	4	2	2	0	0	8	10	19	52
		百分比	26.9	7.1	5.7	8.7	0.0	0.0	14.3	10.0	22.4	12.2
	xie3	样本数	4	4	9	3	5	2	8	17	24	76
		百分比	15.4	7.1	25.7	13.0	19.2	10.5	14.3	17.0	28.2	17.8
	xue1	样本数	2	7	2	0	1	2	3	2	3	22
		百分比	7.7	12.5	5.7	0.0	3.8	10.5	5.4	2.0	3.5	5.2
	xue3	样本数	10	31	9	11	13	10	28	57	36	205
		百分比	38.5	55.4	25.7	47.8	50.0	52.6	50.0	57.0	42.4	48.1
总计		样本数	26	56	35	23	26	19	56	100	85	426
		百分比	100.0	100.0	100.0	100.0	100.0	100.0	100.0	100.0	100.0	100.0

表 5－29－2　**"血"与职业交叉分析**

	Value	df	Asymp. Sig.（2-sided）
Pearson Chi-Square	73.711[a]	32	0.000
Likelihood Ratio	79.057	32	0.000
N of Valid Cases	426		

a. 21 cells（46.7%）have expected count less than 5. The minimum expected count is .98.

从表 5－29－1 和表 5－29－2 看，职业因素对"血"的读音存在影响，职业分布差异体现在教师和学生群体的 1 变式比例明显高出其他群体。而党群组织和企事业单位负责人及办事人员和有关人员中甚至没有出现 1 变式读音。0 变式的高比例集中在教师以外的专业技术人员和公务员群体，党群组织和企事业单位负责人及办事人员和有关人员的 0 变式比例也较高。

5. 受教育程度

表 5－30－1 “血”与受教育程度交叉表

			受教育程度				总计
			小学	初中	高中（包括中专）	大专及以上	
觉	0 变式	样本数	4	30	26	11	71
		百分比	7.3	15.5	24.8	15.1	16.7
	1 变式	样本数	8	22	11	11	52
		百分比	14.5	11.4	10.5	15.1	12.2
	xie3	样本数	12	35	13	16	76
		百分比	21.8	18.1	12.4	21.9	17.8
	xue1	样本数	7	8	1	6	22
		百分比	12.7	4.1	1.0	8.2	5.2
	xue3	样本数	24	98	54	29	205
		百分比	43.6	50.8	51.4	39.7	48.1
总计		样本数	55	193	105	73	426
		百分比	100.0	100.0	100.0	100.0	100.0

表 5－30－2 “血”与受教育程度交叉分析

	Value	df	Asymp. Sig. (2-sided)
Pearson Chi-Square	24.554[a]	12	0.017
Likelihood Ratio	24.871	12	0.015
N of Valid Cases	426		

a. 2 cells (10.0%) have expected count less than 5. The minimum expected count is 2.84.

从表 5－30－1 和表 5－30－2 看，“血”读音变式的受教育程度分布差异也具有显著性。把年龄段作为协变量作多元回归分析，差异依然显著。差异主要体现在高比例的 0 变式分布在高中程度人群，小学程度人群的 0 变式比例最低。

“血”读音变式在是否在外地三年方面的分布没有明显差异。

四、小结

古入声字的消失分派是汉语研究的主要问题，有些古入声字在河间方言分派三声与普通话不同。我们通过对调查数据的统计分析认为，这些分派三声的古入声字的字音，正在发生变异现象。河间方言原有变式和普通话规范变式在河间方言中的竞争，不同的字变异情况不同。

字所记录的词在口语环境使用还是在书面环境使用影响该字读音的变化程度。经常在口语环境出现的字音 0 变式比例高于书面语环境，存在文白异读现象。

河间方言原有字音向普通话规范字音变异是大趋势、大方向。在一些字的字音变化过程中会产生一些中间变式。这些中间变式与原有字音和目标字音在韵母和声调上存在不同。

在所有考察的变项中，影响字音变异的最强势的因素当数地域和年龄。职业、性别其次，受教育程度因素则对不同的字影响表现不同。迁徙因素基本没有显示出影响。

乡镇差异的数据体现了行政中心未必是字音变异的倡导者，相对落后的乡镇则可能出现超越模式，走在变异大势的前列。

年龄差异主要体现在中老年群体较高比例保持方言原有读音模式和低年龄群体较高比例的规范读音模式。

女性作为变异的先进者和男性作为变异的保守者得到进一步印证。

职业差异主要反映在学生、教师群体的高比例规范读音变式与非教师专业人员群体的高比例方言原有读音变式。

迁徙和受教育程度因素在分布差异上的弱显著性证明了，变异不一定与受教育程度有关系，有在外地生活的经历也不一定影响其人的语音变异。

第二节　韵母[ʅə]变项考察

河间方言虽然在韵母方面与普通话差别不大，但比普通话多出一个韵母［ʅə］，这个“多”出来的韵母现在处于变异状态，一是不同的字有不同表现，二是在不同人群中有不同分布。

一、韵母［ʅə］变项基本情况

［ʅə］母只和 zh、ch、sh、r 四个声母相拼。据《河间市志》介绍，

这种语音现象只出现在河东地区。为调查这一语音变异现象，我们设计了包括“折、车、蛇、惹、热”五字的字表（见表5-31）。

表5-31 [ʅə] 母调查字表

字	折	车	蛇	惹	热
汉语拼音	zhe	che	she	re	re
国际音标	[tʂʅə]	[tʂʻʅə]	[ʂʅə]	[ʐʅə]	[ʐʅə]

二、变项基本数据

字表中的五个字在河间方言里均有两个或两个以上的读音变式。下面是调查结果统计数据。

表5-32 [ʅə] 母字读音变式基本数据

字	0变式形式	0变式百分比	1变式形式	1变式百分比	非0非1变式形式和百分比	合计	有效样本
折	[tʂʅə]	4.2	[tʂə]	95.8		100.0	431
车	[tʂʻʅə]	11.5	[tʂʻə]	88.5		100.0	435
蛇	[ʂʅə]	3.3	[ʅə]	91.7	形式[ʂa]，比例5.0%	100.0	422
惹	[ʐʅə]	7.0	[ʐə]	93.0		100.0	421
热	[ʐʅə]	3.2	[ʐə]	88.1	形式[ʐuo]，比例7.6%	100.0	432

表5-32中，所选五个韵母为 [ʅə] 的字均为常用字，其中“折”、“车”、“惹”有两个读音变式，“蛇”、“热”有三个读音变式。

从表5-32的数据看，五个字的规范读音1变式均占据了绝对优势，读河间方言原有音 [ʅə] 比例最高的“车”字也只有11.5%。

“热”的读音0变式 [ʐʅə] 比例最低。“热”在河间方言中有三种读音变式：[ʐə]、[ʐʅə] 和 [ʐuo]，[ʐuo] 变式比例达7.6%，超过0变式。其实，[ʐuo] 才是河间方言的原有变式，而 [ʐʅə] 只是过渡变式：[ʐuo] → [ʐʅə] → [ʐə]，[ʅə] 母是“热”的读音由0变式向1变式过渡过程中类推的产物。

读“蛇”为 [ʂʅə] 音的比例也较低，只有3.3%，有5%的被调查者读［ʂa］。“蛇”的［ʂa］读音可能是因忌讳［ʂʅə］音而产生的。山东也有方言读“蛇”为［ʂa］。河间方言口语中一般不说“蛇”，称说蛇时往往说“长虫”。这一点在实际调查时也有所反映，有个别调查对象在读“蛇”字时直接说“长虫”。

三、因素分析

下面以“车”、“蛇”为例具体分析［ʅə］母的分布差异。

（一）“车”读音变异因素分析

1. 居住地

表5－33－1　　“车”与乡镇交叉表

			乡镇					总计
			瀛州镇	米各庄镇	沙河桥镇	兴村乡	黎民居乡	
车	0变式	样本数	12	2	12	0	24	50
		百分比	9.1	2.7	14.8	0.0	35.3	11.5
	1变式	样本数	120	73	69	79	44	385
		百分比	90.9	97.3	85.2	100.0	64.7	88.5
总计		样本数	132	75	81	79	68	435
		百分比	100.0	100.0	100.0	100.0	100.0	100.0

表5－33－2　　“车”与乡镇交叉分析

	Value	df	Asymp. Sig.（2-sided）
Pearson Chi-Square	55.494[a]	4	0.000
Likelihood Ratio	55.230	4	0.000
N of Valid Cases	435		

a. 0 cells (.0%) have expected count less than 5. The minimum expected count is 7.82.

从表5－33－1和表5－33－2看“车”的读音变式，乡镇分布差异显著。黎民居乡和沙河桥镇的0变式比例较高，兴村乡没有出现1例0变式读音。似乎从侧面印证了［ʅə］主要分布在河东的说法，但瀛州镇9.1%比例的0变式也证明，河西也有［ʅə］存在。

经检验，城乡因素对“车”读音影响不明显。

2. 性别

表 5 – 34 – 1 “车”与性别交叉表

			性别		总计
			男	女	
车	0 变式	样本数	30	20	50
		百分比	18.5	7.3	11.5
	1 变式	样本数	132	253	385
		百分比	81.5	92.7	88.5
总计		样本数	162	273	435
		百分比	100.0	100.0	100.0

表 5 – 34 – 2 “车”与性别交叉分析

	Value	df	Asymp. Sig. (2-sided)	Exact Sig. (2-sided)	Exact Sig. (1-sided)
Pearson Chi-Square	12.520[a]	1	0.000		
Continuity Correction[b]	11.444	1	0.001		
Likelihood Ratio	12.054	1	0.001		
Fisher's Exact Test				0.001	0.000
N of Valid Cases	435				

a. 0 cells (.0%) have expected count less than 5. The minimum expected count is 18.62.

b. Computed only for a 2 × 2 table.

从表 5 – 34 – 1 和表 5 – 34 – 2 看，“车”读音的性别分布差异也具有显著性。男性 0 变式比例高于女性，女性 1 变式比例高于男性。

3. 年龄

表 5 – 35 – 1 “车”与年龄段交叉表

			年龄段					总计
			18 岁以下	18—30 岁	31—40 岁	41—50 岁	50 岁以上	
车	0 变式	样本数	1	6	19	13	11	50
		百分比	1.3	5.9	15.7	13.3	30.6	11.5
	1 变式	样本数	77	96	102	85	25	385
		百分比	98.7	94.1	84.3	86.7	69.4	88.5

续表

		年龄段					总计
		18 岁以下	18—30 岁	31—40 岁	41—50 岁	50 岁以上	
总计	样本数	78	102	121	98	36	435
	百分比	100.0	100.0	100.0	100.0	100.0	100.0

表 5-35-2　　“车”与年龄段交叉分析

	Value	df	Asymp. Sig.（2-sided）
Pearson Chi-Square	26.420[a]	4	0.000
Likelihood Ratio	27.784	4	0.000
N of Valid Cases	435		

a. 1 cells（10.0%）have expected count less than 5. The minimum expected count is 4.14.

从表 5-35-1 和表 5-35-2 看，“车”读音变式年龄分布呈显著性差异。从数据看，其变式比例分布可以分为 30 岁以下年龄组、31—50 岁年龄组和 50 岁以上年龄组，基本趋势是年龄越大 0 变式比例越高，年龄越低 1 变式比例越高。

在迁徙方面“车”读音变式分布没有显著性差异。

4. 职业

表 5-36-1　　“车”与职业交叉表

			职业									总计
			教师	不在业人员	教师以外的专业技术人员	公务员	党群组织负责人及企事业单位负责人	办事人员和有关人员	农、林、牧、渔、水利业生产人员	商业、服务业人员	学生	
车	0 变式	样本数	1	8	8	6	7	4	6	9	1	50
		百分比	3.8	13.3	22.9	26.1	26.9	21.1	10.5	8.7	1.2	11.5
	1 变式	样本数	25	52	27	17	19	15	51	94	85	385
		百分比	96.2	86.7	77.1	73.9	73.1	78.9	89.5	91.3	98.8	88.5
总计		样本数	26	60	35	23	26	19	57	103	86	435
		百分比	100.0	100.0	100.0	100.0	100.0	100.0	100.0	100.0	100.0	100.0

表 5 – 36 – 2　　　　　　　　“车”与职业交叉分析

	Value	df	Asymp. Sig.（2-sided）
Pearson Chi-Square	28. 586[a]	8	0. 000
Likelihood Ratio	30. 554	8	0. 000
N of Valid Cases	435		

a. 5 cells（27. 8%）have expected count less than 5. The minimum expected count is 2. 18.

从表 5 – 36 – 1 和表 5 – 36 – 2 看“车”读音变式在职业分布上差异明显。教师以外的专业技术人员、公务员、党群组织负责人及企事业单位负责人、办事人员和有关人员群体的 0 变式比例高出其他群体，学生、教师群体 1 变式比例较高。

“车”的读音变式在受教育程度分布上不具有显著性差异。

（二）“蛇”读音变异因素分析

1. 居住地

表 5 – 37 – 1　　　　　　　　“蛇”与乡镇交叉表

			乡镇					总计
			瀛州镇	米各庄镇	沙河桥镇	兴村乡	黎民居乡	
蛇	0 变式	样本数	3	0	2	0	9	14
		百分比	2. 3	0. 0	2. 5	0. 0	15. 8	3. 3
	1 变式	样本数	122	73	71	79	42	387
		百分比	92. 4	97. 3	89. 9	100. 0	73. 7	91. 7
	[ʂa]	样本数	7	2	6	0	6	21
		百分比	5. 3	2. 7	7. 6	0. 0	10. 5	5. 0
总计		样本数	132	75	79	79	57	422
		百分比	100. 0	100. 0	100. 0	100. 0	100. 0	100. 0

表 5 – 37 – 2　　　　　　　　“蛇”与乡镇交叉分析

	Value	df	Asymp. Sig.（2-sided）
Pearson Chi-Square	44. 703[a]	8	0. 000
Likelihood Ratio	40. 222	8	0. 000
N of Valid Cases	422		

a. 9 cells（60. 0%）have expected count less than 5. The minimum expected count is 1. 89.

从表 5－37－1 和表 5－37－2 看，“蛇”读音变式的乡镇分布差异显著。兴村乡和米各庄镇全部被调查者均读 1 变式规范读音，而黎民居乡读 1 变式比例最低、读［ʂa］的比例最高。

观察数据可以看出，目前“蛇”的韵母在河间方言里主要是［ʂa］和［ʂə］的对立，而不是［ʂɻə］和［ʂə］的对立。除了黎民居乡外，其他三个乡镇的 0 变式比例均低于［ʂa］的比例。

2. 性别

表 5－38－1　　“蛇”与性别交叉表

			性别		总计
			男	女	
蛇	0 变式	样本数	13	1	14
		百分比	8.3	0.4	3.3
	1 变式	样本数	135	252	387
		百分比	86.0	95.1	91.7
	［ʂa］	样本数	9	12	21
		百分比	5.7	4.5	5.0
总计		样本数	157	265	422
		百分比	100.0	100.0	100.0

表 5－38－2　　“蛇”与性别交叉分析

	Value	df	Asymp. Sig. (2-sided)
Pearson Chi-Square	19.739[a]	2	0.000
Likelihood Ratio	20.615	2	0.000
N of Valid Cases	422		

a. 0 cells (.0%) have expected count less than 5. The minimum expected count is 5.21.

从表 5－38－1 和表 5－38－2 看，“蛇”读音变式性别分布差异显著。女性 0 变式比例几近为 0，而男性还保有 8.3% 的 0 变式比例。相反，男性的 1 变式比例低于女性。男女在避讳读音变式上则差异不大。

3. 年龄

表 5－39－1 "蛇"与年龄段交叉表

			年龄段					总计
			18 岁以下	18—30 岁	31—40 岁	41—50 岁	50 岁以上	
蛇	0 变式	样本数	0	0	2	2	10	14
		百分比	0.0	0.0	1.7	2.1	28.6	3.3
	1 变式	样本数	78	96	105	87	21	387
		百分比	100.0	98.0	91.3	90.6	60.0	91.7
	[ʂa]	样本数	0	2	8	7	4	21
		百分比	0.0	2.0	7.0	7.3	11.4	5.0
总计		样本数	78	98	115	96	35	422
		百分比	100.0	100.0	100.0	100.0	100.0	100.0

表 5－39－2 "蛇"与年龄段交叉分析

	Value	df	Asymp. Sig. (2-sided)
Pearson Chi-Square	89.728[a]	8	0.000
Likelihood Ratio	57.781	8	0.000
N of Valid Cases	422		

a. 9 cells (60.0%) have expected count less than 5. The minimum expected count is 1.16.

从表 5－39－1 和表 5－39－2 看，"蛇"读音变式的年龄分布差异明显。0 变式和［ʂa］变式比例均是在高年龄段人群中高于低年龄段人群，而 1 变式则相反，在高年龄段人群中的比例低于在低年龄段人群中的比例。图 5－2 可以更直观显示"蛇"读音变式的年龄分布。

18 岁以下人群"蛇"的读音已经全部为 1 变式，在 50 岁以上高年龄段人群的 1 变式比例也达到 60%。由此看来，1 变式的扩散势不可当，最终会成为河间方言"蛇"的唯一读音形式。

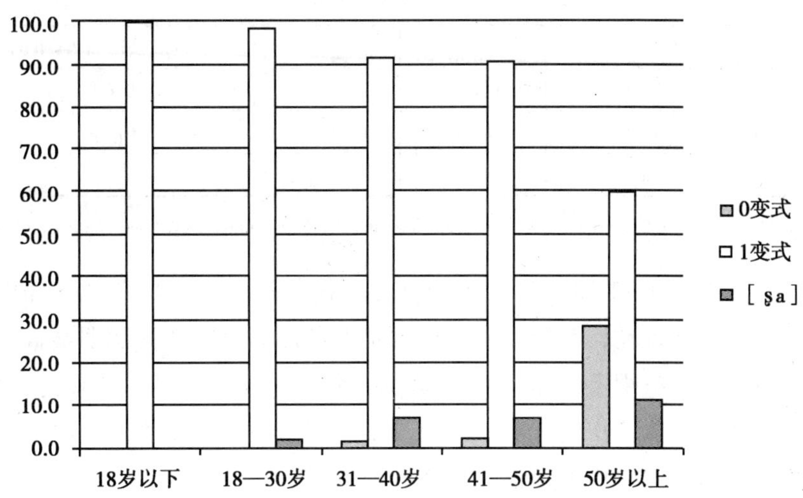

图 5－2　“蛇”读音不同变式的年龄段分布比例（%）

4. 职业

表 5－40－1　“蛇”与职业交叉表

			职业									总计
			教师	不在业人员	教师以外的专业技术人员	公务员	党群组织负责人及企事业单位负责人	办事人员和有关人员	农、林、牧、渔、水利业生产人员	商业、服务业人员	学生	
蛇	0 变式	样本数	0	5	1	1	3	1	3	0	0	14
		百分比	0.0	8.8	3.1	4.8	12.5	5.6	5.3	0.0	0.0	3.3
	1 变式	样本数	26	47	24	20	20	16	53	95	86	387
		百分比	100.0	82.5	75.0	95.2	83.3	88.9	93.0	94.1	100.0	91.7
	[ʂa]	样本数	0	5	7	0	1	1	1	6	0	21
		百分比	0.0	8.8	21.9	0.0	4.2	5.6	1.8	5.9	0.0	5.0
总计		样本数	26	57	32	21	24	18	57	101	86	422
		百分比	100.0	100.0	100.0	100.0	100.0	100.0	100.0	100.0	100.0	100.0

表 5－40－2 “蛇”与职业交叉分析

	Value	df	Asymp. Sig. (2-sided)
Pearson Chi-Square	50.033[a]	16	0.000
Likelihood Ratio	51.099	16	0.000
N of Valid Cases	422		

a. 17 cells (63.0%) have expected count less than 5. The minimum expected count is .60.

从表 5－40－1 和表 5－40－2 看，“蛇”读音变式的职业分布差异明显，主要表现在，教师以外专业技术人员［ʂa］变式比例明显高出其他群体。党群组织及企事业单位负责人的［ʂʅə］比例高于其他群体。教师、学生群体读 0 变式和［ʂa］变式的比例为 0，这两个群体“蛇”的读音已经全部转用普通话规范读音形式了。

迁徙和受教育程度分布没有显著性差异。

四、小结

［ʅə］母是河间方言不同于普通话但又与普通话韵母［ə］相似的特有韵母，与声母的拼合具有系统性的特点，即只能与 zh、ch、sh 相拼。因为与普通话的［ə］相近，所以［ʅə］母的变化是比较隐蔽的。一个字的读音承载的变异内容往往不是单一的，变式也不只是简单的两项对立。在选取的五个字中，有两个字存在三个变式。如“车”在黎民居乡还有声母读成平舌音［z］的现象，但从观察变异对象韵母出发，分析时对变异形式进行了合并。

从数据看，［ʅə］母字的读音变式以普通话规范变式［ə］为强势形式。不同的字在不同群体的分布差异显著性不同。

表 5－41 ［ʅə］母字分布差异显著因素表

字	乡镇	性别	年龄	迁徙	职业	受教育程度
折	+	–	+	–	+	–
车	+	+	+	–	+	–
蛇	+	+	+	–	+	–
惹	+	–	+	–	+	–
热	+	–	+	–	+	–

注：＋代表分布差异显著，－代表分布差异不显著。

表5－41是［ʅə］母字变式按社会因素的分布差异显著性分析的结果统计。地域、年龄和职业是强势因素，而性别分布差异只在“车”和“蛇”两字的读音变式上具有显著性。迁徙和受教育程度因素对分布没有明显的影响。

第三节 方言语音变异讨论

社会语言学变异研究的方法脱胎于方言地理学。方言地理学主要考察语言项目在地理上的分布，而社会语言学的变异研究，除了考察语言项目在地理上的分布以外，还考察语言项目的社会分布。从我们的考察发现，地理因素是影响语言变项分布的主要因素，其次是自然获得的年龄因素，其他如性别、职业、教育等社会因素也对变项分布有影响。

一、方言变化方向

向权威发音形式靠拢，是语音变化的主要方向。河间方言的语音变化是非常明显的。本书以河间方言零声母开口字加［n］、尖音团化和韵母［ʅə］的变化为切入点，考察了河间方言语音的变异情况。研究结果表明，在读字音环节，所有变项变式的数据，都显示与普通话读音一致的变式比例高于河间方言原有读音变式。这种变式的分布，表现了方言变化的方向是通用语言。通用语言作为教育语言、行政语言、传媒语言和公共服务语言，对方言的影响是全方位的。县级市的“市里话”对周边的“村里话”基本没有影响力和吸引力，这从村里的规范变式读音比例高于市镇的现象得到印证。

二、变异影响因素

在分析变项时所考察的因素中，地域因素和年龄因素是影响变异的最主要因素，所有语音变项在地域分布和年龄分布上差异都呈显著性。

（一）不同类型的语音现象，影响变异的因素不同

1. 零声母开口字加［n］的变异影响因素主要是地域、性别、年龄、职业，而对受教育程度则需要具体分析，仔细甄别。零声母加［n］字读音变式在民族、迁徙方面不存在显著差异。

2. 尖音字团化的变异显示，在所有考察的变项中，影响字音变异的最强势因素当数地域和年龄。职业、性别其次，受教育程度因素则对不同的字影响的表现不同。迁徙和民族因素基本没有显示出影响。

3. [ʅə] 母字的变异影响因素是地域、年龄和职业，变式在迁徙和受教育程度上的分布不具显著性，性别因素则只是对部分字有影响。

（二）综合结论

综观本章各节内容，可以得出如下结论：

1. 居住地和年龄在所有变项读音变式分布上均显示出差异显著性。由此看来，这两个因素是影响语言变化的强势因素。

地域差异体现了行政中心未必是字音变异的倡导者，非行政中心的字读音未必比市里人更“土”。

年龄差异主要体现在中老年群体较高比例保持方言原有读音模式和低年龄群体较高比例的规范读音模式。

2. 性别因素在零声母开口字加 [n] 字读音变异上表现出的影响程度大于对尖音团化变异的影响。

女性作为变异的先行者和男性作为变异的保守者得到进一步印证。

3. 职业差异主要反映在学生、教师群体的高比例规范读音变式与非教师专业人员群体高比例方言原有读音变式。

4. 迁徙和受教育程度因素在分布差异上的弱显著性证明了，变异不一定与受教育程度有关系，有在外地生活的经历也不一定影响其人的语音变异。

河间方言的语音变异当然不止本书以上介绍的内容。我们还调查了局部存在的平翘舌声母的变异，一些河间方言中读音特殊但不成类的字音的变异。限于篇幅，不能详细介绍。但仅从以上已经整理统计分析的结果看，已经能够对河间方言语音变异的特点及其发展方向有比较深入的了解。

第六章　方言词语变异考察(上)

第一节　词汇系统与变异概述

一种语言到底有多少词语，这是一个非常难以回答的问题。即使最权威的词典也不可能记录语言的全部词语。因为，大千世界万事万物，千变万化，认识概括客观世界的词语浩如烟海。新词语不断产生，旧词语不断消亡，新旧词语的此消彼长之间，充斥着词语的竞争与变异、扩散与萎缩、新生与消亡。对一种语言或方言的所有词语进行记录尚且困难，那么描写语言的所有词语的历时或者共时变化就更是“不可能完成的任务”。19 世纪方言地理学派提出“每一个词都有自己的历史”的名言以与新语法学派的“语音规律无例外”口号相对抗。当然，这句名言针对的是语言变化规律提出的，但从语言的词语的历时变化和共时分布角度看，并不妨碍我们引用它来说明语言词汇研究的复杂性和艰巨性。

词汇是语言最表层、最活跃的层面，因此词汇层面比语言的语音层面和语法层面复杂得多，其系统性也隐蔽得多，以致人们对词汇是否具有系统产生质疑。因为和社会现象紧密联系在一起，所以社会生活的变化最容易引起的变化是词汇的变化，词语演变在汉语研究如上古汉语、中古汉语、近代汉语、现代汉语研究中，都占有重要地位。

词汇的变化往往被概括为词语的消长和词义的变化。新词产生的一个主要原因是语言接触。因不同语言间的接触产生的借词非常明显，常常带有“异类”的痕迹，但同一语言不同方言间接触产生的词语变化则隐蔽得多，也复杂得多。尽管我们通常说词汇是语言系统中最活跃、最开放的层面，但这是就一种语言或方言词汇的整体而言，而像特定语言的亲属称谓词、颜色词、天文地理等专用名词、代词等，则是词汇系统中相对封闭的子系统。词汇变异研究往往着眼于相对封闭和便于掌控考察的那部分词语。面对纷繁的词语世界，词汇变异研究是有所作为的。

词汇变异研究可以说是中国社会语言学的特色之一。西方的变异研究多集中在语音方面，词语的变异几乎不在研究视野内。而在中国，词语变异从一开始就已经占据社会语言学研究的一定位置。20 世纪 80 年代社会语言学传入中国，词语变异研究就成为中国社会语言学研究的重要内容，而且取得丰硕成果，如祝畹瑾的《“师傅”用法调查》（《语文研究》1984 年第 1 期）和《汉语称呼研究——一张社会语言学的称呼系统图》（《北京大学学报》（英语语言文学专刊）1990 年）、陈松岑的《北京城区两代人对上一代非亲属使用亲属称谓的变化》（《语文研究》1984 年第 2 期）、胡明扬的《关于北京话语音、词汇的五项调查》（《中国语言学报》1982 年第 1 期）、曹志耘的《语气词运用的性别差异》（《语文研究》1987 年第 3 期）、陈章太的《叫卖语言初探》（《语言教学与研究》1985 年第 3 期），等等。

语言低变体与语言高变体接触时，低变体向高变体靠拢、高变体词语向低变体扩散是大趋势。就目前看到的研究成果看，普通话吸收方言词语是少量的，普通话词语进入方言是大量的，普通话影响是方言词汇变化的主要原因。研究成果显示，汉语方言词语受国家通用语言影响正在逐渐变得一致。

词语差异是构成方言特点的重要因素，也正是看到了这一点，近些年方言学界展开对方言词语差异的搜集、整理和分析，对方言特征词进行研究。方言特征词在方言中的存在状态，哪些方言特征词会产生变化，方言特征词的变异受哪些因素的影响，方言特征词在不同群体中的分布如何，以上问题是本书所关心的。对这些问题的回答对方言变异研究和区域语言规划都会有参考价值。

普通话词汇以北方方言词汇为基础，河间方言作为北方方言，其词汇与普通话的差异不大，正因如此，方言词语里与普通话词语的不同之处就非常明显。为探索方言词汇的变异，本书考察河间方言词语变异主要在亲属词、人称代词和日常生活词语中选取变项。调查形式主要是通过词表选择词语常用变式，部分词语还采用了图片认读的方式用以对比分析。

第二节　词语变异研究设计

一、调查方法

对词语变异现象的调查通过词语选择和读图说词两种方式进行。

词语选择调查是设计包含词语变项的词表，列出词语变项的所有变式，让被调查者直接选择自己常用的变式。读图说词调查是通过展示图片让被调查者说出与图片内容相对应的词语。

二、设计思路

运用两种不同的调查方式调查同一个词语变项的目的主要是通过被调查者的自报和实际使用的数据对比，反映被调查者的词语认同和客观词语使用的差异。这样设计的出发点基于这样的认识：词表词语选择调查方式，是让被调查者直接选择词语变项，主观性强，更偏重反映被调查者的词语认同；读图说词的调查方式，是让被调查者说出图片内容，认读图片时直觉性强，更客观反映被调查者实际使用词语的情况。

三、词表和图片设计

（一）词表

本书调查词语变项的词表内容，在设计时参考了《河北方言词汇编》、《河北方言概貌》、《汉语方言地图集》（词汇卷）和《普通话基础方言基本词汇集》。词语变项选取的标准是词语在河间方言中存在不同表达形式，即所选词语必须具有不同变式形成变异现象，才能成为我们考察的对象。

（二）图片

为方便对比分析词语变异情况，我们选择的图片在词表中均有对应的词语。为避免出现版权争议，我们调查用的图片全部来自互联网上公开展示的图片，而且只用于调查。另外，为了保证图片方式调查的有效性，在正式调查前，对图片内容进行了数次预调查。

在数据处理和研究分析中，我们把河间方言原有的词语形式一律标记为0变式，后起的词语形式标记为1变式。

根据调查结果，本书分六类来举例描写和分析河间方言词语变异的具体表现：亲属称谓词、人称代词、时间词、动物名词、天文现象词、日常生活词。

第三节　亲属词变异考察

亲属词属于基本词，在词汇中属于相对封闭的系统，是语言词汇层面最具系统性的，也是最具民族特点、社会文化特点的部分。汉族在几千年的发展历史中，形成了层级分明的家族、宗族、亲族关系，汉语中反映这种家族、宗族、亲族关系的词语异常丰富而复杂，尽管随着宗族意识的逐渐淡薄和社会经济文化的变化，汉语亲属词已经大大简化，但历史沉淀下来的汉语亲属词依然很丰富，选取亲属词作为考察河间方言词语变异的变项正是基于这一点。

一、亲属词调查设计

对亲属词变异现象的调查通过词语选择和读图说词两种方式进行，亲属词词表是直接选择变式，图片是介绍家庭人物关系。设计的出发点基于这样的认识：词语选择调查方式直接选择变项时主观性强；图片调查方式认读时直觉性强，更客观反映实际使用词语的情况。

（一）亲属词表

亲属词语调查内容的选取主要是家庭内亲属关系词，包括了称谓三代六位家庭成员的词语。

表6－1　　亲属词变项调查表

变项	0变式	1变式	非0非1变式
父亲	爹（伯bai1）	爸爸	
母亲	娘	妈（妈妈）	
子	小子	儿子	儿
女	闺女（妮）	女儿	
丈夫	老头子（老头儿）	老公	对象
妻子	老婆子（老婆）	妻子	媳妇

（二）亲属词图

为调查亲属词变异情况，我们选择的是一张包括三辈六人的全家福图片，变项包括：父亲、母亲、丈夫、妻子、子、女。要求以左上角男性为中心指认其他人是他的什么人，最后指认他是右上角女性的什么人。由此可以得到六个所需调查的词语变项。

图 6－1　亲属词调查图

（注：图片采自互联网）

二、变项基本数据

调查过程中，出现了调查者不经选择直接念词表选项的情况，为保证数据的可靠性，我们在词语选择调查数据统计时剔除了明显未加选择照念词表的样本，因此词语变异部分用于分析的样本量少于语音变异部分。

亲属词变异统计数据如表 6－2 和表 6－3 所示：

表 6－2　　亲属词变项词语选择调查基本数据

亲属词	0 变式形式	百分比	1 变式形式	百分比	0 变式形式 2	百分比	0 变式和 1 变式并用百分比	有效样本
父亲	爹	45.2	爸（爸爸）	54.8				356
母亲	娘	56.5	妈（妈妈）	43.5				359

续表

亲属词	0 变式形式	百分比	1 变式形式	百分比	0 变式形式 2	百分比	0 变式和 1 变式并用百分比	有效样本
子	小子	21.8	儿子	41.5	儿	35.6	1.1	357
女	闺女	69.2	女儿	30.3			0.6	360
丈夫	老头儿（子）	65.2	老公	32.3	对象	1.7	0.8	359
妻子	老婆（子）	17.2	妻子	20.3	媳妇儿	61.9	0.6	360

表 6－3　　亲属词变项读图调查基本数据

读图数据	0 变式百分比	1 变式百分比	其他变式	其他变式百分比	0 变式和 1 变式并用百分比	有效样本
父亲	25.7	62.4	父亲	10.3	1.6	320
母亲	32.4	58.3	母亲	9.1	0.3	318
子	15.9	68.9	儿	15.2		298
女	55.2	44.4			0.3	297
丈夫	45.3	53.8	她男的	0.3	0.6	298
妻子	5.2	24.7	媳妇儿	70.1		308

对比表 6－2 和表 6－3 的数据可以看出，被调查者在词语选择调查和读图说词调查中的表现是不同的，词语选择带有主观倾向性，而读图说词则反映在相对自然的语境下的词语使用情况。词语选择调查方式相对于读图说词调查方式，被调查者选择亲属词的 0 变式比例普遍较高。

先看词语选择的统计结果。在所考察的亲属词中，首先是父亲变项走在变异的前列，1 变式“爸（爸爸）”的比例已经超过 0 变式“爹”。其次是母亲变项，0 变式“娘”比例还稍占优势。丈夫的 0 变式“老头儿（老头子）”比例还有 65.2%，而近几年才后起的“老公”比例已达 30% 以上。妻子的 0 变式比例最低，占优势的变式是“媳妇儿”。河间老派方言称女儿为“闺女（妮）”，称“儿子”为“小子”或“儿”，称“女儿”和“儿子”是新近才有的现象。本次调查的结果是“女儿”变项的 0 变式还保有近 70% 的比例，而“儿子”变项的 1 变式比例已超 40%。

读图说词调查的结果出乎意料。我们原以为，因为被调查者在接受调查时普遍会有高报语言高变体即规范形式或权威形式的情况，所以，同一种亲属关系，在比较自然状态下的读图说词调查中，使用亲属词的方言原有形式即0变式比例，会高于在词语选择调查形式中选择0变式的比例。但调查结果是，读图说词调查形式的0变式比例并不比词表选词调查形式高。察其原因，可能是因为读图说词调查的不是被调查者自己使用亲属词的情况，而是反映了被调查者对亲属称呼词的社会认同。

以父亲和母亲这一对亲属词为例。这是任何语言都必然具备的两个基本亲属词。一个人对父母如何称呼是在他婴幼儿时期就定型了的，用什么亲属词称呼也不是由自己而是由父母决定的，而且一旦选定了某种变式就绝少中途改变。让孩子如何称呼自己体现的是父母自己对父母亲属词的态度，一般情况下，新式的亲属词会被趋时的人采用，而守旧的人更愿意采用原有形式，一般人则是随大流。

父亲、母亲两个亲属词在汉语方言中有多种变异形式，河间方言对父亲、母亲的称呼主要是“爹、娘”和“爸、妈（爸爸、妈妈）”两种变式，“父亲、母亲”只用于背称，且是在非常正式的场合才使用。“爹、娘”是河间方言的原有亲属词，“爸、妈（爸爸、妈妈）”则是在20世纪五六十年代才被少数人开始使用的亲属词。从笔者掌握的情况看，“爹、娘”变式使用正在急剧萎缩，“爸、妈（爸爸、妈妈）”变式使用频率正在迅速上升，在词语竞争中亲属词“爸、妈（爸爸、妈妈）”代替“爹、娘”是可以预见的。

三、因素分析

变异通过变式的分布体现变化趋势。下面通过分析亲属词变项的变式分布考察亲属词的变化情况。

表6-4　　亲属词与社会因素交叉分析差异显著性统计①

	城乡		性别		年龄		迁徙		职业		受教育程度	
	词表	读图	词表	读图	词表	读图	词表	读图	词表	读图	词表	读图
父亲	+	+	+	+	+	+	+	-	-	+	-	+

① 注：表中“词表”指词语选择调查方式，“读图”指读图说词调查方式。“+”为卡方检验p值小于0.05，“-”为卡方检验p值大于0.05。

续表

	城乡		性别		年龄		迁徙		职业		受教育程度	
	词表	读图	词表	读图	词表	读图	词表	读图	词表	读图	词表	读图
母亲	+	+	+	+	+	+	−	−	−	+	−	−
子	+	+	+	+	+	+	−	−	+	−	+	−
女	+	+	+	+	+	+	−	−	+	+	+	−
丈夫	+		+		+		−		−		+	
妻子	+	+	−	+	+	+	−	−	+	+	+	+

从表 6－4 中的六个亲属词的分布差异看，词表和读图两种调查方式，地域、年龄、性别因素对分布均存在显著性影响。

父亲、母亲变式的职业分布和受教育程度分布，从词语选择调查结果看不具有显著差异，但从读图调查结果看父亲变式在职业、受教育程度分布和母亲变式的职业分布上具有显著差异，这符合语言使用的实际情况。前文提到，称呼父亲、母亲用哪种变式是由父母决定的，而且一旦采用了某种变式就不会轻易改变，因此自己的职业与受教育程度不会影响对父母称呼的选择，而读图是作为第三者介绍图中人物，用什么亲属词指称图中人物的父母就可能受职业和教育程度因素影响。

职业因素对女儿变式的影响，词语选择调查和读图调查结果均显示显著，但职业对儿子变式的影响只在词语选择调查方式中显示明显，在读图调查方式中职业分布差异不显著。

词语选择调查，受教育程度因素影响子、女、夫、妻四个亲属词变式的分布。读图调查则显示，受教育程度因素只是影响父亲、妻子两个词的分布。

迁徙因素是影响亲属词变式选择的极弱因素，只是在父亲变项一显示差异明显。

下面以父亲、母亲、儿子三个变项考察影响变式选择的因素。分析数据以词语选择调查为主，兼及读图调查数据。

第四节　亲属词“爹”变异分析

一、变项基本情况

父亲称谓在汉语方言中有不同变体，在普通话里父亲称谓有三个基本变式：父亲、爸爸（爸）、爹。在北京话里已经很少听到称父亲为“爹”的了，但在方言里“爹”仍然活跃在交际中。

曹志耘主编《汉语方言地图集》（词汇卷）中，父亲称谓在全国的地域变体有爸、爸爸、阿爸、依、唔爸、父、爷、爷爷、爷子、爷唧、爷佬、大爷、阿爷、大、大大、阿大、阿父、老父、爹、爹爹、阿爹、依爹、老爹、爹崽、爹唧、伯、伯伯、伯儿、阿伯、呢伯、伯爹、伯爷、叔、叔叔、阿叔、老、阿老、老子、老者、老汉儿、阿哥、兄、老官、老家等。《汉语方言地图集》在河北省共调查了31个点，父亲称谓地域变体有：爹、爸、爸爸、大、大大。父亲称谓为“爸”的市县有围场、丰宁、承德、丰润、唐海、香河、霸州7个市县；除了称谓“爹～爸”[①]的青龙、“大～爹”的宣化和称谓“大大～爸爸”的张北3个市县以外，其他21个市县全部称谓“爹”。仅从使用地域分布看，“爹”称谓变体占据绝对优势，但实际情况还需要进行具体的社会语言学分析。

二、变项基本数据

河间方言里，父亲称谓面称变式有两种：爹、爸爸（爸）。“爹”是河间方言的原有变式，标记为0变式，爸爸（爸）是与普通话一致的后起变式，标记为1变式。从表6－2和表6－3统计结果看，词语选择调查0变式所占比例（45.2%）低于1变式（54.8%），但二者差距不大。读图调查（见表6－3）0变式“爹”比例25.7%，1变式“爸爸（爸）”比例62.4%，并用1变式和0变式比例1.6%，另有“父亲”比例10.3%。如果仅取0和1变式样本则会是0变式占比29.2%，1变式占比70.8%。0变式由词语选择调查的48.3%下降到读图调查的29.2%，两种调查方式所得到的结果相差将近20%。

如果说词语选择调查数据表现的是被调查者父亲变项使用变式的情况，被调查者是被动接受了上一辈人对变式的认同和选择，那么读图数据反映的则是被调查者对父亲变式的主动选择，反映的是被调查者自身对父亲不同变式的认同。两种不同调查方式取得的同一内容的不同数据，反映的实际上是代际之间的差异。

---

① 注：～指两种说法并用。原文体例如此，此处照用。以下同。

变异的竞争发展趋势与变式分布有关。下面考察分析词语选择调查和读图说词调查亲属词父亲变项的分布情况。

三、因素分析

（一）居住地

表 6－5－1　　词语选择调查父亲称谓与乡镇交叉表

			乡镇					总计
			瀛州镇	米各庄镇	沙河桥镇	兴村乡	黎民居乡	
父亲	0 变式	样本数	41	20	26	14	60	161
		百分比	32.5	28.6	33.8	87.5	89.6	45.2
	1 变式	样本数	85	50	51	2	7	195
		百分比	67.5	71.4	66.2	12.5	10.4	54.8
总计		样本数	126	70	77	16	67	356
		百分比	100.0	100.0	100.0	100.0	100.0	100.0

表 6－5－2　　父亲称谓与乡镇交叉分析

	Value	df	Asymp. Sig. (2-sided)
Pearson Chi-Square	84.791[a]	4	0.000
Likelihood Ratio	92.131	4	0.000
N of Valid Cases	356		

a. 0 cells (.0%) have expected count less than 5. The minimum expected count is 7.24.

从表 6－5－1 和表 6－5－2 看，父亲的变式乡镇分布呈现显著性差异。兴村乡和黎民居乡的 0 变式“爹”比例高于其他三个乡镇。1 变式“爸”（爸爸）比例最高的是米各庄镇，达到 70% 以上。

从表 6－5－3 和表 6－5－4 看，城乡分布也呈现显著差异。城镇 1 变式比例高出乡村近 20%，而 0 变式的比例则比乡村低了近 20%。也即在父亲称谓上，城镇被调查者更多地使用“爸（爸爸）”，而乡村的被调查者保持方言形式“爹”的比例更高。

表 6－5－3　　词语选择调查父亲称谓与城乡交叉表

			城乡		总计
			城	乡	
父亲	0 变式	样本数	41	120	161
		百分比	32.5	52.2	45.2
	1 变式	样本数	85	110	195
		百分比	67.5	47.8	54.8
总计		样本数	126	230	356
		百分比	100.0	100.0	100.0

表 6－5－4　　词语选择调查父亲称谓与城乡交叉分析

	Value	df	Asymp. Sig.（2-sided）
Pearson Chi-Square	84.791[a]	4	0.000
Likelihood Ratio	92.131	4	0.000
N of Valid Cases	356		

a. 0 cells（.0%）have expected count less than 5. The minimum expected count is 7.24.

在读图说词调查中，表 6－5－5 和表 6－5－6 显示，城乡的分布差异也具有显著性。城镇和乡村使用 0 变式的差距并不大。差距主要集中在 1 变式和变式“父亲”（记为非 0 非 1 变式）的分布上。城镇被调查者钟情使用 1 变式，而尽管乡村被调查者 1 变式的使用比例低于城镇被调查者，但在更正式的称谓“父亲”的使用上高出城镇被调查者近 10 个百分点。这种现象我们也可以用所谓的“超越模式”来解释。生活在相对闭塞乡村的人们，在语言表达上希望用更正式的词语来显示自身修养和掩饰自身的语言不安全感。

表 6－5－5　　读图说词调查父亲称谓与城乡交叉表

			城乡		总计
			城	乡	
父亲	0 变式	样本数	30	50	80
		百分比	23.8	27.0	25.7
	1 变式	样本数	89	105	194
		百分比	70.6	56.8	62.4
	0 变式和 1 变式并用	样本数	1	4	5
		百分比	0.8	2.2	1.6
	非 0 非 1 变式	样本数	6	26	32
		百分比	4.8	14.1	10.3

续表

父亲		城乡		总计
		城	乡	
总计	样本数	126	185	311
	百分比	100.0	100.0	100.0

表 6-5-6　　父亲称谓与城乡交叉分析

	Value	df	Asymp. Sig. (2-sided)
Pearson Chi-Square	9.779[a]	3	0.021
Likelihood Ratio	10.517	3	0.015
N of Valid Cases	311		

a. 0 cells (.0%) have expected count less than 5. The minimum expected count is 7.24.

我们常常说，地域区隔是形成方言的主要原因，但在同一区域内的差异则往往因区域内部发展不平衡而形成。在河间市，乡镇分布的差异实际上反应的是城镇化发展水平的差异。在五个样本乡镇中，兴村乡和黎民居乡的经济文化发展相对滞后。因此从城镇化角度看，城乡分布差异恐怕更为重要。在后面的词语变异分析中，我们将主要考察城乡因素的影响。

（二）性别

表 6-6-1　　词语选择调查父亲称谓与性别交叉表

			性别		总计
			男	女	
父亲	0 变式	样本数	76	85	161
		百分比	58.5	37.6	45.2
	1 变式	样本数	54	141	195
		百分比	41.5	62.4	54.8
总计		样本数	130	226	356
		百分比	100.0	100.0	100.0

表 6－6－2　　词语选择调查父亲称谓与性别交叉分析

	Value	df	Asymp. Sig. (2-sided)	Exact Sig. (2-sided)	Exact Sig. (1-sided)
Pearson Chi-Square	14.484[a]	1	0.000		
Continuity Correction[b]	13.655	1	0.000		
Likelihood Ratio	14.511	1	0.000		
Fisher's Exact Test				0.000	0.000
N of Valid Cases	356				

a. 0 cells (.0%) have expected count less than 5. The minimum expected count is 58.79.

b. Computed only for a 2 × 2 table

从词语选择调查结果看，父亲变式性别分布差异非常明显（表 6－6－1 和表 6－6－2）。男性选择 0 变式“爹”的比例高于女性，女性选择 1 变式“爸（爸爸）”的比例高于男性。女性更偏向使用后起的通用词变式，男性在父亲称谓上则更为保守。

表 6－6－3　　读图说词调查父亲称谓与性别交叉表

			性别		总计
			男	女	
父亲	0 变式	样本数	40	40	80
		百分比	35.1	20.3	25.7
	1 变式	样本数	58	136	194
		百分比	50.9	69.0	62.4
	0 变式和 1 变式并用	样本数	4	1	5
		百分比	3.5	0.5	1.6
	非 0 非 1 变式	样本数	12	20	32
		百分比	10.5	10.2	10.3
总计		样本数	114	197	311
		百分比	100.0	100.0	100.0

表 6－6－4　　读图说词调查父亲称谓与性别交叉分析

	Value	df	Asymp. Sig. (2-sided)
Pearson Chi-Square	14.007[a]	3	0.003
Likelihood Ratio	13.793	3	0.003

续表

	Value	df	Asymp. Sig. (2-sided)
N of Valid Cases	311		

a. 2 cells (.0%) have expected count less than 5. The minimum expected count is 1.83。

读图说词调查结果显示出，性别分布差异明显（表6－6－3和表6－6－4）。差异集中在0变式和1变式的使用，男性0变式使用比例高于女性、女性1变式使用比例高于男性的趋势依然明显。在正式称谓词非0非1变式“父亲”的使用上不存在性别差异。

（三）年龄

表6－7－1　　词语选择调查父亲称谓与年龄段交叉表

			年龄段					总计
			18岁以下	18—30岁	31—40岁	41—50岁	50岁以上	
父亲	0变式	样本数	12	29	44	50	26	161
		百分比	25.0	33.3	43.6	57.5	78.8	45.2
	1变式	样本数	36	58	57	37	7	195
		百分比	75.0	66.7	56.4	42.5	21.2	54.8
总计		样本数	48	87	101	87	33	356
		百分比	100.0	100.0	100.0	100.0	100.0	100.0

表6－7－2　　词语选择调查父亲称谓与年龄段交叉分析

	Value	df	Asymp. Sig. (2-sided)
Pearson Chi-Square	20.517[a]	4	0.000
Likelihood Ratio	21.208	4	0.000
N of Valid Cases	356		

a. 0 cells (.0%) have expected count less than 5. The minimum expected count is 17.37.

表6－7－1和表6－7－2的词语选择调查数据显示，父亲变式在年龄段分布差异非常显著。年龄越大，使用0变式“爹”的比例越高，1变式“爸爸（爸）”的比例越低。在18岁以下年龄段只有25%的被调查者选择0变式。而在50岁以上年龄段选择0变式的比例接近80%。“爹”作为亲属词使用快速萎缩的趋势可见一斑，1变式“爸爸（爸）”代替0变式“爹”可以预见。

从读图说词调查结果看（见表6－7－3和表6－7－4），0变式“爹”和1变式“爸（爸爸）”的使用趋势与词语选择调查结果是一致的，但非0非1变式称谓词“父亲”的分布值得注意。“父亲”的使用比例是随年龄上升的，年龄越大，使用比例越高。

“父亲”和“爸（爸爸）”的年龄分布趋势虽然相似，但年龄在其中所起的影响并不相同。前边已经说过，在河间方言里，“爹”和“爸（爸爸）”既可以做面称，也可以做一般场合的他称，是一对语义相等的词语，二者存在彼此竞争的关系。而“父亲”一词从不做面称，而只是作为正式场合的他称。因此，“爸（爸爸）”的使用比例与年龄成正比，是与“爹”竞争的结果。而“父亲”的使用比例与年龄成正比是言语交际能力作用的结果，因为年龄越大，对场合的正式性意识越强，言语交际经验越丰富，对词语的选择越讲究。

表6－7－3　　读图说词调查父亲称谓与年龄段交叉表

			年龄段					总计
			18岁以下	18—30岁	31—40岁	41—50岁	50岁以上	
父亲	0变式	样本数	2	12	25	28	13	80
		百分比	5.3	16.2	30.1	33.7	39.4	25.7
	1变式	样本数	35	54	49	42	14	194
		百分比	92.1	73.0	59.0	50.6	42.4	62.4
	0变式和1变式并用	样本数	0	1	0	3	1	5
		百分比	0.0	1.4	0.0	3.6	3.0	1.6
	非0非1变式	样本数	1	7	9	10	5	32
		百分比	2.6	9.5	10.8	12.0	15.2	10.3
合计		样本数		74	83	83	33	311
		百分比		100.0	100.0	100.0	100.0	100.0

表6－7－4　　读图说词调查父亲称谓与年龄段交叉分析

	Value	df	Asymp. Sig. (2-sided)
Pearson Chi-Square	32.409[a]	12	0.001
Likelihood Ratio	37.031	12	0.000
N of Valid Cases	311		

a. 7 cells (35.0%) have expected count less than 5. The minimum expected count is .53 .

（四）迁徙

表6-8-1 词语选择调查父亲称谓与是否在外地三年以上交叉表

			是否在外地三年		总计
			是	不是	
父亲	0变式	样本数	11	150	161
		百分比	22.9	48.7	45.2
	1变式	样本数	37	158	195
		百分比	77.1	51.3	54.8
总计		样本数	48	308	356
		百分比	100.0	100.0	100.0

表6-8-2 词语选择调查父亲称谓与是否在外地三年以上交叉分析

	Value	df	Asymp. Sig. (2-sided)	Exact Sig. (2-sided)	Exact Sig. (1-sided)
Pearson Chi-Square	11.146[a]	1	0.001		
Continuity Correction[b]	10.129	1	0.001		
Likelihood Ratio	11.824	1	0.001		
Fisher's Exact Test				0.001	0.001
N of Valid Cases	356				

a. 0 cells (.0%) have expected count less than 5. The minimum expected count is 21.71.

b. Computed only for a 2×2 table.

词语选择调查中，迁徙因素影响父亲变式的分布（见表6-8-1和表6-8-2）。有在外地生活过三年以上经历的被调查者在选择0变式“爹”的比例上，明显低于没有迁徙经历的被调查者。但读图说词调查中，迁徙因素的影响不显著（见表6-8-3）。

表6-8-3 读图说词调查父亲称谓与是否在外地三年以上交叉分析

	Value	df	Asymp. Sig. (2-sided)
Pearson Chi-Square	3.477[a]	3	0.324
Likelihood Ratio	4.253	3	0.235
N of Valid Cases	311		

a. 3 cells (37.5%) have expected count less than 5. The minimum expected count is .69.

词语选择调查中，父亲变式的职业分布和受教育程度分布差异显著性指数 P 值大于 0.05，不存在显著差异。

但读图说词调查中，职业和受教育程度均影响父亲变式的分布（见图 6－2 和图 6－3）。

具体表现在，在职业分布上是学生、教师、公务员群体使用 0 变式比例低于其他群体，使用 1 变式比例高于其他群体。受教育程度分布上是 0 变式从小学到大专及以上呈现中间高两端稍低的形态，1 变式的比例并没有随受教育程度的提高而上升。

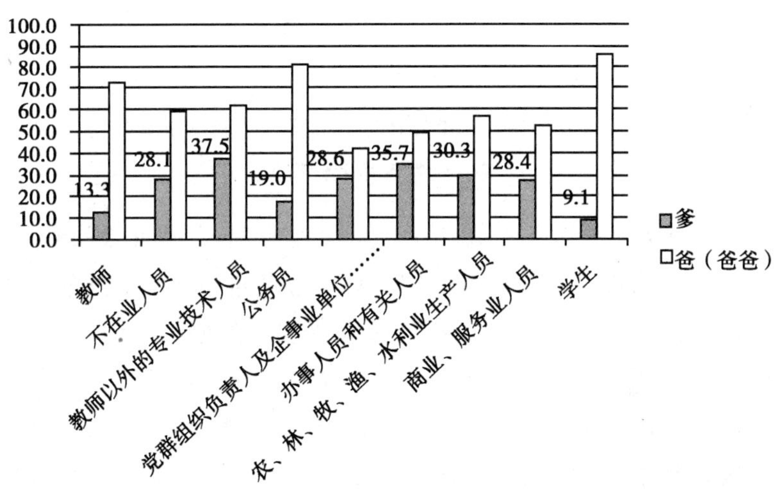

图 6－2　读图说词调查父亲称谓变式职业分布

第五节　亲属词“娘”变异分析

一、变项基本情况

汉语中母亲称谓有很多形式，据《汉语方言地图集》（词汇卷），母亲称谓在全国的地域变体有妈、妈妈、阿妈、依妈、俺妈、母、母妈、母母、阿母、老母、母婆、瓦母、娘、老娘、娘娘、阿娘、唔娘、俺娘、婆、婆婆、阿婆、母婆、呢婆、唔婆、奶、奶奶、阿奶、依奶、我奶、娘奶、洼奶等。

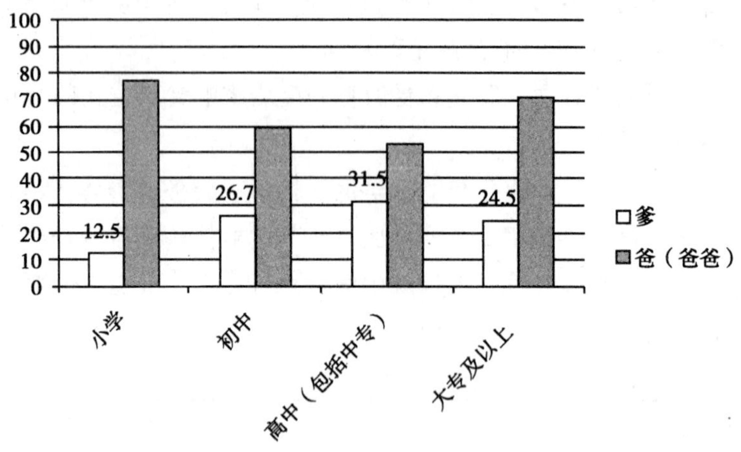

图 6－3 读图说词调查父亲称谓“爹”、“爸（爸爸）”变式受教育程度分布

在北方方言中“娘”分布广泛。从河北的 31 个调查点来看，母亲称谓为“妈”的市县有围场、丰宁、承德、青龙、丰润、昌黎、唐海、香河、霸州 9 个市县；称谓“娘”的有张北、阳原、河间、黄骅、平山、南皮、晋州、赞皇、威县、永年、广平、磁县 12 个市县；称谓“娘～妈”的有宣化、涞源、徐水、唐县、安国、武强、石家庄、冀州、故城、隆尧 10 个市县。单从行政区划单位看，“娘”还略占优势，但即使在标为使用“娘”称谓的市县，其言语社团内部也已经存在分布差异，“娘”称谓变体正处于变异过程中。

普通话母亲的两种变体是“娘”和“妈”。陈刚在《北京人对母亲称谓的演变》（《语文研究》1983 年第 2 期）中说：“北京人在口头上一般称母亲为‘妈’，有不少儿童称母亲为‘妈妈’，极个别人称‘娘’。有的家庭，上一辈称母亲为‘娘’，下一辈则改称‘妈’，而未发现相反的情形。目前，北京人并不认为‘娘’是北京的称谓。”该文说的是 20 世纪 80 年代的北京母亲称谓的情况，现在的北京话里已经听不到“娘”称谓了。北京作为人口流动最为快速的大都市，语言变化往往走在其他地方的前头，成为方言变异的引领者。“娘”作为亲属词虽然在北京话里退出了交际生活，但在有些方言区，作为母亲称谓的“娘”还存在于实际交际中。

在河间方言里母亲称谓有两个变式：娘、妈妈（妈），“娘”是河间方言原有亲属词，“妈妈（妈）”是与普通话一致的后起亲属词。在河间，20 世纪 60 年代城里的“新派”人已经有让孩子叫母亲为“妈妈”的现象。但在农村，孩子唤母亲为“娘”还是主流。到 70 年代，农村孩子也开始有“妈妈”称呼，80 年代“妈妈”成为孩子称谓母亲的主流亲属词。现在小孩子已经绝少呼母为“娘”了。亲属词“娘”在河间方言中的分布情况如何，受哪些因素影响，发展趋势如何，是本节关心的内容。

二、变项基本数据

从词语选择调查的统计数据看，选择母亲 0 变式“娘”的比例为 56.5%，稍占优势，1 变式“妈妈（妈）”比例为 43.5%，绝对数量对比，1 变式略处下风（见表 6－2）。但是影响变式竞争的因素除了绝对数量以外，还要看变式的分布，社会分布尤其是年龄分布可以使我们对变式竞争的前途作出基本判断。

如同父亲称谓一样，母亲称谓的读图调查数据 0 变式比例也低于词语选择调查数据，读图调查统计结果，0 变式使用比例为 32.4%，1 变式使用比例为 58.3%（见表 6－3）。

下面来分析母亲变式的具体分布情况。

三、因素分析

（一）居住地

表 6－9－1　　　词语选择调查母亲称谓与城乡交叉表

			城乡		总计
			城	乡	
母亲	0 变式	样本数	52	151	203
		百分比	41.3	64.8	56.5
	1 变式	样本数	74	82	156
		百分比	58.7	35.2	43.5
合计		样本数	126	233	359
		百分比	100.0	100.0	100.0

表 6－9－2　　词语选择调查母亲称谓与城乡交叉分析

	Value	df	Asymp. Sig. (2-sided)	Exact Sig. (2-sided)	Exact Sig. (1-sided)
Pearson Chi-Square	18.438[a]	1	0.000		
Continuity Correction[b]	17.492	1	0.000		
Likelihood Ratio	18.433	1	0.000		
Fisher's Exact Test				0.000	0.000
N of Valid Cases	359				

a. 0 cells (.0%) have expected count less than 5. The minimum expected count is 54.75.

b. Computed only for a 2×2 table

从词语选择调查统计结果看，母亲称谓变式在城乡的分布存在显著性差异（见表6－9－1和表6－9－2）。0变式“娘”乡村使用比例为64.8%，而城镇使用比例只有41.3%。城镇是政治中心和工商业比较发达的地方，经济政治行为的活跃丰富也带动了城镇言语交际行为的频繁和多样性，“娘”作为老旧变式使用频率在城镇偏低，可以认为是社会发展水平影响语言使用的客观反映。但从两个变式的使用对比来说，母亲称谓的1变式“妈妈（妈）”不会轻易取代0变式“娘”。读图说词调查结果表现得更为明显（见表6－9－3）。与词语选择调查相比，城镇和乡村使用0变式的比例均下降到40%以下，使用1变式比例大幅上升，而且城乡之间0变式使用比例差异缩小。值得指出的是，乡村有超过10%的被调查者使用了“母亲”这个非常正式的变式，比例高出城镇。

表 6－9－3　　读图说词调查母亲称谓与城乡交叉表

			城乡		总计
			城	乡	
母亲	0变式	样本数	31	69	100
		百分比	24.8	37.5	32.4
	1变式	样本数	89	91	180
		百分比	71.2	49.5	58.3
	0变式和1变式并用	样本数	0	1	1
		百分比	0.0	0.5	0.3
	非0非1变式	样本数	5	23	28
		百分比	4.0	12.5	9.1

续表

		城乡		总计
		城	乡	
合计	样本数	125	184	309
	百分比	100.0	100.0	100.0

（二）性别

表6－10－1　　词语选择调查母亲称谓与性别交叉表

			性别		总计
			男	女	
母亲	0变式	样本数	88	115	203
		百分比	67.2	50.4	56.5
	1变式	样本数	43	113	156
		百分比	32.8	49.6	43.5
总计		样本数	131	228	359
		百分比	100.0	100.0	100.0

表6－10－2　　词语选择调查母亲称谓与性别交叉分析

	Value	df	Asymp. Sig. (2-sided)	Exact Sig. (2-sided)	Exact Sig. (1-sided)
Pearson Chi-Square	9.485[a]	1	0.002		
Continuity Correction[b]	8.816	1	0.003		
Likelihood Ratio	9.624	1	0.002		
Fisher's Exact Test				0.003	0.001
N of Valid Cases	359				

a. 0 cells (.0%) have expected count less than 5. The minimum expected count is 56.92.

b. Computed only for a 2×2 table

词语选择调查统计结果显示，母亲称谓变式的性别分布差异具有显著性（见表6－10－1和表6－10－2），男性0变式比例高于女性，女性1变式比例高于男性。在语言变化上男性的保守取向和女性的领先作用再次得到验证。

与词语选择调查统计结果相比，读图说词调查的0变式使用比例下

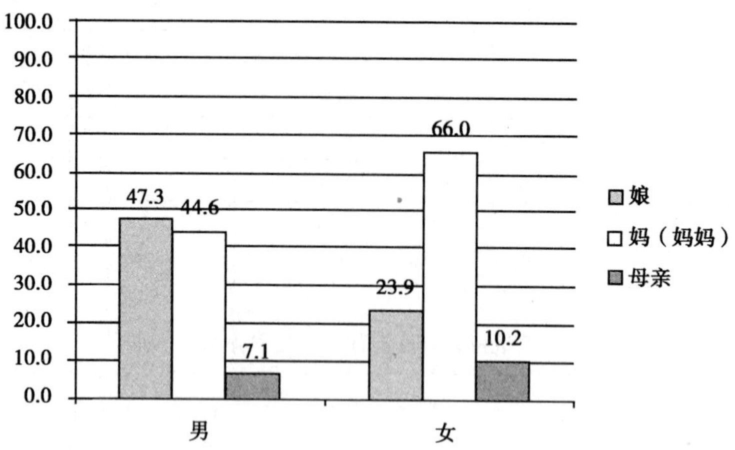

图 6－4　读图说词调查母亲称谓变式性别分布（%）

降，1 变式使用比例上升，且女性使用变式的升降比例差比男性大（见图 6－4）。数据说明，女性在放弃旧有形式使用创新形式方面确实走在男性前面，女性的自报使用与实际使用之间的差距也大于男性。

（三）年龄

表 6－11－1　　词语选择调查母亲称谓与年龄段交叉表

			年龄段					总计
			18 岁以下	18—30 岁	31—40 岁	41—50 岁	50 岁以上	
母亲	0 变式	样本数	11	40	58	65	29	203
		百分比	22.4	45.5	57.4	74.7	85.3	56.5
	1 变式	样本数	38	48	43	22	5	156
		百分比	77.6	54.5	42.6	25.3	14.7	43.5
总计		样本数	49	88	101	87	34	359
		百分比	100.0	100.0	100.0	100.0	100.0	100.0

表 6－11－2　　词语选择调查母亲称谓与年龄段交叉分析

	Value	df	Asymp. Sig. (2-sided)
Pearson Chi-Square	50.743[a]	4	0.000
Likelihood Ratio	53.488	4	0.000
N of Valid Cases	359		

a. 0 cells (.0%) have expected count less than 5. The minimum expected count is 14.77.

母亲称谓不同变式在年龄方面的分布对竞争结果有决定性影响。0变式“娘”和1变式“妈妈（妈）”在年龄上的分布呈现明显差异（见表6-11-1和表6-11-2），0变式的年龄分布是年龄越大使用比例越高，而1变式的年龄分布则相反，是年龄越小，比例越高。

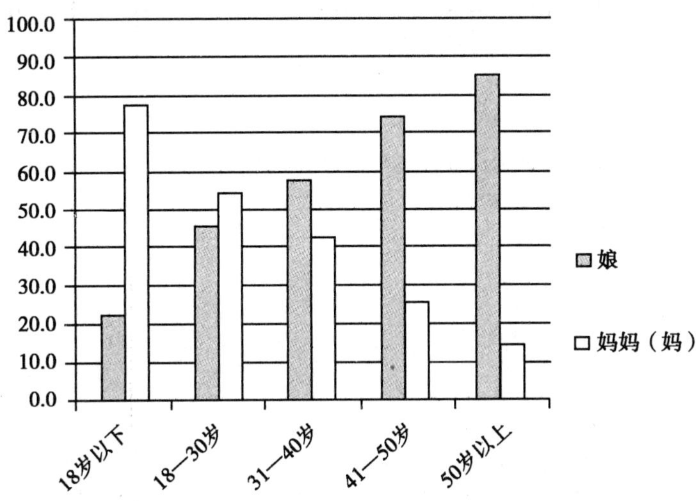

图6-5　词语选择调查母亲称谓“娘”、“妈妈”变式年龄分布（%）

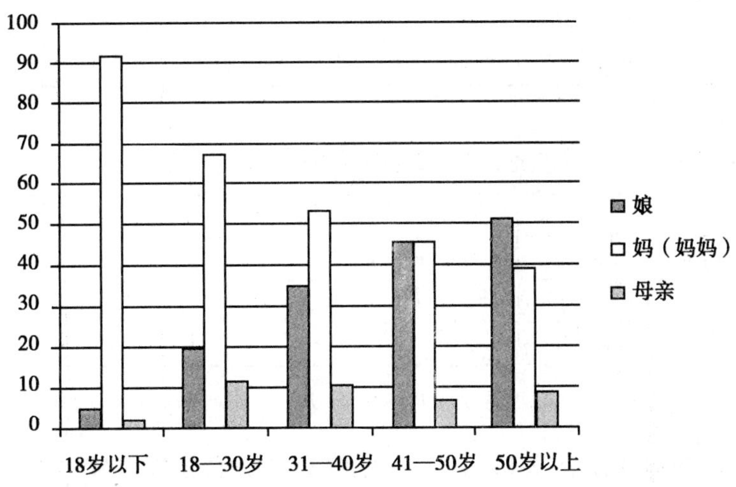

图6-6　读图说词调查母亲称谓“娘”、“妈妈”变式年龄分布（%）

图6-5和图6-6分别是词语选择和读图说词调查的母亲变式年龄

分布图。它直观地显示了河间方言母亲称谓0变式和1变式的年龄分布和发展趋势。在词语选择调查中1变式18岁以下年龄段使用比例接近80%，在读图说词调查中1变式使用的比例已经高达92.3%。1变式具有的年龄分布优势是其在与0变式竞争中取胜的关键，亲属称谓词“娘”的式微和“妈（妈妈）”的逐渐扩散到普遍使用，最终在交际中取代“娘”的使用是可以预知的。

（四）职业

表6－12－1　　词语选择调查母亲称谓与职业交叉表

			职业									总计
			教师	不在业人员	教师以外的专业技术人员	公务员	党群组织负责人及企事业单位负责人	办事人员和有关人员	农、林、牧、渔、水利业生产人员	商业、服务业人员	学生	
母亲	0变式	样本数	13	32	20	15	19	14	26	49	15	203
		百分比	56.5	56.1	60.6	71.4	95.0	82.4	61.9	53.3	27.8	56.5
	1变式	样本数	10	25	13	6	1	3	16	43	39	156
		百分比	43.5	43.9	39.4	28.6	5.0	17.6	38.1	46.7	72.2	43.5
总计		样本数	23	57	33	21	20	17	42	92	54	359
		百分比	100.0	100.0	100.0	100.0	100.0	100.0	100.0	100.0	100.0	100.0

表6－12－2　　词语选择调查母亲称谓与职业交叉分析

	Value	df	Asymp. Sig. (2-sided)
Pearson Chi-Square	37.845[a]	8	0.000
Likelihood Ratio	41.917	8	0.000
N of Valid Cases	359		

a. 0 cells (.0%) have expected count less than 5. The minimum expected count is 7.39.

词语选择调查结果显示，母亲称谓变式职业分布差异明显（见表6－12－1和表6－12－2）。具体表现在党群组织及企事业单位负责人、办事人员和有关人员两个群体是0变式“娘”的高比例保持者，学生群体则是使用1变式“妈（妈妈）”的主力军。读图说词调查中，职业因素对母亲称谓变式分布影响不明显。

经检验，迁徙因素对母亲称谓变式分布影响不具有显著性。

受教育程度单因素分布具有显著性差异（见表6－13－1），但加入协变量年龄因素后，差异即不明显（见表6－13－2）。

表6－13－1　词语选择调查母亲称谓与受教育程度交叉分析

	Value	df	Asymp. Sig.（2-sided）
Pearson Chi-Square	12.493[a]	3	0.006
Likelihood Ratio	12.492	3	0.006
N of Valid Cases	359		

a. 0 cells (.0%) have expected count less than 5. The minimum expected count is 22.16.

表6－13－2　词语选择调查母亲称谓与受教育程度和年龄段多元回归分析

Effect	Model Fitting Criteria	Likelihood Ratio Tests		
	－2 Log Likelihood of Reduced Model	Chi-Square	df	Sig.
Intercept	59.831[a]	0.000	0	0.000
年龄段	103.272	43.442	1	0.000
受教育程度	63.260	3.429	3	0.330

The chi-square statistic is the difference in -2 log-likelihoods between the final model and a reduced model. The reduced model is formed by omitting an effect from the final model. The null hypothesis is that all parameters of that effect are 0.

a. This reduced model is equivalent to the final model because omitting the effect does not increase the degrees of freedom.

第六节　亲属词“儿子”变异分析

一、变项基本情况

亲属词儿子在汉语方言里有不同变体，如伢、崽等，在交通发达、交往频繁的今天，这个亲属词在方言中也有变异现象。在河间方言里，儿子有三个变式：小子、儿、儿子，三个变式均不用于面称。“小子”和“儿”是河间方言的原有变式，“儿子”是后起的与普通话一致的变式。

二、变项基本数据

词语选择调查显示，被调查者选择“儿子”变式的比例最高，达41.5%，“小子”变式比例最低，为21.8%（见表6－2）。读图说词调查的结果是“儿”“小子”比例相似，而1变式“儿子”所占比例最高，达到68.9%，高过词语选择调查中该变式的比例（见表6－3）。

现在来考察分析词语选择调查方式儿子变项的分布及其影响因素。

三、因素分析

（一）居住地

表6－14－1　　词语选择调查亲属词儿子与城乡交叉表①

			城乡		总计
			城镇	乡村	
儿子	0变式	样本数	28	50	78
		百分比	21.4	22.1	21.8
	0变式2	样本数	29	98	127
		百分比	23.0	42.4	35.6
	1变式	样本数	68	80	148
		百分比	54.0	34.6	41.5
	0变式和1变式	样本数	1	3	4
		百分比	0.8	1.3	1.1
总计		样本数	126	231	357
		百分比	100.0	100.0	100.0

表6－14－2　　词语选择调查亲属词儿子与城乡交叉分析

	Value	df	Asymp. Sig. (2-sided)
Pearson Chi-Square	15.992[a]	3	0.001
Likelihood Ratio	16.357	3	0.001
N of Valid Cases	357		

a. 2 cells (25.0%) have expected count less than 5. The minimum expected count is 1.06.

---

① 0变式标记“小子”，0变式2标记“儿”，1变式标记“儿子”，表6－15－1至表6－17－1与此同。

词语选择调查结果显示，城乡因素对亲属词儿子的变式分布影响显著（见表 6－14－1 和表 6－14－2）。城乡的分布差异并不体现在 0 变式“小子”的使用，而是体现在 0 变式 2“儿”和 1 变式“儿子”的使用。城镇被调查者使用 1 变式比例明显超出乡村被调查者。而乡村被调查者使用变式“儿”的比例又明显较城镇被调查者高。

读图说词调查中城乡因素对儿子变式分布的影响不明显。

（二）性别

表 6－15－1　　词语选择调查亲属词儿子与性别交叉表

			性别		总计
			男	女	
儿子	0 变式	样本数	28	50	78
		百分比	21.4	22.1	21.8
	0 变式 2	样本数	63	64	127
		百分比	48.1	28.3	35.6
	1 变式	样本数	37	111	148
		百分比	28.2	49.1	41.5
	0 变式和 1 变式	样本数	3	1	4
		百分比	2.3	0.4	1.1
总计		样本数	131	226	357
		百分比	100.0	100.0	100.0

表 6－15－2　　词语选择调查亲属词儿子与性别交叉分析

	Value	df	Asymp. Sig. (2-sided)
Pearson Chi-Square	20.376[a]	3	0.000
Likelihood Ratio	20.478	3	0.000
N of Valid Cases	357		

a. 2 cells (25.0%) have expected count less than 5. The minimum expected count is 1.47.

词语选择调查统计结果，儿子的不同变式性别分布差异明显（见表 6－15－1 和表 6－15－2）。1 变式比例女性高于男性，0 变式“小子”男女比例大致相当，而 0 变式 2“儿”比例男性高出女性。由此看来，在性别分布上，似乎“儿”和“儿子”两个变式才是真正的此消彼长的竞争关系。

表 6－15－3　　读图说词调查亲属词儿子与性别交叉表

			性别		总计
			男	女	
儿子	0 变式	样本数	22	24	46
		百分比	20.6	13.1	15.9
	0 变式 2	样本数	26	18	44
		百分比	24.3	9.9	15.2
	1 变式	样本数	59	140	199
		百分比	55.1	76.9	68.9
合计		样本数	107	182	289
		百分比	100.0	100.0	100.0

性别因素在读图说词调查中影响显著（见表 6－4）。除了与词语选择调查结果在“儿”、“儿子”两个变式的性别分布趋势相似外，读图说词调查结果的不同之处在于“小子”变式也表现出性别分布差异，女性使用变式“小子”的比例低于男性。性别因素影响新旧变式的使用在此表现得非常明显。

（三）年龄

表 6－16－1　　词语选择调查亲属词儿子与年龄段交叉分析表

			年龄段					总计
			18 岁以下	18—30 岁	31—40 岁	41—50 岁	50 岁以上	
儿子	0 变式	样本数	8	12	25	26	7	78
		百分比	16.3	14.0	24.8	29.9	20.6	21.8
	0 变式 2	样本数	4	28	39	36	20	127
		百分比	8.2	32.6	38.6	41.4	58.8	35.6
	1 变式	样本数	37	45	35	24	7	148
		百分比	75.5	52.3	34.7	27.6	20.6	41.5
	0 变式和 1 变式	样本数	0	1	2	1	0	4
		百分比	0.0	1.2	2.0	1.1	0.0	1.1
总计		样本数	49	86	101	87	34	357
		百分比	100.0	100.0	100.0	100.0	100.0	100.0

表 6－16－2　　词语选择调查亲属词儿子与年龄段交叉分析

	Value	df	Asymp. Sig. (2-sided)
Pearson Chi-Square	49.437[a]	12	0.000
Likelihood Ratio	52.762	12	0.000
N of Valid Cases	357		

a. 5 cells (25.0%) have expected count less than 5. The minimum expected count is .38.

年龄是影响变式分布的强势因素，在亲属词儿子变项上也是如此（见表 6－16－1 和表 6－16－2）。词语选择调查结果呈现的年龄分布规律是：1 变式“儿子”的分布是年龄越高比例越低，0 变式 2“儿”变式则是年龄越高比例越高。0 变式“小子”的分布可以分为两类：30 岁以下年龄段使用 0 变式比例低于 20%，30 岁以上年龄段使用 0 变式比例高于 20%。可以看出 31—50 岁是变异关键期人群，同时使用两种变式的情况也多发生在这个年龄段的群体。相比而言，“小子”似乎并不是参与竞争的主角，变式“儿”和“儿子”的年龄分布更具差异性。

表 6－16－3　　读图说词调查亲属词儿子与年龄段交叉表

			年龄段					总计
			18 岁以下	18—30 岁	31—40 岁	41—50 岁	50 岁以上	
儿子	0 变式	样本数	1	8	12	17	8	46
		百分比	2.6	11.3	16.7	21.5	27.6	15.9
	0 变式 2	样本数	3	8	15	16	2	44
		百分比	7.9	11.3	20.8	20.3	6.9	15.2
	1 变式	样本数	34	55	45	46	19	199
		百分比	89.5	77.5	62.5	58.2	65.5	68.9
总计		样本数	38	71	72	79	29	289
		百分比	100	100	100	100	100	100

从表 6－16－3 看，读图说词调查结果年龄分布的趋势则有所不同：“小子”变式是年龄越大使用比例越高。“儿”、“儿子”两个变式使用并没有与年龄形成明显的连续性分布特征。变式“儿”似乎是与变式“小子”联手与变式“儿子”竞争，但竞争的态势在 41 岁以上年龄段出现分化，“儿”好像在抵销“儿子”的使用比例，没有随年龄增大而

上升，反而掉头下降。

对比图6－7－1和图6－7－2可以直观地看出这种分布差异的不同。

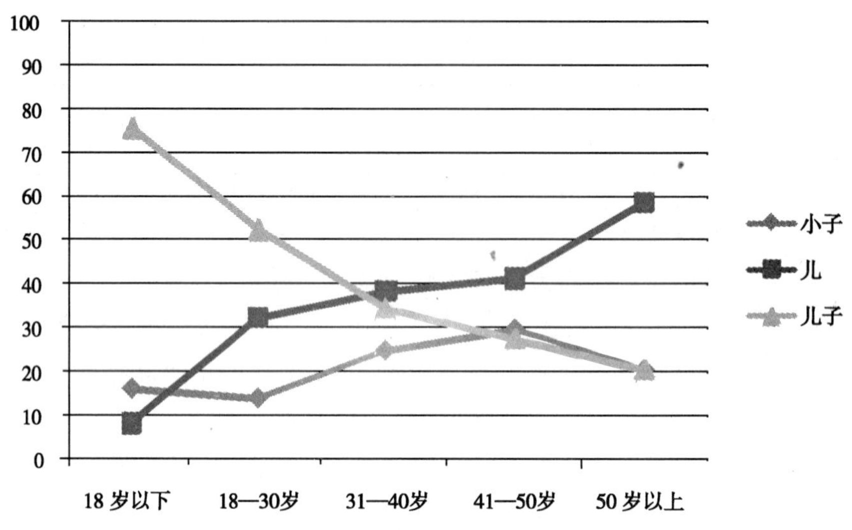

图6－7－1　词语选择调查亲属词儿子及其不同变式使用比例年龄分布

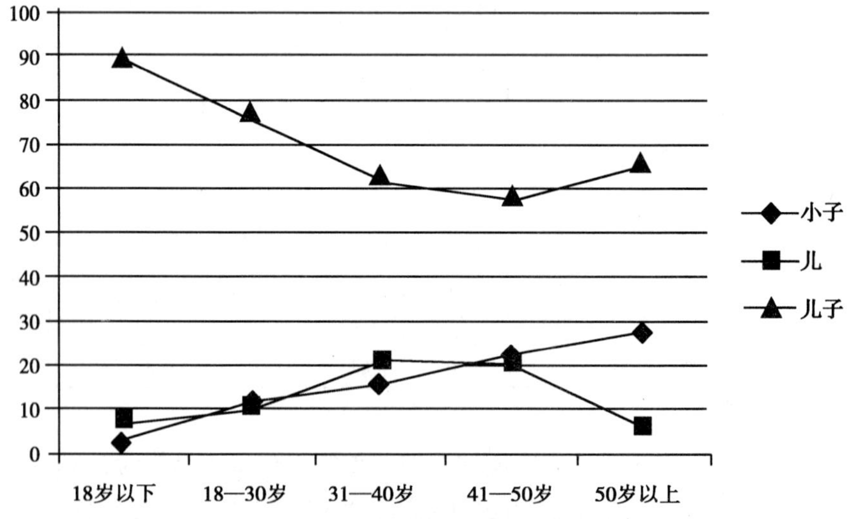

图6－7－2　读图说词调查亲属词儿子及其不同变式使用比例年龄分布

（四）职业

表6－17－1　　　　词语选择调查亲属词儿子与职业交叉表

			职业									总计
			教师	不在业人员	教师以外的专业技术人员	公务员	党群组织负责人及企事业单位负责人	办事人员和有关人员	农、林、牧、渔、水利业生产人员	商业、服务业人员	学生	
儿子	0变式	样本数	7	12	5	8	2	6	7	20	11	78
		百分比	30.4	21.1	15.2	38.1	9.5	35.3	17.1	22.2	20.4	21.8
	0变式2	样本数	4	24	21	3	12	8	19	29	7	127
		百分比	17.4	42.1	63.6	14.3	57.1	47.1	46.3	32.2	13.0	35.6
	1变式	样本数	12	21	7	9	6	3	15	39	36	148
		百分比	52.2	36.8	21.2	42.9	28.6	17.6	36.6	43.3	66.7	41.5
	0变式和1变式	样本数	0	0	0	1	1	0	0	2	0	4
		百分比	0.0	0.0	0.0	4.8	4.8	0.0	0.0	2.2	0.0	1.1
总计		样本数	23	57	33	21	21	17	41	90	54	357
		百分比	100.0	100.0	100.0	100.0	100.0	100.0	100.0	100.0	100.0	100.0

表6－17－2　　　　词语选择调查亲属词儿子与职业交叉分析

	Value	df	Asymp. Sig.（2-sided）
Pearson Chi-Square	57.345[a]	24	0.000
Likelihood Ratio	59.066	24	0.000
N of Valid Cases	357		

a. 12 cells（33.3%）have expected count less than 5. The minimum expected count is .19.

从表6－17－1和表6－17－2看，职业因素影响儿子变式分布，1变式“儿子”使用比例最高的是学生和教师群体，都超过了50%。0变式“小子”使用比例较高的是公务员、办事人员和有关人员群体。但读图说词调查统计显示职业因素对亲属词儿子变项没有显著性影响。

迁徙和受教育程度因素对亲属词儿子变项的影响不显著。

第七节　亲属词变异讨论

中国悠久的宗族社会历史和深厚的民族文化积淀，形成了汉语词汇系统亲属词丰富、发达、复杂的特点，方言与普通话亲属词、方言与方言亲属词存在多种差异。差异是造成词汇变异的原因之一。语言高变体的亲属词、高威望方言的亲属词影响语言低变体、低威望方言，形成方言亲属词向通用语言靠拢，低威望方言亲属词向高威望方言靠拢的趋势。

家庭是社会最基本的细胞，父母、子女是社会最初级、最基本的社会关系，父亲、母亲和儿子、女儿也是语言中最基础的亲属词。方言最基本亲属词的差异是语言变异的反映。本章通过考察父亲、母亲、儿子三个亲属词的变异，展示了河间方言亲属词变化的具体过程，揭示了影响方言亲属词变异的社会因素。

一、关于父亲称谓的变异

河间方言父亲称谓的两个变式“爹”和“爸爸（爸）”均有历史文献记载。如三国魏《广雅·释亲》：“爸，父也”，“爹，父也。”宋《广韵》：“爹，北人呼父也。”《集韵》：“爸，爹，父也。”“吴人呼父曰爸。”清《称谓录》：“爹爹，《四朝闻见录》宋高宗称宋徽宗为爹爹。……盖宋时宫闱中称谓如此，而民间沿袭之也”，“八八 巴巴 爸《正字通》夷语称老者为八八或巴巴，后人加父作爸字。吴人称父曰爸。”“罢罢，关东称父曰罢罢。”由此看来，“爹”和“爸”皆为父亲在各地方言的称谓形式。《河北方言词汇集》记载，亲属词“爹”全省通行，而“爸、爸爸”只在承德地区的承德、滦县、围场、兴隆，天津地区的天津、吴桥、安次，唐山地区的丰润、乐亭、蓟县、唐山、大厂使用。现在，作为亲属词的“爹”在北京话中几近消失，又由于北京话的权威地位，现在在大中城市“爹”已经为“爸爸（爸）”所替代，即使在小城市和广大乡村，“爹”也已经成为带有土旧色彩的亲属词。现在出现的流行词语“坑爹”中的“爹”，与其说是旧词复活，不如说是人们利用这个词的土俗意味来突出自己对社会无良现象的无奈。

二、关于母亲称谓的变异

母亲称谓在河间方言里同样有两个变式：娘、妈（妈妈），普通话和其他方言中也使用这两个变式。口语中称母亲为“妈”据考产生于宋元时期（参见张雅娟《母亲称谓流变考》，《白城师范学院学报》2003 年第 17 卷第 3 期）。《称谓录》在“方言称母”中有“《集韵》、《类篇》并引《广雅》‘妈，母也’，今本《广雅》实无此文，王念孙《疏证》补之。”而呼母为“娘”时间更可以追溯到六朝时期，众所周知的《木兰辞》“爷娘闻女来，出郭相扶将”的“娘”即指母亲。据陈刚《北京人对母亲称谓的演变》（《语文研究》1983 年第 2 期），“妈、娘”在河北省的分布情况大致如下图。

图 6－8　母亲称谓娘、妈变式分布图

（据陈刚 1983 年制图）

据《河北方言词汇集》，“娘”作为母亲称谓词在河北大部分地区通行，而“妈”和“妈妈”只在天津地区的天津、安次、武清，唐山地区的丰润、乐亭、宝坻、玉田、大厂通行。而从陈刚文章图示看，“妈、妈妈”的通行地区明显多于《河北方言词汇集》所说。《河北方言词汇集》的调查资料反映的是1960年左右的情况，陈文反映的是20世纪80年代的情况，20年的时间虽然不可能变化如此之大，但从中也能部分地反映“娘”使用萎缩和“妈（妈妈）”使用扩散的语言演变事实。在反映城市社会生活的影视文艺作品中几乎听不到“娘”的称呼了，少数农村戏也是“妈”多“娘”少。倒是新词语“伪娘”、“度娘”两词在年轻人中很流行，但这里的“娘”已经不是作为亲属词出现了。

三、亲属词变异考察的基本结论

我们对父母亲属词在河间方言分布的考察，也反映了称谓词“爹娘”和“爸妈”的发展趋势。

（1）词表和读图两种调查方式结果显示，地域、年龄、性别因素对亲属词的变式分布均存在显著性影响。

（2）性别差异显示，男性使用方言原有变式的比例高于女性，女性使用与普通话一致的变式比例高于男性。

（3）年龄差异显示，“爹”“娘”作为亲属词使用有快速萎缩的趋势。

（4）同样内容不同调查方式，社会因素对变式的影响不同。父亲、母亲变式的职业分布和受教育程度分布，从词语选择调查结果看不具有显著差异，但从读图调查结果看具有显著差异。

职业因素对女儿变式的影响，词语选择调查和读图调查结果均显示显著，但职业对儿子变式的影响只在词语选择调查方式中显示明显，在读图调查方式中职业分布差异不显著。

词语选择调查，受教育程度因素影响子、女、夫、妻四个亲属词变式的分布。读图调查则显示，受教育程度因素只是影响父亲、妻子两个词的分布。

（5）迁徙因素是影响亲属词变式选择的极弱因素，只是在父亲变项上显示差异明显。

第七章　方言词语变异考察（下）

语言的词汇系统一般分为基本词汇和一般词汇。基本词汇是基本词的总汇。所谓基本词，指那些人们日常生活中最常使用的词。基本词所代表的意义比较稳定，能够为使用这种语言的社会群体所共同理解和使用。基本词汇的稳定性为历时考察提供了条件，而基本词汇的日常性又使社会语言学变异研究考察基本词的社会分布成为可能。因此，社会语言学考察词汇变异情况，往往会把研究的视线聚焦在基本词汇上。

传统方言调查的词汇往往动辄有2000多词条，这是社会语言学变异研究无论如何做不到的。斯瓦迪士（M. Swadesh）1952年曾从印欧语言中挑选出人类语言中最稳定的200个词作为核心词，1955年又从200个核心词中筛选出100个更稳定的核心词。在确定河间方言词汇词语变项的过程中，我们参考了200核心词词表，尽量在基础词汇中选取河间人日常生活中常用的、有代表性的词语作为考察对象。除了前一章已经考察分析的亲属词以外，还考察了时间词、动植物名词、天文现象词、日常用品和食物名词、身体部位名词及其他词语。统计分析时，用0标记河间方言的旧派说法，称为0变式，用1标记与普通话通用词一致的说法，称为1变式。

第一节　方言词语变异概貌

一、基本数据

河间方言词语变异调查词表选取了43个词语，我们分节重点考察分析其中5个不同类别词语的分布和变异规律，对其他38个词语只作整体考察。

根据词语变异统计结果，整体来看，河间方言存在变异现象的38个词语，还是0变式略占优势，被调查者选择习惯常用方言形式的平均比例为59.2%，选择常用通用词语变式的平均比例为38.5%，还有2.3%的比例是同时使用两种变式。38个词语中，被调查者选择0变式比例高出平均比例的有21个词语。

表7－1是词语选择调查的统计结果。观察数据可以发现，不同词语的变异表现不同，38个变项里，被调查者选择0变式的比例从25%到81%，不同词语之间变式选择的差距很大。

我们按照被调查者选择常用0变式比例高低来对词语变项进行分类。

保持方言形式比例70%以上的词语有7个：白薯、舅母、傍晚、玉米、花生、回家、麻雀。这7个词语，被调查者更倾向使用对应的方言变式：山药、妗子、傍黑儿（傍黑子）、棒子、长果儿、家走、大家（大家巧儿）。

选择常用方言变式的比例在60%—70%的词语有12个：明年、中秋节、胡同、聊天、蜻蜓、膝盖、洗（衣服）、蚂蚁、夜里、中午、后背、去年。

选择常用方言变式比例在50%—60%之间的词语有10个：昨天、晚上、肥皂、冰、毛巾、无故、早晨、打火机、拳头、谁。

选择常用方言变式比例为50%以下的词语有9个：手套、鸟、西红柿、香菜、恶心、流星、棉花、故意、脏。“脏”对应的方言形式“碜”只有四分之一的被调查者选择还在常用。在调查中一些低年龄段的被调查者反映不知道“脏”还有“碜”这样的说法。

表7－1　　方言词变项词语选择调查变式比例分布

词语变项	0变式形式	0变式选择比例	1变式选择比例	0变式和1变式并用	有效样本数
白薯	山药	81.3	18.1	0.5	364
舅母	妗子	81.0	18.5	0.6	357
傍晚	傍黑儿（傍黑子）	75.1	23.5	1.4	361
玉米	棒子	75.0	22.3	2.7	364
花生	长果儿	72.8	24.2	3.0	364

续表

词语变项	0 变式形式	0 变式选择比例	1 变式选择比例	0 变式和 1 变式并用	有效样本数
回家	家走	70.4	27.1	2.5	362
麻雀	大家（大家巧儿）	70.1	28.0	2.0	354
明年	过年	68.2	30.4	1.4	355
中秋节	八月十五（八月节）	67.6	2.2	30.2	364
胡同	过道	67.0	31.3	1.7	361
聊天	拉滔儿	66.4	31.4	2.2	357
蜻蜓	麻楞	65.5	33.3	1.1	357
膝盖	胳拉拜	64.8	35.2	0.0	358
洗（衣服）	酬衣裳（酬衣服）	64.0	34.0	2.0	353
蚂蚁	米羊	62.5	35.8	1.7	360
夜里	黑歇	62.3	36.6	1.1	350
中午	晌伙	61.8	36.5	1.7	356
后背	后脊娘	60.7	37.1	2.2	356
去年	头年	60.1	38.8	1.1	348
昨天	夜了个（夜了）	59.9	39.3	0.8	359
晚上	后杭	59.7	38.9	1.4	350
肥皂	胰子	57.7	39.8	2.5	359
冰	凌（冰凌）	57.6	40.7	1.7	351
毛巾	手巾	57.0	41.3	1.7	358
无故	好麻（打）央儿	54.6	43.4	2.1	339
早晨	早起	54.1	43.4	2.5	357
打火机	自来火儿	53.3	44.5	2.3	353
拳头	撇子	52.8	45.6	1.7	358
疑问代词“谁”	hei2	52.5	46.6	0.9	339
手套	手巴掌儿	49.7	49.4	0.8	354
鸟	巧儿	49.4	49.4	1.2	334
西红柿	洋柿子（柿子）	46.6	53.2	0.3	363
香菜	芫荽	45.5	53.6	0.9	345
恶心	反漾（干哕）	45.4	53.7	0.9	339
流星	贼星	44.4	53.8	1.7	351
棉花	娘花	43.7	55.8	0.6	355
故意	得故意地	43.7	53.4	2.9	339
脏	碜 chen3	25.4	73.7	0.9	331

词语选择调查统计结果与读图说词方式调查的结果是否有不同呢？除了用于考察后面要详细分析的“蛇”、“太阳”和“馒头”三词的图片外，还有16张图片用于考察方言词语变异。需要说明的是，因样本有效性因素影响，绝大多数词语变项在读图说词调查中的有效样本数大于其在词语选择调查中的有效样本数（见表7-2）。

表7-2 方言词变项读图说词调查变式比例分布

	0变式使用比例	1变式使用比例	0变式和1变式并用比例	有效样本数
白薯	81.9	17.2	0.9	436
玉米	74.9	23.5	1.6	438
麻雀	72.0	26.6	1.4	293
花生	68.6	29.8	1.6	439
蚂蚁	55.5	41.8	2.7	438
肥皂	51.0	47.6	1.4	429
蜻蜓	48.9	49.1	2.1	438
冰	48.8	49.1	2.1	424
毛巾	47.8	50.6	1.6	435
洗（衣服）	37.6	62.2	0.2	434
鸟	36.7	63.3	—	251
香菜	36.6	61.3	2.1	429
西红柿	31.5	68.0	0.5	438
拳头	27.4	71.7	0.9	427
手套	23.3	75.6	1.2	434
棉花	21.1	77.5	1.4	435

在有对应的读图说词调查方式的16个词语中，多数词语在词语选择调查中使用0变式的比例高出读图说词调查方式中0变式的比例（见表7-3）。“白薯”在两种方式的调查中0变式比例相差无几，且都高居榜首。“玉米”的数据在两种调查方式中也基本相同。使用0变式比例在两种调查方式中差距较大的是洗（衣服）、拳头、手套和棉花，比例相差在20%以上。

表 7－3　方言词变项不同调查方式 0 变式比例

词语变项	词语选择调查	读图说词调查	比例差
白薯	81.3	81.9	－0.6
玉米	75.0	74.9	0.1
花生	72.8	68.6	4.2
麻雀	70.1	72.0	－1.9
蜻蜓	65.5	48.9	16.6
洗（衣服）	64.0	37.6	26.4
蚂蚁	62.5	55.5	7.0
肥皂	57.7	51.0	6.7
冰	57.6	48.8	8.8
毛巾	57.0	47.8	9.2
拳头	52.8	27.4	25.4
手套	49.7	23.3	26.4
鸟	49.4	36.7	12.7
西红柿	46.6	31.5	15.1
香菜	45.5	36.6	8.9
棉花	43.7	21.1	22.6

我们用图可以更直观展现两种调查方式的结果（见图 7－1）。

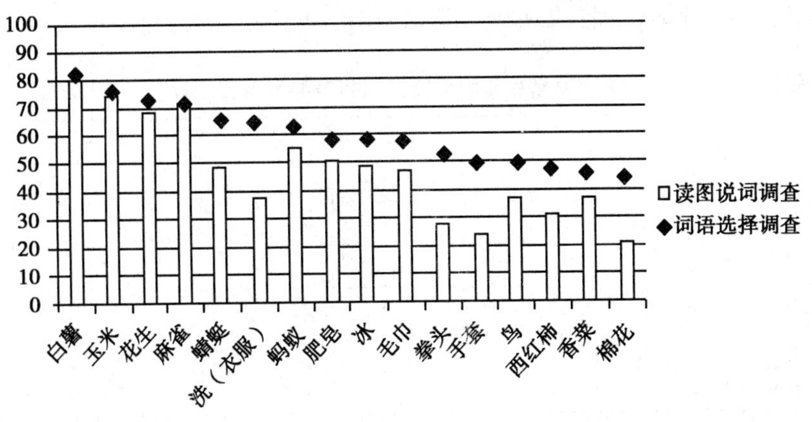

图 7－1　不同调查方式词语变项 0 变式比例对照（%）

这种不一致现象实际上反映了被调查者主观认同方言形式而言语交

际中使用通用形式的客观事实。像“洗（衣服）、拳头、手套、棉花”这样的词语，生活方式的变化和词语本身的雅俗色彩导致河间的年青一代在实际生活中几乎不用它们的0变式“沺、撇子、手巴掌儿、娘花”。

在河间方言里，“洗衣服”的“洗”老派说法是“chou2”。北京方言也有这种说法，现在已经听不到了。陈刚等编《现代北京口语词典》收入这个词，写为“沺”，注释：“洗。只用在‘～干洗净’里”。因为“沺”字不是通用字，在调查时以常见字“酬”代替。“沺”指用手搓洗衣服、手绢等布制品，洗菜、洗碗则不能说“沺”。随着洗衣机的普及，“沺”这个词会逐渐萎缩消失。

拳头，河间方言说“撇子”，比如“攥撇子”。手套，方言说法是“手巴掌儿”，比如“在集上买了副手巴掌儿”。棉花，河间人过去说成“娘花”或者“苗花”。这三个词比较典型，方言色彩浓厚，正因如此，被调查者尽管自报常用的是方言词形式，但其实际话语中为避免方言词语的土俗味道已经改说通用词语形式了。

二、因素分析

方言词语变异受社会因素的影响，这是社会语言学的基本认识，但是通过河间方言词语变异的考察，我们发现，社会因素在不同词语和不同调查方式中的影响不同，有些因素影响显著，而有些因素则影响有限。

表7－4　　词语变项与社会因素交叉分析差异显著性统计①

	城乡		性别		年龄		迁徙		职业		教育	
	词	图	词	图	词	图	词	图	词	图	词	图
白薯	+	－	－	－	+	+	－	+	+	+	+	+
玉米	+	－	+	－	+	+	+	+	+	+	+	+
花生	+	+	－	－	+	+	+	+	+	+	+	+
麻雀	+	－	+	+	+	－	+	－	+	－	+	－
蜻蜓	+	－	+	+	+	+	+	+	+	+	+	+

① 注：表中“词”指词语选择调查方式，“图”指读图说词调查方式。“+”为卡方检验p值小于0.05，“－”为卡方检验p值大于0.05。

续表

	城乡		性别		年龄		迁徙		职业		教育	
	词	图	词	图	词	图	词	图	词	图	词	图
洗（衣服）	+	+	+	+	+	+	+	+	+	+	+	−
蚂蚁	+	−	+	+	+	+	+	−	+	+	+	−
肥皂	+	−	+	+	+	+	+	+	−	−	−	−
冰	+	+	+	+	+	+	+	+	−	−	−	−
毛巾	+	−	+	+	+	+	−	+	−	+	−	−
拳头	+	+	+	+	+	+	+	+	−	−	−	−
手套	+	+	+	+	+	+	+	+	+	−	+	+
鸟	+	−	+	+	+	+	+	−	−	+	−	+
西红柿	+	+	+	+	+	+	+	−	+	+	+	−
香菜	+	−	+	+	+	+	+	+	−	+	+	−
棉花	+	+	+	−	+	+	−	−	+	+	+	−
具有分布差异显著性的词语数	16	7	14	12	16	15	13	11	10	11	11	6

表7－4显示，整体而言，年龄、性别是影响词语变异的最主要因素，而受教育程度、职业则是影响较弱的因素，居住地城乡因素和受教育程度因素在两种调查方式中对词语变异的影响不同。居住地因素和教育因素在词语选择调查中的影响远远大于其在读图说词调查中的影响。

第二节　人称代词“俺”变异分析

一、变项基本情况

据《汉语方言大词典》，“俺”作为第一人称代词，在东北官话、北京官话、冀鲁官话、胶辽官话、中原官话、晋方言、江淮官话、西南官话、吴方言、客家话、闽方言地区都有分布。现在，在汉语的很多方言中如山东、河北、河南、陕西以及东北等地区，“俺”作为方言口语仍然存在，但使用人群正在逐渐缩小。一些影视剧尤其是农村题材的影视作品，往往用“俺”来塑造偏远、落后农村地区的人物形象，而城里人的角色基本不用。从使用频率看，“俺”多用于日常口语中，年龄大的、文化程度低的人用的频率更大；女性使用的频率会大于男性（参见李庆莉《浅谈人称代词“俺”及在山东郯城方言中的使用》，《现代语文》2012 年第 10 期）。

河间方言第一人称代词有“俺、俺们”和“我、我们”及“咱、咱们”几种形式，其中“我（我们）”和“咱（咱们）”与普通话相同。作为汉语方言词，“俺”在河间方言中是陈旧变式（老派读音为“nan3”，新派读音为“an3”），处于与通用语言普通话第一人称代词“我”的竞争状态，存在城乡、年龄及职业等分布差异。我们把“俺”的发音 nan3 和 an3 分别计算，以观察第一人称代词“俺”的变异情况。

二、变项基本数据

人称代词“俺”比较抽象，读图说词调查不易操作，因此变项“俺”的调查只有词语选择调查数据。对“俺”的三个变式的使用频率统计结果如表 7-5-1 和表 7-5-2 所示。

表 7-5-1　　第一人称代词单数变式基本数据①

	样本数	百分比（%）
俺 1	157	42.8
俺 2	44	12.0
我	166	45.2
总计	367	100.0

表 7-5-2　　第一人称代词复数变式基本数据②

	样本数	百分比（%）
俺们 1	179	48.8
俺们 2	43	11.7
我们	145	39.5
总计	367	100.0

① 俺 1 指读音为 nan3 的变式，俺 2 读音为 an3 的变式。

② 俺们 1 指“俺”读音为 nan3 的变式，俺们 2 指“俺”读音为 an3 的变式。

从统计结果看，“俺（俺们）”的使用比例均超过50%，相比“我（我们）”在绝对数量上占据优势。“俺”使用老派读音nan3的比例又远远高于使用新派读音an3的比例。但在不同群体中的分布可能更可以表现二者的发展趋势。

表7－6　　第一人称代词与社会因素交叉分析差异显著性统计

	城乡	性别	年龄	迁徙	职业	受教育程度
第一人称单数	+	－	+	－	+	+
第一人称复数	+	+	+	－	+	+

表7－6分布差异显著性检验结果显示，河间方言第一人称代词在城乡、年龄、职业和受教育程度的分布存在显著差异，但在“是否在外地生活三年以上”这一迁徙因素上没有显著差异。性别方面，第一人称代词的单数和复数的表现则略有不同。第一人称复数代词变式分布的性别差异达到了显著程度，但单数代词的分布差异表现则不太显著。

下面重点考察河间方言影响第一人称单数代词变项不同变式选择的相关因素。为方便计算，我们把“俺”的nan3和an3合并标记为0变式，“我”标记为1变式。

三、因素分析

（一）居住地

表7－7－1　　第一人称单数代词与乡镇交叉表

			乡镇					总计
			瀛州镇	米各庄镇	沙河桥镇	兴村乡	黎民居乡	
第一人称单数	0变式	样本数	36	22	40	10	49	157
		百分比	28.3	29.3	51.3	58.8	70.0	42.8
	1变式	样本数	91	53	38	7	21	210
		百分比	71.7	70.7	48.7	41.2	30.0	57.2
总计		样本数	127	75	78	17	70	367
		百分比	100.0	100.0	100.0	100.0	100.0	100.0

表 7-7-2　　第一人称单数代词与乡镇交叉分析

	Value	df	Asymp. Sig. (2-sided)
Pearson Chi-Square	41.627a	4	0.000
Likelihood Ratio	42.254	4	0.000
N of Valid Cases	367		

a. 0 cells (.0%) have expected count less than 5. The minimum expected count is 7.27.

表7-7-1和表7-7-2显示，不同乡镇，第一人称单数代词的变式分布存在显著差异。这种乡镇间的差异与乡镇的城镇化程度有关。瀛州镇是河间市政府所在地，米各庄镇工商业较发达，二者城镇化程度都较高，这两个镇“俺”变式使用比例最低，而“我”变式比例最高。相反，兴村乡尤其是黎民居乡地处偏远，经济发展相对落后，城镇化水平较低，这两个乡的“俺”变式使用比例较高，而“我”变式比例较低。“俺”的分布差异，与其说是不同乡镇间的差异，不如说是城乡间差异。表7-7-3和表7-7-4证明了这一点。

表 7-7-3　　第一人称单数代词与城乡交叉表

			城乡		总计
			城	乡	
第一人称单数	0 变式	样本数	36	121	157
		百分比	28.3	50.4	42.8
	1 变式	样本数	91	119	210
		百分比	71.7	49.6	57.2
总计		样本数	127	240	367
		百分比	100.0	100.0	100.0

表 7-7-4　　第一人称单数代词与城乡交叉分析

	Value	df	Asymp. Sig. (2-sided)
Pearson Chi-Square	16.527[a]	2	0.000
Likelihood Ratio	16.962	2	0.000
N of Valid Cases	367		

a. 0 cells (0.0%) have expected count less than 5. The minimum expected count is 15.23.

从表中可以看出，城镇被调查者用“我”的比例高于乡村，而乡村被调查者用“俺”的比例高于城镇。而且，这种分布差异达到显著程度。

（二）性别

性别因素的影响表现在，男性用“俺”比例高出女性7个百分点（见表7－8），但卡方检验结果显示，性别分布差异未达显著程度。

表7－8　　第一人称单数代词与性别交叉表

			性别		总计
			男	女	
第一人称单数	0变式	样本数	65	92	157
		百分比	47.4	40.0	42.8
	1变式	样本数	72	138	210
		百分比	52.6	60.0	57.2
总计		样本数	137	230	367
		百分比	100.0	100.0	100.0

（三）年龄

年龄因素是影响词语“俺”变异的重要因素之一，请看表7－9－1和表7－9－2。

表7－9－1　　第一人称单数代词与年龄交叉表

			年龄段					总计
			18岁以下	18—30岁	31—40岁	41—50岁	50岁以上	
第一人称单数	0变式	样本数	9	33	48	43	24	157
		百分比	18.4	37.1	46.6	46.7	70.6	42.8
	1变式	样本数	40	56	55	49	10	210
		百分比	81.6	62.9	53.4	53.3	29.4	57.2
总计		样本数	49	89	103	92	34	367
		百分比	100.0	100.0	100.0	100.0	100.0	100.0

表7－9－2　　第一人称单数代词与年龄交叉分析

	Value	df	Asymp. Sig. (2-sided)
Pearson Chi-Square	25.056[a]	4	0.000
Likelihood Ratio	26.329	4	0.000
N of Valid Cases	367		

a. 0 cells (.0) have expected count less than 5. The minimum expected count is 14.54.

随着年龄的增长，“俺”的使用比例升高，“我”的使用比例降低；相反，年龄越小，“俺”的使用比例也越低，“我”的使用比例升高。“俺”和“我”这种年龄分布用图 7 - 2 可以更直观地反映出来。

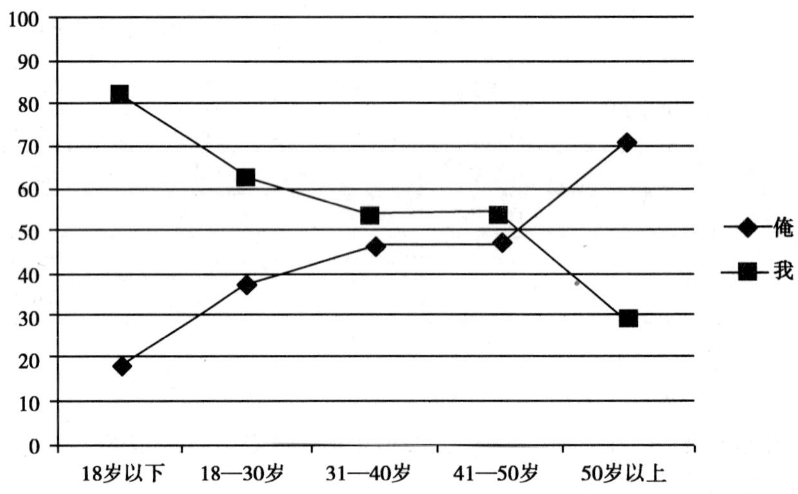

图 7 - 2　第一人称单数代词“俺”和“我”使用比例的年龄分布图（%）

可以看到，18 岁以下年龄段和 50 岁以上年龄段在“俺”使用比例上的巨大差异，而低年龄段的变式选择代表着变异的方向即代词“俺”向代词“我”靠拢。

（四）职业

职业是体现被调查者社会地位和社会阶层的主要指标，词语选择可能会受职业影响，不同职业选择的词语变式不同，变式分布表现出差异性。河间方言第一人称单数代词的变式选择也存在职业分布显著差异（见表 7 - 10 - 1 和表 7 - 10 - 2）。

表 7－10－1　　第一人称单数代词与职业交叉表

			职业									总计
			教师	不在业人员	教师以外的专业技术人员	公务员	党群组织负责人及企事业单位负责人	办事人员和有关人员	农、林、牧、渔、水利业生产人员	商业、服务业人员	学生	
第一人称单数	0 变式	样本数	5	27	21	10	14	12	18	37	13	157
		百分比	21.7	45.0	63.6	47.6	60.9	70.6	41.9	39.8	24.1	42.8
	1 变式	样本数	18	33	12	11	9	5	25	56	41	210
		百分比	78.3	55.0	36.4	52.4	39.1	29.4	58.1	60.2	75.9	57.2
总计		样本数	23	60	33	21	23	17	43	93	54	367
		百分比	100.0	100.0	100.0	100.0	100.0	100.0	100.0	100.0	100.0	100.0

表 7－10－2　　第一人称单数代词与职业交叉分析

	Value	df	Asymp. Sig.（2-sided）
Pearson Chi-Square	26.865[a]	8	0.001
Likelihood Ratio	27.624	8	0.001
N of Valid Cases	367		

a. 0 cells (.0) have expected count less than 5. The minimum expected count is 7.27.

教师以外的专业技术人员、党群组织负责人及企事业单位负责人、办事人员和有关人员三个群体选择 0 变式“俺”的比例均在 60% 以上，明显高出其他职业群体；教师和学生群体使用“俺”比例最低，只有 20% 左右。

教师、学生、商业、服务业人员和农、林、牧、渔、水利业生产人员四个群体使用变式“我”的比例超过 50%。农、林、牧、渔、水利业生产人员的高比例“我”变式使用情况比较出乎意料。按照一般规律和人们的普遍感受，这个群体的方言保持程度应该高于其他群体，使用低声望不规范变式的比例高，而使用高声望规范变式的比例应该低于其他群体。

但这种“反常”现象不只存在于我们的研究，很多社会语言学研究中都曾出现类似情况。为解释这些“反常”，社会语言学提出了“语言不安全感”理论。语言不安全感理论认为，当说话人觉得自己的说话方式不符合标准形式，而且也知道标准形式应该是什么样的时候，就有可能会产生语言的不安全感，具体表现为“自报偏高”现象、“超越模式”以及“矫枉过正”现象。“自报偏高”指的是发音是非标准、非规范形式的人，认为自己发的音是标准规范形式，即高估了自己的发音情况。“超越模式”指的是，中下阶层的人为了表现自己掌握了有声望的语言变式，话语中的标准音出现次数超越了中上阶层的人。

虽然这些概念概括的是西方社会语言学研究中的语音变异现象，但也可以借鉴来解释我们方言研究中的词语变异现象。

当然，词语变异中的这种“非常态”只是被调查者接受调查时的状态，也许并不反映语言变异的真实情况。

方言第一人称单数代词“俺”带有标记性特征，一般不出现在正式语体中，在较高阶层人群中出现比例较低。农、林、牧、渔、水利业生产人员群体，因为生活环境、受教育程度等处于较低的社会阶层，容易产生语言不安全感。在明确知道“俺”为方言“土”词、“我”为通用语词的情况下，他们在调查时更倾向报告说，他们平时最常用的是规范标准的第一人称代词“我”而不是土气的方言词“俺”。

（五）受教育程度

表 7－11－1　　第一人称单数代词与受教育程度交叉表

			受教育程度				总计
			小学	初中	高中（包括中专）	大专及以上	
第一人称单数	0 变式	样本数	13	68	53	23	157
		百分比	25.5	42.8	55.2	37.7	42.8
	1 变式	样本数	38	91	43	38	210
		百分比	74.5	57.2	44.8	62.3	57.2
总计		样本数	51	159	96	61	367
		百分比	100.0	100.0	100.0	100.0	100.0

表 7－11－2　　第一人称单数代词与受教育程度交叉分析

	Value	df	Asymp. Sig. (2-sided)
Pearson Chi-Square	12.928[a]	3	0.005
Likelihood Ratio	13.228	3	0.004

续表

	Value	df	Asymp. Sig. (2-sided)
N of Valid Cases	367		

a. 0 cells (.0) have expected count less than 5. The minimum expected count is 21.82.

从表7-11-1和表7-11-2看，第一人称单数代词变式选择受教育程度影响，分布差异明显。小学到高中受教育程度越高，方言变式“俺”选择使用比例越低；受教育程度越低，通用词“我”选择使用比例越高。而大专及以上群体的0变式使用比例低于初中、高中群体，似乎不合乎分布规律。但与这个群体从事职业和生活环境等因素综合分析的话，其少用土气的“俺”也属正常。

与年龄段进行多元回归分析后，第一人称单数代词变式受教育程度分布的显著性依然存在。

综上分析，河间方言第一人称单数代词的选择使用与地域、年龄、职业和受教育程度有关，0变式“俺”的分布规律是：城镇选择使用比例低，乡村选择使用比例高；年龄越大，选择使用比例越高；从小学到高中，受教育程度越低，选择使用比例越高；学生、教师、商业服务业人员三个群体选择使用比例低于其他群体。相反的，1变式“我”的分布规律则是：乡村选择使用比例低，城镇选择使用比例高；年龄越小，选择使用比例越高；从小学到高中，受教育程度越高，选择使用比例也越高；学生、教师、商业服务业人员三个群体选择使用比例高于其他群体。迁徙、性别两个因素对第一人称单数代词的选择使用没有明显影响。

从影响河间方言第一人称单数代词选择使用的因素分析来看，方言词“俺”在竞争中处于劣势，具有使用萎缩的压力。这种面临使用消退的压力，一方面来自言语社团内部，另一方面也来自外部的语言生活的大环境。

从言语社团内部看，通用语“我”选择使用的年龄优势，教师、商业服务业人员群体语言使用的巨大社会影响力，城镇生活对周围乡村的强大吸引力，都使“我”在和“俺”的竞争中优势大增，而“俺”在“我”的扩散波下看起来几无胜算。但也需注意的是，支撑方言词“俺”使用的人群，公务员、党群组织负责人及企事业单位负责人、办事人员和有关人员都是社会阶层中社会声望较高的群体。在年龄段上，属于社会工作生活中坚力量的31—40岁和41—50岁两个年龄段的被调查者，使用“我”的比例还低于60%。由此可见，方言词“俺”的变异发展尽管不乐观，但也不会很快萎缩。

从语言生活的大环境看，在信息化、城镇化以及工业化的大背景下，普通话作为国家通用语言，其普及程度会越来越高，普通话与方言功能分用，共同作为国民语言交际工具，会成为国家语言生活的常态。随着能用普通话与他人交流的人越来越多，方言在和普通话的接触中受其影响不可避免，产生变异现象会越来越普遍。北方方言作为普通话词汇的基础方言，方言中的“异类”在普通话的影响下产生变异和消退是不可避免的。对变异、消退的因素和过程进行描写和分析，正是中国社会语言学词汇变异研究的魅力所在。

第三节　时间词“头年”变异分析

一、变项基本情况

在河间方言里，“头年”是两个时间词的同一书面形式，一个是指春节来临前的一段时间，比如可以说“头年了，家家儿都在备年货儿”。另一个就是指去年，比如说“她头年结婚，今年就有孩子了”。两个词的区别在于有无轻声，前者没有轻声，后者的词重音在“头”上，“头”变去声，“年”为轻声。后者才是我们要考察的内容。

时间词“头年”在河间方言有两个变式：“头年”和“去年”，其中“头年”是方言的老派说法，我们标记为0变式，“去年”是新派说法，标记为1变式。

《汉语方言地图集》（词汇卷）标记河间方言点为说“去年”而不说“头年”，但语言使用的实际情况是，和北京、故城一样，河间人“头年”、“去年”都说。从方言角度说，河间与周围的徐水、黄骅、武强一样是用“头年”的。之所以不一致，可能与调查方法有关，也表明了河间方言词“头年”正处于变异状态。

我们从调查的统计结果考察其具体变异情况。因为是抽象的时间词，不适宜用读图说词方式调查。下面的分析数据来自词语选择调查。

二、变项基本数据

"头年"在使用比例上是占有优势的。在 348 个样本中，使用"头年"的比例占 60.1%，使用"去年"的比例占 38.8%，二者都使用的占 1.1%（见表 7－12）。

表 7－12　　方言词"头年"不同变式分布

	0 变式	1 变式	0 变式、1 变式并用	总计
样本数	209	135	4	348
百分比	60.1	38.8	1.1	100

如果从不同因素的分布差异去分析这种优势，可以更为清晰地把握方言词"头年"的变异层次和方向。

表 7－13　　方言词"头年"不同变式的因素分布

因素		0 变式	1 变式	0 变式、1 变式并用	合计	卡方检验 Asymp. Sig. (2-sided)
居住地	城	47.6	50.8	1.6	100.0	0.002
	乡	67.1	32.0	0.9	100.0	
性别	男	72.1	26.4	1.6	100.0	0.001
	女	53.0	46.1	0.9	100.0	
年龄	18 岁以下	33.3	66.7	0.0	100.0	0.000
	18—30 岁	54.1	44.7	1.2	100.0	
	31—40 岁	60.0	38.9	1.1	100.0	
	41—50 岁	71.9	27.0	1.1	100.0	
	50 岁以上	83.9	12.9	3.2	100.0	
迁徙	是	53.2	46.8	0.0	100.0	0.377
	否	61.1	37.5	1.3	100.0	

续表

因素		0 变式	1 变式	0 变式、1 变式并用	合计	卡方检验 Asymp. Sig. (2-sided)
职业	教师	56.5	43.5	0.0	100.0	0.061
	不在业人员	67.3	32.7	0.0	100.0	
	教师以外的专业技术人员	71.9	25.0	3.1	100.0	
	公务员	55.0	45.0	0.0	100.0	
	党群组织负责人及企事业单位负责人	78.3	21.7	0.0	100.0	
	办事人员和有关人员	82.4	17.6	0.0	100.0	
	农、林、牧、渔、水利业生产人员	55.0	42.5	2.5	100.0	
	商业、服务业人员	58.8	38.8	2.4	100.0	
	学生	39.6	60.4	0.0	100.0	
受教育程度	小学	40.4	59.6	0.0	100.0	0.064
	初中	62.8	36.5	0.7	100.0	
	高中（包括中专）	65.6	32.3	2.2	100.0	
	大专及以上	60.0	38.3	1.7	100.0	

由表 7－13 可以看出，迁徙、职业、受教育程度因素的卡方检验 P 值均大于 0.05，表明时间词“头年”的变式在这三个因素的分布没有显著性差异。

三、因素分析

方言词“头年”在地域、性别、年龄的分布存在显著差异（见表 7－13）。

城镇被调查者说“头年”的比例有 47.6%，而在乡村，这个比例则高达 67.1%。由此可见，城镇是新派形式“去年”扩散的引领者。

性别分布呈现出男性 0 变式“头年”使用比例高于女性、1 变式

“去年”使用比例低于女性的特点。与社会语言学男性语言使用趋于保守而女性更偏于规范的规律相吻合。

“头年”变式在年龄上的分布是年龄越小，使用比例越低，年龄越大，使用比例越高。而“去年”使用比例在50岁以上人群中使用比例只有12.9%，但在低年龄段人群呈现优势，高达66.7%。这种年龄分布用图7－3可以更直观地反映出来。二者的巨大差异也预示着时间词“头年”和“去年”两个变式的消长趋势：方言词“头年”将在河间方言中逐渐衰落，通用语词“去年”的使用会越来越广泛。

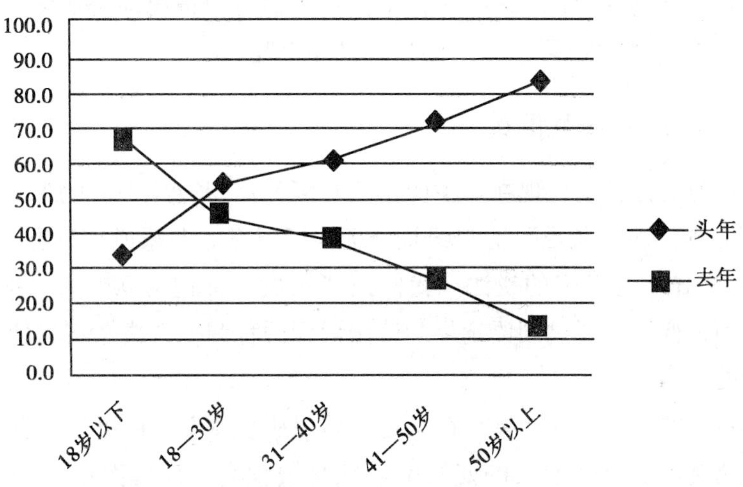

图7－3　方言词“头年”不同变式年龄分布趋势（%）

据《汉语方言地图集》（词汇卷）的调查结果，在全国，时间词“去年”有30多种说法，其中“去年”、“旧年”、“年时”使用地区较广泛。相比而言，“头年”的说法只集中在山东、河北及东北的一些调查点。按《现代汉语词典》，头年有两个义项，一是指头一年，二是指去年或上一年。从词义色彩上说，书面语只使用“去年”，“头年”则偏口语化。国家语委现代汉语语料库2000万字查询结果显示，“去年”用例1245条，“头年”用例0条。由此也可以看出“头年”、“去年”二者并不完全等义。在河间方言的调查中，尽管从绝对数量上看，与“去年”相比，变式“头年”的说法在河间方言中占优势，但通过以上对其分布的考察，我们可以看到“头年”的占优只是表面的和暂时的，产生衰退乃至消失也是可预见的。

第四节　动物名词“长虫”变异分析

语言变化有一种发展趋势是随着社会的教育普及以及由于人们语言表达的趋雅心理，口语的语音词汇形式使用范围会慢慢缩小，而书面的语音词汇逐渐扩大进入口语，发生口语形式和书面形式的叠置和共存现象，语音的叠置形成文白异读，词汇的共存形成变异，出现口语词被书面语词取代的现象。“头年”和“去年”的竞争情况即是如此。那口语词“长虫”和通用词“蛇”的情况又如何呢？

一、变项基本情况

在河间方言里，现在对蛇的叫法有两种：“长虫”和“蛇”。《现代汉语词典》注“长虫”为口语词，而河间方言的老派说法只有“长虫”一种，“蛇”是后来的说法。我们把“长虫”标记为0变式，把“蛇”标记为1变式，通过词语选择和读图说词两种调查方式考察其使用和变异情况。

两种方式的调查结果存在一定差异。从总体看，词语选择调查方式中被调查者在保守形式的变式上往往自报偏高，而读图说词调查方式中，被调查者又往往偏于用正式词语的表达方式。我们的分析以词语选择的统计结果为主，辅以读图说词方式的调查数据。

二、变项基本数据

从使用比例看，口语词“长虫”是占有优势的（见表7-14）。词语选择调查中，有66.8%的被调查者平时只使用“长虫”，而只使用“蛇”的只占30.5%。读图说词调查中，有53%的被调查者称“长虫”，43.7%的被调查者称“蛇”。

表7－14　　动物名词"长虫"不同变式分布

调查方式	统计结果	0变式"长虫"	1变式"蛇"	0变式和1变式并用	总计
词语选择	样本数	241	110	10	361
	百分比	66.8	30.5	2.8	100.0
读图说词	样本数	194	160	12	366
	百分比	53.0	43.7	3.3	100.0

使用口语词还是书面语词，受哪些因素影响呢？请看表7－15。

表7－15　　动物名词"长虫"不同变式的因素分布

因素		词语选择调查				卡方检验 Asymp. Sig.(2-sided)	
		0变式百分比	并用百分比	1变式百分比	总计	词语选择	读图说词
居住地	城	57.5	4.7	37.8	100.0	0.013	0.060
	乡	71.8	1.7	26.5	100.0		
性别	男	77.8	5.2	17.0	100.0	0.000	0.119
	女	60.2	1.3	38.5	100.0		
年龄段	18岁以下	28.6	0.0	71.4	100.0	0.000	0.000
	18—30岁	56.3	3.4	40.2	100.0		
	31—40岁	75.2	3.0	21.8	100.0		
	41—50岁	78.9	2.2	18.9	100.0		
	50岁以上	91.2	5.9	2.9	100.0		
迁徙	是	51.1	6.4	42.6	100.0	0.028	0.046
	否	69.1	2.2	28.7	100.0		
职业	教师	59.1	0.0	40.9	100.0	0.000	0.000
	不在业人员	70.0	5.0	25.0	100.0		
	教师以外的专业技术人员	78.8	3.0	18.2	100.0		
	公务员	57.1	4.8	38.1	100.0		
	党群组织负责人及企事业单位负责人	90.9	0.0	9.1	100.0		
	办事人员和有关人员	82.4	0.0	17.6	100.0		
	农、林、牧、渔、水利业生产人员	69.0	2.4	28.6	100.0		
	商业、服务业人员	72.2	4.4	23.3	100.0		
	学生	37.0	0.0	63.0	100.0		

续表

因素		词语选择调查				卡方检验 Asymp. Sig.（2-sided）	
		0 变式百分比	并用百分比	1 变式百分比	总计	词语选择	读图说词
受教育程度	小学	35.3	0.0	64.7	100.0	0.000	0.010
	初中	72.1	2.6	25.3	100.0		
	高中（包括中专）	75.0	5.2	19.8	100.0		
	大专及以上	66.7	1.7	31.7	100.0		

从表 7－15 看“长虫”的分布在词语选择方式调查中，在居住地、性别、年龄、职业和受教育程度上，均存在明显差异。而在读图说词方式的调查中，地域和性别因素的分布差异不显著。

三、因素分析

在读图说词调查中，城乡的分布略有差异，但不具有显著性。居住地因素在词语选择调查中影响更为明显。数据显示，城乡使用口语词“长虫”的比例相差 14 个百分点，乡村使用“长虫”的比例明显高出城镇，使用“蛇”的比例低于城镇。差异具体表现为：乡村单用口语变式“长虫”比例高于城镇，城镇并用“长虫”和“蛇”两种变式的比例高于乡村。而无论乡村还是城镇，单用 1 变式“蛇”的比例基本相同，低于 50%。

从词语选择和读图说词调查结果看，城里人和乡下人在使用动物名称“蛇”上，并不像他们自己认为的有那么大的差距。

表 7－16　词语选择和读图说词调查“长虫”不同变式性别分布比例（%）

调查方式	性别	0 变式	1 变式	0 变式、1 变式并用	总计
词语选择	男	77.8	17.0	5.2	100.0
	女	60.2	38.5	1.3	100.0
	总计	66.8	30.5	2.8	100.0
读图说词	男	59.6	36.8	3.7	100.0
	女	49.1	47.8	3.0	100.0
	总计	53.0	43.7	3.3	100.0

（一）性别

尽管在“蛇”的读图说词调查数据统计中，性别上的差异是男性用“长虫”比例高出女性10%，用“蛇”比例低于女性11%，但卡方检验显示分布差异不明显。而在词语选择调查中性别分布差异显著，具体表现在，男性使用口语词“长虫”比例高出女性17%，通用词“蛇”的使用比例比女性低19%。

男女在词语使用上的差异再次证明了女性语言趋于规范和标准、男性更偏向保守传统的规律。

（二）年龄

“蛇”在年龄上的分布差异非常显著。

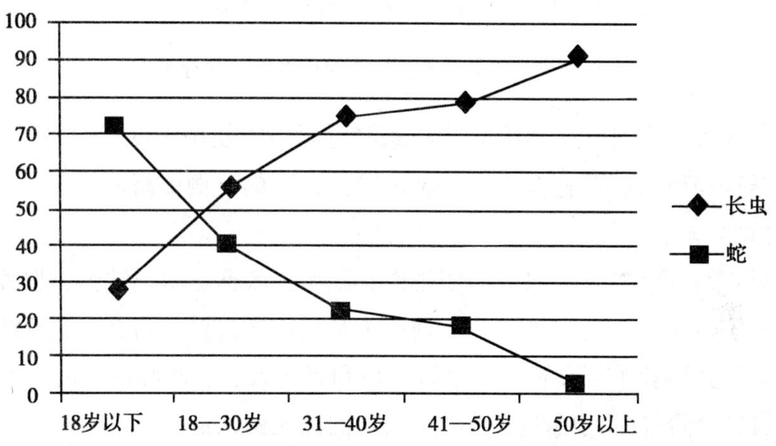

图7-4　“长虫”不同变式使用比例年龄分布（%）

在词语选择和读图说词这两种调查方式中，均存在年龄越大0变式“长虫”的使用比例越高、年龄越小使用1变式比例越高的趋势。在词语选择方式的调查中，18岁以下和50岁以上两个年龄段1变式“蛇”使用比例相差将近69%，反映了“蛇”变式在河间语言生活中年龄上的巨大差异。另外，在50岁以上年龄段，两种调查方式的差距较其他年龄段要大，显示了高年龄段人群自报口语使用和实际语言使用差距比较大（见图7-5）。

（三）迁徙

“是否在外地生活三年以上”的迁徙经历与“蛇”一词的使用有关

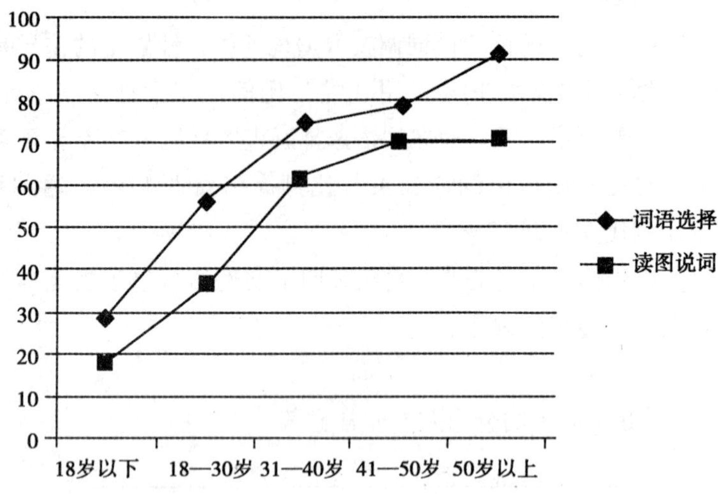

图7-5 0变式“长虫”使用比例的年龄分布

系。具体表现在有迁徙经历的被调查者更倾向于使用1变式“蛇”，而没有迁徙经历的被调查者使用0变式“长虫”的比例更高。

（四）职业

职业因素对词语“蛇”的使用也有影响。数据显示，学生、教师和公务员群体使用1变式“蛇”比例高于其他职业人群。相反，党群组织负责人及企事业单位负责人、办事人员和有关人员、教师以外的专业技术人员三个群体是使用0变式“长虫”的高比例人群。

（五）受教育程度

受教育程度对“蛇”一词分布的影响体现在，初中和高中（包括中专）程度的人群使用0变式“长虫”的比例高于小学和大专及以上受教育程度人群。小学程度人群使用“长虫”的比例低于其他程度人群。这与调查样本中有小学生有关。受教育程度与年龄段多元回归检验结果显示，受教育程度的分布差异未达显著程度。

综合考察“蛇”的变异，可以看出，变式“长虫”在使用上还处于优势，尽管在地域、年龄等因素上，“长虫”略占下风，但在口语中“长虫”和“蛇”将会长期并存，“长虫”不会在短时间内萎缩。

从“蛇”在《汉语方言地图集》（词汇卷）的分布看，说“长虫”的区域占据东北三省、河北、河南、山东、江苏北部、湖北北部、陕西大部、宁夏南部、甘肃东部、四川、云南部分地区，说“蛇”的区域主要集中于长江以南地区、山西大部和陕北、甘肃及其他地方的个别地区。“长虫”使用区域如此之大也决定了它不会快速萎缩。另外，“长虫”在语用中所具有的避讳含义，也是构成其生命力的因素。但通用词“蛇”借助教育、传媒等系统扩散的威力也很巨大，经过较长时间的并存阶段，“蛇”的使用范围是有可能扩散到口语中并替代“长虫”的。

第五节　天文现象方言词“爷爷儿”变异分析

一、变项基本情况

“太阳”在河间方言中有两个叫法：爷爷儿、太阳。“爷爷儿”是老派说法，记为0变式，“太阳”是新派说法，记为1变式。调查中一些被调查者反映，现在说“爷爷儿”的人越来越少了，而说“太阳”的人越来越多。这是方言区人的个人感觉，而实际情况如何，什么人说“爷爷儿”，哪些人说“太阳”，方言词“爷爷儿”的前景又如何，会不会被“太阳”代替？这些问题，我们尝试通过分析研究调查数据来回答。

二、变项基本数据

看表7－17，词语选择调查数据显示，使用“爷爷儿”的被调查者比例是43.6%，而使用“太阳”的比例为56.4%，超过了50%。读图说词调查结果发现，在被调查者的实际语言使用中，“太阳”的使用比例已经超过70%，只有不到30%的被调查者在使用“爷爷儿”。

表7－17　　方言词“爷爷儿”不同变式分布

调查方式		0变式	1变式	0变式和1变式并用	总计
词语选择	样本数	146	189	0	335
	百分比	43.6	56.4	0	100.0
读图说词	样本数	95	251	7	353
	百分比	26.9	71.1	2.0	100.0

表7－18显示，从“太阳”的因素分布差异看，影响“太阳”变式使用的因素有居住地、年龄、职业、受教育程度，其变式在这四个因素上的分布存在显著性差异。性别和迁徙因素对分布的影响不太明显。

表7－18　方言词“爷爷儿”不同变式使用比例和因素分布显著性检验

<table>
<tr><th colspan="2" rowspan="2">因素</th><th colspan="3">词语选择调查</th><th colspan="2">卡方检验 Asymp. Sig.（2-sided）</th></tr>
<tr><th>0 变式</th><th>1 变式</th><th>总计</th><th>词语选择</th><th>读图说词</th></tr>
<tr><td rowspan="2">居住地</td><td>城</td><td>25.6</td><td>74.4</td><td>100.0</td><td rowspan="2">0.000</td><td rowspan="2">0.001</td></tr>
<tr><td>乡</td><td>53.2</td><td>46.8</td><td>100.0</td></tr>
<tr><td rowspan="2">性别</td><td>男</td><td>50.4</td><td>49.6</td><td>100.0</td><td rowspan="2">0.052</td><td rowspan="2">0.466</td></tr>
<tr><td>女</td><td>39.5</td><td>60.5</td><td>100.0</td></tr>
<tr><td rowspan="5">年龄段</td><td>18 岁以下</td><td>19.6</td><td>80.4</td><td>100.0</td><td rowspan="5">0.002</td><td rowspan="5">0.027</td></tr>
<tr><td>18—30 岁</td><td>39.8</td><td>60.2</td><td>100.0</td></tr>
<tr><td>31—40 岁</td><td>49.0</td><td>51.0</td><td>100.0</td></tr>
<tr><td>41—50 岁</td><td>48.1</td><td>51.9</td><td>100.0</td></tr>
<tr><td>50 岁以上</td><td>62.1</td><td>37.9</td><td>100.0</td></tr>
<tr><td rowspan="2">迁徙</td><td>是</td><td>31.1</td><td>68.9</td><td>100.0</td><td rowspan="2">0.070</td><td rowspan="2">0.116</td></tr>
<tr><td>否</td><td>45.5</td><td>54.5</td><td>100.0</td></tr>
<tr><td rowspan="9">职业</td><td>教师</td><td>52.4</td><td>47.6</td><td>100.0</td><td rowspan="9">0.004</td><td rowspan="9">0.004</td></tr>
<tr><td>不在业人员</td><td>54.9</td><td>45.1</td><td>100.0</td></tr>
<tr><td>教师以外的专业技术人员</td><td>58.1</td><td>41.9</td><td>100.0</td></tr>
<tr><td>公务员</td><td>35.0</td><td>65.0</td><td>100.0</td></tr>
<tr><td>党群组织负责人及企事业单位负责人</td><td>61.9</td><td>38.1</td><td>100.0</td></tr>
<tr><td>办事人员和有关人员</td><td>71.4</td><td>28.6</td><td>100.0</td></tr>
<tr><td>农、林、牧、渔、水利业生产人员</td><td>33.3</td><td>66.7</td><td>100.0</td></tr>
<tr><td>商业、服务业人员</td><td>36.8</td><td>63.2</td><td>100.0</td></tr>
<tr><td>学生</td><td>27.5</td><td>72.5</td><td>100.0</td></tr>
<tr><td rowspan="4">受教育程度</td><td>小学</td><td>24.4</td><td>75.6</td><td>100.0</td><td rowspan="4">0.028</td><td rowspan="4">0.002</td></tr>
<tr><td>初中</td><td>44.1</td><td>55.9</td><td>100.0</td></tr>
<tr><td>高中（包括中专）</td><td>51.7</td><td>48.3</td><td>100.0</td></tr>
<tr><td>大专及以上</td><td>44.8</td><td>55.2</td><td>100.0</td></tr>
</table>

三、因素分析

（一）地域

地域差异体现在，城镇被调查者“太阳”的使用比例比乡村高，乡村“爷爷儿”使用比例比城镇高。不同地域的被调查者在对太阳的叫法上有显著差异。

（二）年龄

年龄分布的差异明显表现在，50 岁以上年龄段说“爷爷儿”的比例有 62.1%，而 18 岁以下年龄段说“爷爷儿”的比例只有 19.6%。方言词“爷爷儿”的年龄分布呈现年龄越小使用比例也越小的趋势，这种年龄分布趋势通过图示表现会更直观（见图 7－6）。

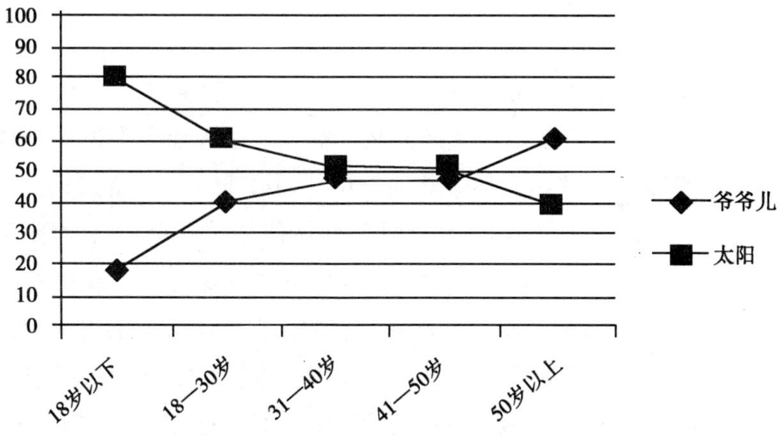

图 7－6　词语选择调查“爷爷儿”不同变式使用比例年龄分布

从词语选择调查的统计结果看，如果说 0 变式“爷爷儿”在 50 岁以上年龄段还比 1 变式“太阳”占有优势、在 31—40 岁和 41—50 岁两个年龄段还能和“太阳”势均力敌的话，那么在 18—30 岁年龄段“爷爷儿”作为方言词已经显露颓势，在 18 岁以下年龄段则败局已定。通用语词“太阳”的年龄优势基本决定了方言词“爷爷儿”在未来几无生存空间。这一发展趋势在读图说词调查中表现得更为明显。

读图说词调查结果显示（见表 7－19），在 18 岁以下年龄段使用“太阳”的比例已经超过 90%，在其他年龄段，使用“爷爷儿”的比例也已经不到40%。

表7-19 读图说词调查“爷爷儿”不同变式年龄交叉分布

			18岁以下	18—30岁	31—40岁	41—50岁	50岁以上	总计
爷爷	0变式	样本数	3	19	35	28	10	95
		百分比	6.1	22.9	36.5	30.8	29.4	26.9
	1变式	样本数	45	62	60	61	23	251
		百分比	91.8	74.7	62.5	67.0	67.6	71.1
	0变式和1变式并用	样本数	1	2	1	2	1	7
		百分比	2.0	2.4	1.0	2.2	2.9	2.0
	总数	样本数	49	83	96	91	34	353
		百分比	100.0	100.0	100.0	100.0	100.0	100.0

（三）职业

词语选择调查结果显示“太阳”的职业分布差异是：学生、公务员、农、林、牧、渔、水利业生产人员、商业、服务业人员四个群体使用0变式“爷爷儿”的比例低于其他群体，而办事人员和有关人员、党群组织负责人及企事业单位负责人两个群体使用“爷爷儿”的比例高于其他群体。从图7-7看，在读图说词调查中，变式的职业分布与词语选择调查结果比较虽然基本趋势是一致的，但所有职业使用“太阳”的比例都或多或少高出词语选择调查的比例。这反映了被调查者对词语使用的自我认知与现实表现的差异，普遍存在着对方言词“爷爷儿”的潜意识情感认同和语言生活中使用通用语词“太阳”的语言偏好的事实之间的矛盾。

（四）受教育程度

天文词“太阳”的使用在受教育程度的分布上有显著性差异。但与年龄作多元回归分析后，受教育程度的分布差异不显著。

性别和迁徙因素分布差异不具有显著性。

据《汉语方言地图集》（词汇卷）的标示，关于太阳的说法近40种，而标示说“爷爷儿”的区域并不多，由南至北有内蒙古太仆寺，河北张北、阳原、涞源、河间、黄骅、南皮、冀州、故城，山东夏津、聊城，河南清丰，山西万荣，共13个方言点。通用词“太阳”使用区

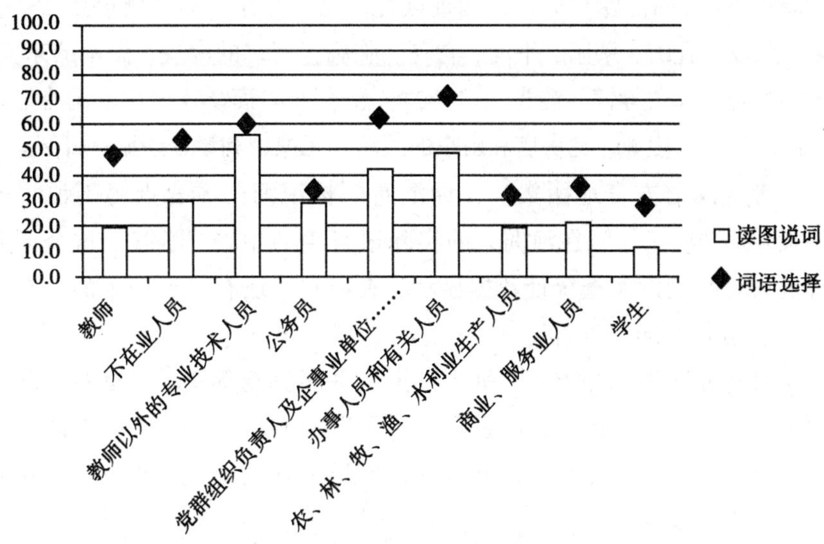

图7－7　词语选择和读图说词调查1变式“太阳”比例职业分布对比

域广大，其通用地位也使得其他方言词的使用相形见绌。从“爷爷儿”在河间方言的变异情况可以预见，方言词“爷爷儿”的使用会在河间方言中日渐萎缩并最终被通用语词“太阳”所取代。

第六节　日常生活方言词“饽饽”变异分析

一、变项基本情况

“饽饽”的名称由来已久，但历史上各地所指不一，有指面食的，有指糕点的，有指面饼的，还有指饺子的。明杨慎《太史升庵文集》六十九卷杂类四在“毕罗”条下有“……今北人呼为波波，南人讹为磨磨”。在《升庵外集》有：“北人呼为波波，南人呼为馍馍。今京中书为饽饽，有硬面饽饽、发面饽饽……”可见，当时在北方地区“饽饽”一词很通行。虽然现在在有些地区“饽饽”改说“馒头”、“点心”等，但却残留在一些俗语中成为通用词语，如用“香饽饽”比喻受欢迎的人或物。

现代汉语方言中，“饽饽”一词的使用区域主要是山东半岛，从《汉语方言地图集》（词汇卷）标记的调查点看，说“饽饽”的区域包括山东的蓬莱、荣成、乳山、莱阳、平度、青岛、临朐，河北的南皮，湖南的东安，辽宁的岫岩，说“饽饽～馒头”、“饽饽～卷子”、“馍馍～饽饽”的有辽宁的宽甸、辽阳、凌源、瓦房店和山东的潍坊、无棣、利津、诸城、日照。

尽管《汉语方言地图集》（词汇卷）标记河间方言点为不说“饽饽”而说“馒头”，但在河间人的实际语言生活中，“饽饽”这个词并没有消失。我们的调查统计数据显示，在河间，还有将近一半的人自报仍然在使用方言词“饽饽”。

在河间方言里，“饽饽”和“馒头”并不完全等义，“馒头”既可指圆形的“饽饽”，也可指方形的“卷子”。但这不妨碍我们考察“饽饽”的演变。“饽饽”为老派方言词，标记为0变式，“馒头”为新派说法，记为1变式。

二、变项基本数据

表7－20　　方言词“饽饽”不同变式分布

	0变式	1变式	0变式和1变式并用	总计	
词语选择	样本数	163	174	5	342
	百分比	47.7	50.9	1.5	100.0
读图说词	样本数	77	258	11	346
	百分比	22.3	74.6	3.2	100.0

表7－20显示，词语选择调查中，被调查者自报使用0变式“饽饽”的比例为47.7%，读图说词调查时实际使用“饽饽”的比例为22.3%。自报使用方言形式比例偏高的现象在此继续存在。其原因我们在前面已经分析过，不再赘述。我们考察不同变式的具体分布情况。

表7－21　方言词“饽饽”不同变式使用比例和因素分布显著性检验

因素		词语选择调查变式分布百分比				卡方检验 Asymp. Sig.（2-sided）	
		0变式	1变式	0变式1变式并用	总计	词语选择	读图说词
居住地	城	30.7	67.7	1.6	100.0	0.000	0.006
	乡	57.7	40.9	1.4	100.0		

续表

因素		词语选择调查变式分布百分比				卡方检验 Asymp. Sig.（2-sided）	
		0 变式	1 变式	0 变式 1 变式并用	总计	词语选择	读图说词
性别	男	53.5	43.3	3.1	100.0	0.022	0.189
	女	44.2	55.3	0.5	100.0		
年龄段	18 岁以下	24.5	73.5	2.0	100.0	0.003	0.017
	18—30 岁	42.7	56.1	1.2	100.0		
	31—40 岁	52.2	47.8	0.0	100.0		
	41—50 岁	51.7	46.0	2.3	100.0		
	50 岁以上	71.9	25.0	3.1	100.0		
迁徙	是	20.8	77.1	2.1	100.0	0.000	0.006
	否	52.0	46.6	1.4	100.0		
职业	教师	36.4	59.1	4.5	100.0	0.096	0.215
	不在业人员	57.7	42.3	0.0	100.0		
	教师以外的专业技术人员	61.3	38.7	0.0	100.0		
	公务员	33.3	66.7	0.0	100.0		
	党群组织负责人及企事业单位负责人	66.7	28.6	4.8	100.0		
	办事人员和有关人员	62.5	37.5	0.0	100.0		
	农、林、牧、渔、水利业生产人员	39.0	58.5	2.4	100.0		
	商业、服务业人员	50.0	48.8	1.2	100.0		
	学生	31.5	66.7	1.9	100.0		
受教育程度	小学	32.7	65.3	2.0	100.0	0.138	0.065
	初中	53.8	44.8	1.4	100.0		
	高中（包括中专）	50.6	47.1	2.3	100.0		
	大专及以上	41.0	59.0	0.0	100.0		

表 7－21 的卡方检验结果显示出，职业和受教育程度因素对“饽饽”不同变式的分布没有显著影响。对“饽饽”变项有显著影响的因素有地域、性别、迁徙，年龄因素对“饽饽”一词的变式分布在词语选择调查方式上显示有影响，而在读图说词调查方式上影响不明显。

三、因素分析

（一）居住地

词语选择调查中，城乡分布差异明显：城镇使用“饽饽”的比例只有30.7%，而乡村还有接近60%的比例。表7－22显示读图说词调查中城乡分布的差异依然明显，但与词语选择调查相比，读图说词调查方式的结果显示，城乡实际使用0变式的比例均低于自报，而使用1变式的比例高于自报。

表7－22 词语选择和读图说词调查“饽饽”不同变式的城乡比例分布

		0变式	1变式	0变式和1变式并用
城	词语选择	30.7	67.7	1.6
	读图说词	13.0	84.6	2.4
乡	词语选择	57.7	40.9	1.4
	读图说词	27.4	69.1	3.6

（二）性别

在词语选择方式的调查中，饽饽度项使用的性别差异具有显著性。0变式“饽饽”的使用比例，男性自报高于女性，女性在通用词“馒头”的使用上，自报高于男性。但读图说词调查结果显示，性别分布的差异并不明显（见表7－23）。女性和男性在“馒头”的使用上，不同性别实际存在的差异小于他（她）们自报的差异：无论男女，读图说词显示的其实际使用1变式的比例均高于其使用0变式的比例。

表7－23 词语选择和读图说词调查“饽饽”不同变式的性别比例分布

		0变式	1变式	0变式和1变式并用
男	词语选择	53.5	43.3	3.1
	读图说词	26.0	69.5	4.6
女	词语选择	44.2	55.3	0.5
	读图说词	20.0	77.7	2.3

（三）年龄

词语“饽饽”不同变式在两种调查方式中的年龄分布差异都很明

显。1变式的分布趋势是年龄越小，使用比例越高；0变式的分布则是年龄越大，使用比例越高。

表7－24　词语选择和读图说词调查“饽饽”不同变式的年龄分布

		0变式	1变式	0变式和1变式并用
18岁以下	词语选择	24.5	73.5	2
	读图说词	8.5	89.4	2.1
18—30岁	词语选择	42.7	56.1	1.2
	读图说词	22.6	75.0	2.4
31—40岁	词语选择	52.2	47.8	0.0
	读图说词	23.4	73.4	3.2
41—50岁	词语选择	51.7	46.0	2.3
	读图说词	28.9	70.0	1.1
50岁以上	词语选择	71.9	25.0	3.1
	读图说词	19.4	67.7	12.9

从表7－24看，词语选择和读图说词两种调查方式中，自报使用比例和实际使用比例差距较大，0变式“饽饽”的自报使用比例高于实际使用比例，而1变式“馒头”的使用比例低于实际使用比例。这种差距在50岁以上人群中表现最为明显。图7－8更为直观地显示了这种差距。

（四）迁徙

是否在外地生活三年及以上的迁徙因素，影响词语“饽饽”不同变式的选择和使用。在词语选择调查中，在有外地生活三年及以上经历的被调查者中，使用“馒头”的有77.1%，只有20.8%的人还用“饽饽”。而在没有较长时间外地居住经历的被调查者中，使用0变式“饽饽”的比例达到52.0%，两类人群的词语选择有明显差异。这种差异也体现在读图说词调查中。从表7－25看，有外地生活三年及以上经历的被调查者使用1变式“馒头”的超过90%，使用0变式“饽饽”的比例只有6.5%。没有外地生活三年及以上经历的被调查者使用1变式的比例也已超过了70%，还有3.7%的比例属于并用0变式和1变式。

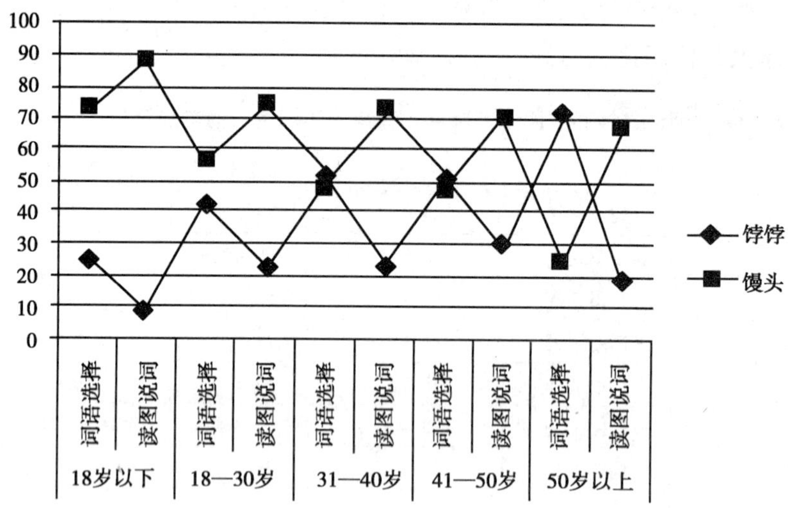

图 7－8 词语选择调查和读图说词调查方言词“饽饽”使用比例年龄分布比较

表 7－25 词语选择和读图说词调查“饽饽”不同变式的迁徙因素分布

		0 变式	1 变式	0 变式和 1 变式并用
有在外地生活三年及以上的经历	词语选择	20.8	77.1	2.1
	读图说词	6.5	93.5	0.0
没有在外地生活三年及以上的经历	词语选择	52.0	46.6	1.4
	读图说词	24.7	71.7	3.7

同样的，比较两种调查方式的统计结果，两类人群均存在 0 变式使用比例自报偏高、1 变式使用比例自报偏低的现象。

馒头作为普通面食，从使用区域看，东北地区、西南地区和东南地区均称之为“馒头”，而称其为“饽饽”的还不到 20 个县。“饽饽”一词受南北夹击，其变异结果是最终消失是非常肯定的，而且随着城市化和人口流动的加快，该词变异的速度也很快，被“馒头”取代的日子不会太远。

仅从河间方言考察结果看，“饽饽”一词虽然还在使用，但其分布状态表明这个方言词处在明显萎缩中。从词语选择调查数据看，不同居住地，城镇使用“饽饽”的比例仅有 30.7%，实际上已经通行“馒头”；年龄上，18 岁以下人群仍使用“饽饽”的比例仅有 24.5%；性别方面，女性使用“饽饽”的比例比男性低近 10%，符合了男性语言使用更为保守和女性更倾向于选择标准规范形式语言的规律；另外，随着人口迁徙现象的增多，通用语言形式会扩散得更快，河间方言词“饽饽”在与“馒头”的竞争中完败的结局不可避免。当然，在河间方言里作为方言变化的遗存，作为婚俗传统饮食的“饽饽菜”可能还会被人们“吃”一很长一段时间，而“香饽饽”这个词估计还会“香”下去。

第七节　方言语法变异举隅

现代汉语各方言在语法层面较之语音、词汇差异少，而北方方言作为国家通用语言普通话的基础方言，在语法方面与普通话一致性更高些，因此，关于方言语法变异的考察，我们只以一种语法现象为例进行变异考察。需要在这里交代的是，语法变异不作具体分析，只简单地说明有关情况和结论。因为内容较少，不独立成章。

一、变项基本情况

在河间方言中，正反疑问是在谓语的肯定形式后加“不”表示的，如：普通话正反疑问句“你吃不吃？”用河间方言表达一般说成“你吃不？”普通话“还有饭没有？”河间方言会说成“还有饭不？”变异研究设计中对北方官话区疑问句末的特色词“不”作了重点考察，设计了三个句子来考察此类句子的变异情况：

1. 你吃不吃？
2. 你去不去赶集？
3. 还有饭没有？

调查问卷列出以上三个句子的方言和普通话两种表达形式，请被调查者选择并说出自己最常用的说法。“你吃不”是河间方言原有变式，为 0 变式，“你吃不吃”是与普通话规范句式一致的变式，为 1 变式。“你去赶集不”是 0 变式，“你去不去赶集”是 1 变式。“还有饭不”是 0 变式，“还有饭没有”是 1 变式。

二、变项基本数据

对三个句子变项的统计结果如表7－26所示：

表7－26 正反问句变式分布基本数据

句子	0变式百分比	1变式百分比	非0非1变式百分比	有效样本
你吃不吃	68.1	31.9		357
你去不去赶集	77.0	23.0		357
还有饭没有	32.5	19.1	48.4	351

从三个句子的统计结果看，0变式比例最高的是“你去不去赶集”，0变式比例最低的是“还有饭没有”。被调查者在句子“还有饭没有”的选择上，选择非0非1变式“还有饭吗（没、么）”的比例最高。

三、因素分析

句子表达是一种言语行为，言语行为最基本的两个准则是质的要求和量的要求。也就是说，句子在语义表达上要清楚、明白，不致造成误解，在语言使用时追求省力和经济原则。副词“不”用于句末表疑问正是言语行为质和量双重作用的结果。普通话用谓语的肯定和否定并列的形式表示疑问，明显比方言的表达方式要麻烦和费力一些，显然不符合语言经济原则。那么，选择没有语义表达区别而且说起来又比较麻烦的句子变式的被调查者具有哪些社会特征呢？

通过与不同社会因素作交叉分析和回归分析发现，所有句子的变式分布均存在地域、年龄、职业、受教育程度的显著差异，而在性别、迁徙上则呈现对称分布，没有差异。

第八章　语言生活与语言变异

县和县级市是我国行政管理的基础单位，目前我国有县市级单位2862个，县级市尤其是北方不是特别发达的县级市实际上是农村和城市的混合体，相对大中城市而言，县城是城市和乡村的结合点。对县城来说，被周围广大的乡村包围着，本身的生活方式包括语言生活不能不受农村生活方式的影响。对乡村来说，县城是距离最近的城市，县城的生活方式包括语言生活也在影响着乡村。本书尝试对市（县）方言进行社会语言学研究，对方言变异和语言状况研究应该具有典型意义和理论价值。尽管还有很多不成熟的地方，但相信通过调查分析得出的结论，对社会语言学和方言学研究都会有借鉴意义和参考价值。

第一节　语言生活状况探讨

在第三章，我们通过调查分析被调查对象的母语情况、语言能力、语言使用、语言学习、语言态度等，描写了河间作为县级市的语言生活图景，并分析了影响语言生活各个方面的相关社会因素。我们可以从探讨河间市的语言生活延伸到与之相关的其他问题。

一、母语和语言能力

在我国广大方言区，一般情况是，绝大多数人小时候学习和掌握的是本地方言，进入学校后开始接触普通话。如果把普通话也看做一种社会方言的话，调查数据显示的结果是，在河间市区域内，河间方言作为母语保持率在100%，同时能用普通话交际的比例为80%以上，也就是说，河间已经有80%以上的人是掌握河间方言和普通话的双方言人。这个调查结果也符合和证实了语言学界广泛持有的看法：目前我国已经形成了双语双方言的大语言格局。

当然，普通话高普及率并不说明普通话水平就高。河间市作为农业人口占绝对多数的县级市，河间人的普通话还处在“地方普通话”水平。普通话作为通用语言，更主要的是承担跨语言、跨方言的交际功能。在实际语言生活中，方言区人说带有方言痕迹的“地方普通话”的现象恐怕会长期存在。

二、语言使用

河间人在河间就应该说河间话，这是祖祖辈辈传下来的规矩。对河间以外其他的地方话，河间人一律形容其为“哊”（音 kuǎ，《汉语大字典》注释：方言。谓说话方音浓重）。一个在河间流传甚广的趣闻传达出过去本地人对外地话的排斥：一个青年到天津卫（过去对天津市的说法）去了几天，回到家第二天，在街上碰到他大伯。大伯问青年：“什么时候儿回来的?”青年答：“昨晚儿回来的。”大伯上前给了青年一巴掌，怒斥道：“坐碗儿回来的，你还坐盆儿回来的呢!”

随着普通话的推广和普及以及频繁的人口流动，现在说话“哊”的人在河间越来越多了。经济社会文化的发展，也使得人们的心态越来越开放，对外地话的态度也越来越宽容。在日常生活中使用本地话，在正式场合如果必要也可以使用普通话，这是河间语言使用的客观事实，同时这种语言生活也得到当地人的接受和认同。笔者在访谈中了解到，一些被调查者觉得在看河间电视台节目时听到河间话非常别扭，电视里的河间话实在难听，他们认为电视台应该使用“标准语”。这也从侧面反映了正式场合使用普通话已经成为普通百姓的共识和习惯。

河间语言状况调查的结果，和 2010 年“普通话普及情况调查”的语言使用状况结果基本一致，方言和普通话在方言区功能分用、长期共存，已经渐成我国社会语言生活的主导形态。

三、语言学习

对方言区人来说，首先要学习的就是国家通用语言。普通话学习途径和动因调查发现，学校学习是河间人学习普通话的主要途径，实用需求是学习普通话的主要原因。但学习普通话的途径和原因也具有多元性。人际交往和广播电视也是学习普通话的重要途径，工作需要和交往需求等实用动机占有较大比重，但也有部分比例是出自个人兴趣。

在河间市，教师用普通话教学是近些年的事。人们最早接触普通话的途径是广播，而现在人们接触普通话最多的途径是电视，普通话随着国家“广播电视村村通工程”的实施进入千家万户，尽管在日常生活中人们很少说普通话，但大多数人都能说普通话。

四、语言态度

调查显示，普通话在河间市具有较高声望和高度认同。与河间方言相比，普通话在语言感情、语言使用价值和语言地位方面均得到较高评价。有近50%的被调查者更喜欢普通话。绝大多数被调查者希望用普通话作为中小学教学语言。不同职业因素影响教学语言的选择。河间市里的话是河间话的代表得到大多数人认可。多数被调查者感受到了河间方言正在发生变化。

第二节　方言变异探讨

本研究在第四、五、六、七章考察了河间方言零声母加［n］字读音、尖音字读音、入声字读音、［ʅə］韵母字读音和词语变项的变异情况及其发展规律。

一、方言变化的方向

向权威的语言形式靠拢，是语言变化的主要方向。河间方言变异的大方向和基本趋势是向普通话靠拢。

方言变化的基本趋势有二：一是向主要城市和中心点靠拢，比如粤语向广州话靠拢；二是向普通话靠拢，如河间方言。普通话和方言的关系决定了普通话对方言的影响是全方位的，方言对普通话的影响则是个别的、具体的。

普通话影响方言变化可以从宏观和微观两个层面来看。一是方言区人语言使用的变化，放弃方言，转而使用普通话，本书第三章的分析结果可为证明；二是方言区人不发生语言转用，仍然使用方言，但是其方言在语音、词汇、语法层面已经发生变化，这就是本书第四、五、六、七章讨论的内容。

普通话作为通用于全民的交际工具，方言区人在掌握和使用普通话的过程中，一定会产生方言和普通话的接触，两者之间就不可避免地产生功能和成分的互补、竞争和彼此渗透的复杂情况。就个体而言，同时掌握方言和普通话的人，不可能在语音、词汇和语法层面把方言和普通话严格区别开来并进行自如的语码（这里的语码是广义的，指语言或方言系统，也指带有社会评价的语言成分）转换，语码混合现象不可避免。而当人们有意识地进行语码选择时就伴随了对语码的社会评价。在语言使用中选择更具权威性的语码是语言使用者的普遍心理。简·爱切生（Jean Aitchison）在其《语言的变化：进步还是退化?》（爱切生，1997）一书中谈到语言的变化时说："语言变化的扩散，从本质上来说，是一种社会现象，它反映了正在变化的社会情况。除非产生了一些有威望的模式，否则变化就不会产生。这些模式正是一个集团的标志，而在集团外的人们会有意识地，或者下意识地想从属于这个集团。"

与其他方言比如南方的许多方言比较，河间方言虽然与普通话在语音、词汇、语法方面差异不大，但就所观察到的二者存在的差异而言，河间方言中与普通话的差异点正在向普通话靠拢的变化过程是很明显的。

河间方言的语音变化是非常明显的。研究结果表明，在读字音环节，所有变项变式的数据都显示，与普通话读音一致的变式选择比例高于河间方言原有读音变式。这种变式的分布，表现了方言变化的方向是向普通话靠拢。普通话作为教育语言、行政语言、传媒语言和公共服务语言，对方言的影响是全方位的。县级市的"市里话"对周边的"村里话"基本没有影响力和吸引力，这从村里的规范变式读音比例高于市镇的现象中得到印证。

变异不仅仅发生在语音层面，有些方言词语也在发生变异。有些词语变项的变式是外来的时新形式，或者说曾经是时新形式，这样的时新词语在小城市和乡镇受到追求时尚的人们追捧是必然的，这种新表达形式得到乡人的羡慕和实际采用是可以理解的。当羡慕、追捧心理促使少数人在语言实践中运用新形式，进而成为一种群体选择的时候，语言创新形式就开始占上风。河间方言父亲、母亲称谓正在发生的变化，就是一个明证。

二、方言变异影响因素

本研究结果证明，影响河间方言变异的主要因素有地域、年龄、性别、职业，迁徙和受教育程度部分影响变异。方言中对不同类型的变异起作用的因素有所不同。

（一）地域因素是形成语言差异的根本因素

地域因素是方言形成的根本性因素，社会语言学和方言学同样关注地域因素。千百年来，由于各种因素如地理屏障、交通阻隔、交流障碍等原因，各地语言出现差异，形成方言，方言学研究考察的内容主要就是由于地域因素形成的差别，社会语言学考察的是同一言语共同体内不同区域的语言变异特点。

从考察的变项统计结果看，所有变项在乡镇分布上均存在显著差异，也就是说，河间市这个言语共同体内的方言变异在不同乡镇是不一致的。离河间市区距离最远的黎民居乡变异速度较其他乡镇慢一些，而经济最发达的米各庄镇在亲属词语变异方面走在其他乡镇前头。

（二）年龄因素是影响语言变异的最强势因素

年龄是影响语言变异的强势因素。在我国，近几十年来社会生活快速变化，西方的社会阶层理论不一定适合我国乡村的语言研究。在语言变异的诸多影响因素中年龄因素的影响显得尤为突出。

传统历史语言学通过搜集、整理和比较真实时间的语言材料，研究已经完成的语言变化规律，对于处在进行中的语言变化则无能为力。社会语言学研究方法对传统语言学的突破之一就是解决了研究进行中的变化的难题，利用现在解释过去，通过研究变异来研究变化，而年龄是和进行中的变化关系最直接的因素。通过语言的不同变式在不同年龄段人群中的分布情况（称为“显象时间”），解释语言变化的进程和痕迹（称为“真实时间”），显象时间分布的一般模型是，旧的语言变式在高年龄段话语中比例高于低年龄段，新的语言变式随着年龄的降低而出现频率增加。

本研究所设变项在年龄分布上几乎均呈显著性差异，存在显性时间的分布。低年龄段方言原有变式的比例低，与普通话一致的规范变式比例高；而高年龄段则是方言原有变式比例高，规范变式比例低，中年龄段则处于二者之间。这与社会语言学的一般规律相吻合。

以本研究中的尖音团化为例，在考察的45个尖音字变项中，除已经完成团化过程和高度团化的3个字以外，42个尖音字变项有40个变项存在年龄段的显著类别差异。低年龄段的团化比例远远高出高年龄段。真实时间发生的尖音团化的历时变化，通过显象时间的年龄分布的共时差异被揭示出来。

（三）性别因素

性别是社会语言学研究语言变异的重要社会自变量。众多西方社会语言学研究，尽管采用的方法不同，但所有的研究结果都表明，性别因素在语言变异中有着重要影响。爱切生在讨论到性别因素时说，“性别不同而造成语言变化的不同似乎是一直分布得很广的现象。”“男子和妇女在向不同的方向拉语言的变化。”在语音变化方面，“妇女倾向于有规范的、‘有威望’的语音。”在综合了多项西方社会语言学研究后，他认为“在每一种情况中，男子都喜欢非规范的形式，而这种形式又具有隐蔽的威望；而妇女则都喜欢规范的形式，这种形式具有公开的威望”（爱切生，1997）。拉波夫在马萨葡萄园岛和纽约的研究，米尔罗伊在贝尔法斯特市的研究，特鲁吉尔在诺里奇市的研究，都证明了语言变异中的性别差异的存在。

本研究结果证实了语言变异性别差异的存在或者说部分存在。零声母加［n］字读音变式的选择，受性别因素影响明显。男性的零声母加［n］字方言原有的读音变式比例高于女性，在语言保守形式上保持得比女性要好，而女性在规范读音形式上走在男性前面。即女性在语言创新方面更积极，与男性相比，女性更偏好规范模式，成为语言的变化向规范的语言的方向发展的助推力。但是，在尖音团化方面，女性、男性不存在显著性分布差异。

（四）职业、受教育程度以及城乡、民族因素

社会语言学研究往往把社会阶层作为自变量来观察分析语言变异，衡量社会阶层的主要指标包括职业、教育和收入三个因素。在我国，尽管近年来社会学界关于社会阶层的研究成果很多，但关于中国社会是否

固化形成了区隔分明的社会阶层，学界并没有一致意见。在改革开放的大环境下，固有的城乡工农二元结构早已被打破，职业选择越来越多元化，由于社会分配收入的多寡并不与职业、受教育程度相匹配，尚未形成明确的社会阶层，因此，研究者需要慎重用社会阶层作为自变量来考察语言变异。当然，我们直觉上认为职业和教育都会对语言使用者产生影响，在具体研究中可以把职业和教育都单独作为自变量来对待。

我们的调查结果显示，职业、受教育程度对语言变项的变式分布存在影响，但影响力并不像年龄、性别因素那样具有普遍性，而是对有些语言变项的分布有影响，对有些语言变项则没有影响。

如职业，对河间方言零声母加［n］字读音变式选择有影响，学生、教师和商业、服务业人员群体选择零声母加［n］字规范变式读音的比例高于其他群体。但是，在尖音字团化变异上，职业则没有显现出影响。

城乡、民族因素也是社会语言学研究经常要考虑的变异影响因素，因为不是在少数民族地区作调查，河间市境内人口较多的回族在语言上已经与汉族没有明显的系统性不同，而且回族样本过于集中，因此本研究对民族差异不单独考察。另外，本研究是分乡镇抽样，只有河间市行政中心所在地瀛州镇有城市户，样本量少，不足以作过细交叉分析。

（五）同一社会因素对不同类型语言变项影响不同

本研究考察方言变项发现，同样是变异，不同类型的语音现象，其影响变异的因素是不同的。比如：

零声母开口字加［n］的变异影响因素主要是居住地、性别、年龄、职业，而受教育程度则需要具体分析，仔细甄别。零声母加［n］字读音变式在民族、迁徙方面不存在显著差异。

尖音字团化的变异显示，在所有考察的变项中，影响字音变异的因素最强势的当数地域和年龄。职业、性别其次，受教育程度因素的影响则在不同字音表现不同。迁徙和民族因素基本没有显示出影响。

［ʅə］母字的变异影响因素是地域、年龄和职业，变式在迁徙和受教育程度上的分布不具显著性，性别因素则只是对部分字有影响。

性别因素在零声母开口字加［n］字读音变异上表现出的影响程度大于对尖音团字化变异的影响。

（六）比较特殊的方言变项社会分布

本研究（一）至（五）有关语言变异与变化研究的结论基本符合现有社会语言学研究总结的规律，但也有与一般规律性认识不一致的发现。

1. 河间方言变异成分的地域分布差异表现出，行政中心未必是字音变异的倡导者，非行政中心的字读音未必比市里人更“土”。

2. 迁徙和受教育程度因素在分布差异上的弱显著性证明了，变异不一定与受教育程度有关系，有在外地生活的经历也不一定影响其人的语音变异。

河间方言语音变异内容当然不止本书以上介绍的内容。我们还调查了局部存在的平翘舌声母的变异，以及一些河间方言中读音特殊但不成类的字音的变异。但限于篇幅，不能详细介绍。但仅从以上已经整理统计分析的结果看，已经能够对河间方言语音变异的特点及其发展方向有比较深入的了解。

第三节　相关理论思考

一、市（县）域语言规划问题

社会语言学的语言规划理论认为，语言规划是从国家层面对语言进行的人为干预。综观国内外语言规划的历史和现状，语言规划工作基本上都是在国家的大范围内进行的国家行为。提出重视区域语言规划是很新近的事情。

语言规划的制定和实施具有层次性，既需要在国家层面进行主体性语言规划，也要结合省域、市（县）域特点进行区域语言规划。本书提出的市（县）域语言规划的主要任务包括：

1. 在市（县）域大力推广、普及国家通用语言文字，不断提高普通话水平。这是市（县）域语言规划的前提。

2. 在市（县）域内科学保护当地语言和方言，建设语言资源数据库，进行当地方言文化教育。

3. 提升市（县）域的语言能力，包括双语和多语，双方言和多方言以及外语。

河间市的语言状况和方言变异研究结果表明，在小城市和村镇，普通话无论从语言情感还是从语言实用价值方面都得到高度评价和普遍认同，但在对当地方言的评价和认同程度方面则偏低，不利于方言生存和发展。提出市（县）域语言规划问题是希望在坚持语言规划中心内容的前提下，借此解决语言知识普及的缺失和普通人对本地方言无意识的状况。

本书提出市（县）域语言规划问题是基于以下理由：一是市（县）方言有深厚的历史背景和广泛的民众认同基础；二是市（县）域往往与语言差异分界线重合，有语言学基础的学术支撑；三是市（县）域在语言规划实施上有行政独立性和可行性；四是汉语方言语言变化的趋势使语言规划问题具有紧迫性和必要性。

社会语言学的言语共同体理论认为，语言研究必须重视把人们凝结在一起、成为一个社会共同体的认同感和归属感。在市（县）区域内，方言作为市（县）人的母语，既是市（县）域区别于其他市（县）域的标志，又是市（县）域内人群自我认同和群体认同的基础。社会语言学重视语言使用主体的存在，认为语言使用主体的族群认同及其历史与语言自身的特征具有同等重要的意义。

主观感受和直观经验观察以及已有的研究成果都表明，目前汉语方言存在丰富的变异现象，方言正处于剧烈的变化过程中，变异存在于方言的语音、词汇、语法、语用各个层面。很多具有地方文化镜像功能、认同标志功能的方言特色词、方言特色音在消失。因此在市（县）区域内提高人们对本地方言的自知水平和自觉意识非常必要。

进行市（县）域语言规划，对建设新农村抑或推进城乡一体化、提高城镇化水平，都具有现实意义。有千百年历史的传统古村落伴随着乡土中国的城镇化进程正在一个个消失，有人已经开始担心自己的家乡话有一天也会遭遇同样的命运。我们说，爱国从爱家乡做起，爱家乡从了解家乡开始。市（县）域语言规划教育可以通过方言文化教育，提高人们对本地方言的认识，扭转认为方言“土”的观念，增强语言忠诚度。从语言感情、语言认同、语言价值看，在市（县）域进行国家通用语言教育与本地方言教育都具有重要意义。

在我国，双语双方言格局的语言生活状态将长期存在，方言和普通话都有其使用空间和存在价值，其功能不是互斥的而是互补的，唯普通话标准，唯普通话正确，不是科学的态度。学普通话，爱家乡话，也是提高国民语言文化素质的组成部分。

二、方言的社会语言学研究

语言学研究者在调查研究的基础上不断进行理论思考和探索，不断深化对语言变异的认识，对语言变异现象的认识实际上也经历了一个从语言问题意识到语言规范意识，再到语言资源意识的过程。

变异是语言内部因素和语言外部因素共同作用的结果，语言变异是语言存在的方式，汉语方言的变异是方言存在的常态。社会语言学研究方言变异，需要做到细致描述方言的变化，合理解释方言变化的原因，深刻认识方言变化的规律，总结预测方言变化的方向。这些是单独用社会语言学方法或者是仅仅用过去传统方言研究方法所无法做到的，只有将社会语言学和方言学结合，才能推进社会语言学和方言学的研究，做出具有学术价值和理论创新的研究成果。“二者的结合是方言学也是社会语言学今后的一个发展方向。社会语言学在强调社会因素对语言演变影响的同时，也要注意到地域因素对语言的影响，毕竟在中国，方言差异主要是地域差异而不是社会差异，在西方社会语言学中作为重要因素的社会阶层在我国并没有清晰的界定。方言学在语音静态描写上精细的特点也值得社会语言学研究借鉴。同时，方言调查如果适当借鉴社会语言学的量化分析方法，就会避免以偏概全、以一人之音代表几十万人之音的问题。”（游汝杰，2006）社会语言学变异研究以语音研究见长，方言学的语音研究也很发达，二者的结合，可以深化和促进语音变化研究。以本书对尖音字的变异研究为例说明。

（一）团化概念

在汉语发展研究史上，“尖团合流”是一个重要的关于语音变化的概念。“合流”是就其历史来源而言，见组细音字发生腭化，精组细音字发生团化，二者发生合流。这种语言历史演变的痕迹在汉语方言中的表现是不同的，有的方言尖音字发尖音的现象已经了无痕迹，有的方言尖音字和团音字泾渭分明，而有的则处于变化进程中。河间方言的精组细音字正是处于变化进程中。我用“团化”概念来概括这一变化过程。根据研究资料，尖音字在很多方言里都处于变化中，提出“团化”术语可以更清晰地表达这种变化状态，有利于对于同类语音变化的研究。

（二）语言变异的影响因素

本书通过考察河间方言不同特点的语音变异，发现不同类型语音变异的影响因素不同，这让我们更深入地思考社会因素影响语音变异问题。分析入声字读音变式和零声母开口字读音变式不仅存在地域、年龄方面的分布差异，而且在性别、职业、受教育程度等方面也不同程度地呈不对称分布。但是，尖音字读音变式的分布差异只在地域和年龄上具有显著性，社会因素的影响非常小。这种影响因素的不同可能显示了，尖音团化这种语音变化现象更多受语言内部因素的制约和影响，而与社会评价无关。

第四节　研究展望

一、方言变异内容系统性问题

方言变异研究要以语言事实为基础，本书努力做到以客观的规律为依据，推论和预测建立在对调查数据的统计分析基础上。但是，方言就是一个地区历史、社会、文化、生活等的全息记录，方言丰富、复杂的现象常常是无法预料的，方言的特殊语音、特殊词语不是靠一般语言规律能够推测的，只能一个一个作单独调查。因此在研究中难免有解释失误、不够系统之处。

二、宏观研究和微观研究结合问题

本书从社会语言学角度研究方言，既有市（县）区域的语言状况的宏观研究内容，又有市（县）方言本体语音、词汇变异的微观研究内容。如何把微观的语音、词汇的变异研究与宏观的语言生活的研究更为紧密地结合，是本研究需要继续思考和探索的问题。

三、语言调查的典型性和局限性

学界有人认为，理论上可以将全面的记录解释为，从语言使用者中收集各种话语类型、各类语域和体裁的代表性语篇材料，语言使用者有不同年龄段、不同辈分和不同社会经济阶层的代表。但从实践层面上看，能收集到的语料在范围和数量上很有限。多数语言学者不可能把自己的职业生涯奉献到需要真正精心收集和分析语料的田野时光中。如何取材，如何调查，如何记录，都与调查数据质量密切相关。对于一种语言或者方言做到全面记录，这似乎是不可能的。本书只是取河间方言的部分语音和词汇作为变项进行社会语言学考察分析，通过典型方言成分的调查发现方言变异的规律。因为以一己之力，方言取材有限，调查样本数量有限，所得出的结论只是基于数据分析，解释力也存在一定的局限性。

四、统计分析和数据挖掘

由于时间、资金、精力和水平有限，很多调查材料还来不及整理，已经整理的材料有的还没有能够充分分析和利用，已经完成的对调查结果的考察分析尚有不足，尤其是对调查数据有待进一步挖掘，对有些语言变异现象的理论解释可能还有不够系统和到位的地方。

语言是生活的全息记录。方言本身是一个复杂的生命体，而每一个研究者的观察和研究只能涉及方言的区区一小部分。因此，既需要方言学研究对方言详细的描写，也需要社会语言学对方言变异的考察。对一种具体方言进行社会语言学研究，目前的成果还不够多，本书是对这方面研究的一次尝试和探索。很多问题没有涉及，很多涉及的问题没有研究透彻。期望今后能够充分挖掘河间方言现有调查数据，补充研究河间方言其他变异现象，努力深入、全面地研究河间方言，为汉语方言的社会语言学研究尽微薄之力。

附录一　调查问卷

问卷编号：

调查地址：________________________

河间方言变异研究调查问卷

您好！我们的调查主要是为了了解和研究河间的语言情况。占用您的宝贵时间，再次表示衷心感谢！

2011 年 4 月

背景情况

A1. 被调查者的性别：　1 男　2 女

A2. 您的年龄：________周岁

A3. 您是哪个民族？1 汉族 2 其他民族（请注明________）

A4. 您是否在河间以外的地方连续住过三年以上？1 是　2 不是

A5. 您现在做什么工作？

01 教师　02 教师以外的专业技术人员　03 公务员

04 党群组织负责人　05 企、事业单位负责人

06 办事人员和有关人员　07 农、林、牧、渔、水利业生产人员

08 商业、服务业人员　09 生产、运输设备操作人员及有关人员

10 学生　11 不在业人员

12 其他（请注明____________________）

A6. 您的受教育程度：

1 没上过学　2 小学　3 初中　4 高中（包括中专）5 大专及以上

语言能力情况

B1. 您小时候最先会说的是哪种话（语言）？【必要时可选两种】

1 河间话　2 普通话　3 其他（请注明________）

B2. 您现在能用哪些话（语言）与人交谈？

1 河间话　2 普通话　3 其他（请注明________）

B3. 您在家最常说哪种话（语言）？

1 河间话　2 普通话　3 其他（请注明________）

B4. 您在河间本地集贸市场买东西时最常说哪种话（语言）？

1 河间话　2 普通话　3 其他（请注明________）

B5. 您到河间本地医院看病时最常说哪种话（语言）？

1 河间话　2 普通话　3 其他　9 无此情况

B6. 您到河间本地政府部门办事时最常说哪种话（语言）？

1 河间话　2 普通话　3 其他　9 无此情况

B7. 您在单位谈工作时最常说哪种话（语言）？

1 河间话　2 普通话　3 其他　9 无此情况

B8. 您的普通话程度怎么样？

1 能流利准确地使用　2 能熟练使用但有些音不准

3 能熟练使用但口音较重　4 基本能交谈但不太熟练

5 能听懂但不太会说　6 能听懂一些但不会说　7 听不懂也不会说

B9. 您学（说）普通话的最主要途径：【念出选项 1—5】

1 学校学习　2 培训班学习　3 看电视听广播　4 家里人的影响

5 社会交往　8 无法回答

B10. 您为什么要学（说）普通话？

1 工作、业务需要

2 为了同更多的人交往

3 为了找更好的工作

4 学习要求

5 个人兴趣

6 其他（请注明________）

语言态度情况

C1. 您认为河间本地小学最好用哪种话（语言）教学？

【必要时可选两种】

1 河间话　2 普通话　3 其他（请注明________）4 无所谓

C2. 您认为河间本地中学最好用哪种话（语言）教学？

【必要时可选两种】

1 河间话　2 普通话　3 其他（请注明________）4 无所谓

C3. 请您从下列几方面给河间话打分，1 分为最低，5 分为最高。

好听　1　2　3　4　5

亲切　1　2　3　4　5

有用　1　2　3　4　5

有地位 1　2　3　4　5

C4. 请您给普通话亲切方面打分。1 分为最低，5 分为最高。

好听　1　2　3　4　5

亲切　1　2　3　4　5

有用　1　2　3　4　5

有地位 1　2　3　4　5

C5. 河间话和普通话相比，您更喜欢哪种话？

1 河间话　2 普通话　3 两种都喜欢

4 两种都不喜欢（请注明原因____________）

C6. 您认为河间哪儿的话能代表河间话？

1 河间市里的话

2 河间其他地方的话（请注明____________）

8 无法回答

C7. 您觉得现在的河间话有变化吗？

1 有　2 没有　8 无法回答

（以下调查内容需要录音）

D1 请您按照您的平时习惯读下表的字和词语：

恋爱	足球	数学
挨饿	矮小	哀（悼）
碍事	癌症	安全
按照	案（子）	暗枪
（堤）岸	俺	昂（头）
熬粥	（大）袄	讹（人）
蛾（子）	鹅（蛋）	（鸭）鹅（村）
恶（人）	（宫）娥	恩情
摁住	洗藕	（木）偶
（斗）殴	怄（气）	虐（待）
集中	七姐	切（香）蕉
姓谢	焦心	俏
小站	（玩）笑	进酒
俊秀	山尖	取钱
争先	（天）津	寻找
将（来）	休息	精神
请客	聚（会）	（胡）须
绝（户）	（喜）鹊	雪堆
选（举）	兄（弟）	（存）折
汽车	蛇	热（天）
惹	推想	略（微）
（飞）跃	国	脚
踏	福	没
革	（户口）册	得
节约	就（是）	（吃饭）就（菜）
各（自）	吉（利）	鲫（鱼）
菊（花）	觉（着）	觉（悟）
墨（水）	（压）迫	肃（宁）
（字）帖	铁	膝（盖）
（流）血	学（习）	学（生）
（毛）泽（东）	（宽）窄	（海）蜇
竹（子）	（活）捉	（鸡）啄虫

D2．在以下成组的词语中，选出您平时最常说的一种：

序号	选项 1	选项 2	选项 3	备注
1	爸爸（爸）	爹		
2	妈妈（妈）	娘		
3	儿子	儿	小子	
4	女儿	闺女（妞）		
5	叔叔（叔）	收 shou		
6	妻子	媳妇儿	老婆	
7	丈夫	老头儿（子）	老公	
8	叔母	婶子		
9	舅妈	妗子		

说明：词表较长，以下内容略

D3．选出您最常用的说法：

序号	选项 1	选项 2	备注
1	你吃不吃？	你吃不？	
2	你去不去赶集？	你去赶集不？	
3	还有饭没有？	还有饭不？	

D4．请您说出下面图片的内容（图片略）

附录二　河間方言一臠

（说明：原文为繁体印刷，为尽量保留原貌，文章样式照录。原文不清的字用？代替）

河間方言一臠

張洵如

國語週刊　第 54 期

本文分三段：（1）語詞淺釋，把河間的方言詞和國語不同的，就記憶所及，提些出來，加以簡單的解釋，注明特別音讀；詞的排列，以注音符號為序。（2）字音變化，把河間方音與國音不同處，略加述說。（3）兒歌試譯，把河間的兒歌，同注音符號對照譯出；不但，我對於語音學沒有研究，記音未必正確，而且注音符號也未必夠用，不過試試而已，所以叫做試譯。

（一）語詞淺解

八籃眼子（柳條筐子）

把把（屎）

榜相兒ㄇㄤㄦ（相同，差不多）

不得ㄉㄟ力ㄌㄜㄦ（有病）

不成望（未想到）

媽媽（乳）

媽奶奶（祖父的側室）

媽姥娘（外祖父的側室）

麼ㄇㄚ哈ㄏㄚㄦ哈ㄏㄚㄦ（什麼東西，罵人語）

麼ㄇㄚ行ㄏㄤ子（什麼東西）

馬䄶ㄉㄨㄣ子（馬褂）

沒家（未曾）

粉格ㄍㄚ楂ㄗㄚ（格楂）

打？ㄉㄜㄦ兒（等一回兒）

大娘（伯母）

大過明兒ㄇㄧㄚㄦ（大後天）

大前日（大前天）

大爺（伯父）

得ㄉㄟ故意兒ㄧㄦ的（故意的）

當天井（院子）

爹（父親）

嘟嘟（說個不了）

哆哆（贅語）

東方亮ㄉㄤㄦ（出太陽）

頭骨（耕田畜）

頭直上（頭前）

頭晌午ㄏㄨㄛ（午前）

粘粥（粥）

娘（母親）

拉布（買布）

拉倒（作罷）

拉割（談話）

拉塌（衣服不潔）

癩歹（不好）

老婆（婦人）

老媽媽ㄇㄚㄦㄇㄚㄦ（老太太）

姥娘（外祖母）

冷湯（過水麵）

嘎嘎（笑）

胳拉把（膝蓋）

趕麵軸子（趕麵杖）

餜子（油條）
過明兒ㄇㄧㄚㄦ（後天）
過道（胡同）
過晌午ㄏㄨㄛ（午後）
閨ㄨㄣ女（女兒）
可不（是）
可不是（誰說不是）
寒塵ㄘㄣ（難看）
囫圇個ㄏㄨㄌㄣㄍㄜㄦ（整個）
哄ㄏㄨ弄ㄌㄨㄥ（不實言）
後ㄏㄨㄥ晌（晚上）
酒嘟嚕（盛酒粗瓷瓶）
酒甌子（酒盅）
今兒們ㄐㄧㄦㄇㄦ（今天）
妗ㄐㄧㄣ子（舅母）
精（聰明）
起根兒ㄍㄜㄦ刻（原初）
前日刻（前天）
青醬（醬油）
香盆兒ㄆㄦ的ㄉㄧ（很香的）
知不道（不知道）
朝每兒ㄇㄦ（天天）
老ㄓㄠ實（實在）
着上（加上）
整理（提說）
整治（修理，做）
長果兒ㄍㄡㄚㄦ（落花生）
秤肉（買肉）
成望（想到）
婶子（叔母）
晌午ㄏㄨㄛ（正午）

晌午厂ㄨㄛ歪（才過午）

熱湯（湯麵）

咋ㄗㄚ號（嚷）

栽個子（丢人，被人恥笑）

竈筒（煙筒）

走親（看望親友）

怎麼着呢?（怎麼辦呢?）

竹ㄗㄨ籃子（竹筐子）

墜ㄗㄨㄟ子（耳環）

叉ㄘㄚ褲（套褲）

山ㄙㄢ藥ㄧㄠ（白薯）

省的ㄙㄥㄉㄧ（並不如此）

腌ㄚ髒ㄗㄚ（不潔淨）

一時兒ㄙㄦ（一回兒）

爺兒ㄧㄜㄦ爺兒ㄧㄜㄦ（太陽）

野雀（鵲）

爺老蓋（額）

夜來刻（昨天）

遙達去（各處去）

芫ㄧㄢ荽菜（香菜）

掩稀的ㄉㄧ（稍微的）

纕ㄧㄤ子（彈好的棉花）

屋場子（屋地）

旺興（好）

附注：(一)「得故意的」之「得」字讀ㄉㄟ陽平。

(二)「東方亮」之「亮」字讀ㄌㄤㄦ去聲。

(三)「晌午」之午讀厂ㄨㄛ輕聲。

(四)「閨女」之「閨」字讀ㄍㄨㄣ上聲。

(五)「哄弄」之「哄」字讀厂ㄨ去聲，「弄」讀ㄌㄨし。

(六)「後晌」之「後」字讀厂ㄨㄥ去聲。

(七)「腌髒」之「腌」字讀ㄚ上聲，「髒」字讀ㄗㄚ輕聲。

（八）「纕子」之「纕」讀ㄧㄤ陽平。

國語週刊第56期

（續）

（二）字音變化

（1）聲韻母全與國音不同者

嫩（ㄌㄣ）雖（ㄙㄟ） 褥（ㄩ）閏潤（ㄩㄣ）俗宿（ㄒㄩ）

（2）聲母與國音不同者

（A）由ㄓ變ㄗ者

之芝支枝肢紙指止只祇志至（ㄗ）扎渣炸（ㄗㄚ）摘齋宅翟窄債（ㄗㄞ）爪找（ㄗㄠ）爭睜（ㄗㄥ）竹囑助祝鑄築（ㄗㄨ）爪抓撾（ㄗㄨㄚ）捉桌啄?? （ㄗㄨㄛ）拽（ㄗㄨㄞ）追錐（ㄗㄨㄟ）綴墜（ㄗㄨㄟ）專磚轉傳篆賺（ㄗㄨㄢ）准準（ㄗㄨㄣ）莊裝粧妝壯狀撞（ㄗㄨㄤ）中忠終鐘?腫仲重?（ㄗㄨㄥ）

（B）由ㄔ變ㄘ者

齒翅（ㄘ）叉插茶察差岔（ㄘㄚ）拆釵柴（ㄘㄞ）攙饞產（ㄘㄢ）撐（ㄘㄥ）初（ㄘㄨ）戳（ㄘㄨㄜ）踹（ㄘㄨㄞ）吹垂錘（ㄘㄨㄟ）川穿船傳喘串（ㄘㄨㄢ）春椿唇純蠢（ㄘㄨㄣ）窗瘡牀闖創撞（ㄘㄨㄤ）冲充衝蟲崇重寵（ㄘㄨㄥ）

（C）由ㄕ變ㄙ者

尸司詩師獅施時史使始屎是士示視市柿侍氏恃事（ㄙ）沙紗殺廈（ㄙㄚ）篩骰曬晒（ㄙㄞ）稍捎梢哨（ㄙㄠ）瘦（ㄙㄡ）山刪（ㄙㄢ）梳蔬叔贖熟梳叔（ㄙㄨ）朔（ㄙㄨㄛ）衰摔甩率帥（ㄙㄨㄞ）水稅睡（ㄙㄨㄟ）拴閂（ㄙㄨㄞ）舜瞬順（ㄙㄨㄣ）雙霜（ㄙㄨㄤ）

（D）由ㄖ變ㄌ者

扔（ㄌㄥ）

（3）韻母與國音不同者

筆（ㄅㄧ）墨（ㄇㄟ）得德（ㄉㄟ）瘧（ㄋㄧㄠ）略（ㄌㄧㄠ）戀鸞卵?（ㄌㄞ）疙（ㄍㄚ）括闊擴廓（ㄎㄜ）或獲惑（ㄏㄨㄞ）禍豁（ㄏㄛ）皆階街（ㄗㄧㄞ）確（ㄑㄧㄠ）偵幀楨（ㄓㄥ）若弱（ㄖㄠ）責澤擇（ㄗㄞ）則（ㄗㄟ）做（ㄗㄡ）側惻廁冊策（ㄘㄞ）色嗇塞

(ㄙㄞ)？(ㄙ)

國語週刊第57期

(三) 兒歌試譯

(1)

骨漏骨漏缸，
賣鮮薑；
鮮薑辣，
賣琵琶；
琵琶弦，
沖糧船；
糧船高，
磨腰刀；
腰刀快，
割蕎麥；
蕎麥皮，
打驢蹄；
驢蹄尖，
疙疸猴子上南山；
上南山，
你不先鑽我先鑽。

(2)

小二姐，
小大姐，
你拉風箱我打鐵。
打了鐵，
給你爹，
你爹帶著紅纓帽，
你娘穿著疙疸鞋。
疙疸疙疸上戲台，
戲台上，
一片火，

燒了你娘的媽媽別怨我；
緊撲拉，
慢撲拉，
連你娘的媽媽燒胡啦；
緊看，
慢看，
連你娘的媽媽燒成炭；
緊瞧，
慢瞧，
連你娘的媽媽燒成?；
緊吹，
慢吹，
連你娘的媽媽燒成灰。
附注一，媽媽爲婦人乳。
二，撲拉以手滅火
（3）（说明：原文缺，录者补）
紅棒子稭，
白棒子稭，
騎著騾馬看小蔡
小蔡的閨女帶著紅翎帽，
扭打扭打上娘家。
娘家打了兩瓶子酒，
你一瓶，
我一瓶，
咱兩喝個ㄉㄜㄦㄉㄜ紅。
你拉絃，
我拉弓，
咱兩拉個真好聽。
（4）
大小姐，
搬豆稭，

一搬搬個四方方，
騎著大馬來燒香。
大馬拴在梧桐樹，
小馬拴在廟門上，
扒著廟門看娘娘，
娘娘帶著一朵花，
喜的爺爺啃腳丫。

(5)

扁擔鈎，
鐵匠打，
一打打了十三把。
王學生，
放白馬，
一放放在丈人家。
大舅子扯，
二舅子拉，
三舅子拉拉扯扯到了家，
八仙桌子平放下，
烏木筷子整四雙，
四個菜碟四邊放，
隔著竹簾看見拉。
看見什麽，
漆黑的頭髮一大掐，
通紅的頭繩兒抹根兒扎，
雪白的臉蛋兒官粉擦，
元寶式的耳朵銀墜兒卡。

(6)

牡丹花，
滿處滾，
說她丈夫不買粉。
買了粉不會擦，

說她丈夫不秤麻；
秤了麻不會撥，
說她丈夫不買鍋；
買了鍋不會做，
說她丈夫不秤肉；
秤了肉不會切，
說她丈夫不買車；
買了車不會坐，
說她丈夫不買磨；
買了磨不會推，
說她丈夫不買筆；
買了筆不會寫，
左寫，
右寫，
不會寫，
一寫寫了個翠？葉
完

参 考 文 献

一、专著

1. 蔡希芹编：《中国称谓辞典》，北京语言文化大学出版社 1994 年版。

2. 曹逢甫：《族群语言政策：海峡两岸的比较》，台北文鹤出版社 1997 年版。

3. 陈建民：《中国语言与中国社会》，广东教育出版社 1999 年版。

4. 陈淑静：《普通话简明教程》，语文出版社 1995 年版。

5. 陈淑静、许建中：《定兴方言》，方志出版社 1997 年版。

6. 陈松岑：《社会语言学导论》，北京大学出版社 1985 年版。

7. 陈松岑：《语言变异研究》，广东教育出版社 1999 年版。

8. 陈原：《社会语言学》，学林出版社 1983 年版。

9. 陈章太：《普通话基础方言基本词汇集》，语文出版社 1996 年版。

10. 陈章太：《语言规划研究》，商务印书馆 2006 年版。

11. 戴庆厦主编：《社会语言学概论》，商务印书馆 2004 年版。

12. 董绍克：《汉语方言词汇差异比较研究》，民族出版社 2002 年版。

13. 付义荣：《言语社区与语言变化研究：基于安徽傅村的社会语言学调查》，北京大学出版社 2011 年版。

14. 郭风岚：《宣化方言及其时空变异研究》，语文出版社 2007 年版。

15. 郭骏：《方言变异与变化：溧水街上话的调查研究》，北京大学出版社 2009 年版。

16. 郭熙：《中国社会语言学》（增订本），浙江大学出版社 2004 年版。

17. 河北北京师范学院、中国科学院河北省分院语文研究所编：《河北方言概况》，河北人民出版社 1961 年版。

18. 河北省昌黎县县志编纂委员会、中国科学院语言研究所合编：《昌黎方言志》，北京科学出版社 1960 年版。

19. 河北省地方志编纂委员会：《河北省志》卷 89《方言志》，方志出版社 2005 年版。

20. 河间市地方志编纂委员会编：《河间县志》，书目文献出版社 1992 年版。

21. 河间市地方志编纂委员会编：《河间市志》，中国三峡出版社 2003 年版。

22. [比] 贺登崧：《汉语方言地理学》，石汝杰译，上海教育出版社 2003 年版。

23. 胡士云：《汉语亲属称谓研究》，商务印书馆 2007 年版。

24. 黄良喜等：《疑难与路向：论天津方言的连读变调》，商务印书馆 2006 年版。

25. [英] 简·爱切生：《语言的变化：进步还是退化?》，徐家祯译，语文出版社 1997 年版。

26. 康迈迁：《河北土语浅释》，河北人民出版社 1986 年版。

27. [美] 拉波夫：《纽约市百货公司（r）的社会分层》，载祝畹瑾《社会语言学译文集》，北京大学出版社 1985 年版。

28. [美] 拉波夫：《拉波夫语言学自选集》，北京语言文化大学出版社 2001 年版。

29. 李如龙：《汉语方言特征词研究》，厦门大学出版社 2001 年版。

30. 李如龙：《汉语方言的比较研究》，商务印书馆 2001 年版。

31. 李伟：《汉语阳泉方言语音变异研究》，中国社会科学出版社 2010 年版。

32. 李行健：《河北方言词汇编》，商务印书馆 1995 年版。

33. 梁章钜：《称谓录》，黑龙江人民出版社 1990 年版。

34. 林联通、陈章太：《永春方言志》，语文出版社 2000 年版。

35. 刘淑学：《中古入声字在河北方言中的读音研究》，河北大学出版社 2000 年版。

36. 陆学艺：《中国当代社会阶层分析报告》，社会科学文献出版社 2000 年版。

37. 马思周：《东北方言词典》，吉林文史出版社 2005 年版。

38. 钱曾怡：《山东方言研究》，齐鲁书社 2001 年版。

39. 钱曾怡：《汉语方言研究的方法与实践》，商务印书馆 2002 年版。

40. 孙金华：《拉波夫的语言变化观》，南京大学出版社 2009 年版。

41. 王福堂：《汉语方言语音的演变和层次》，语文出版社 1999 年版。

42. 徐大明：《语言变异与变化》，上海教育出版社 2006 年版。

43. 徐复主编：《广雅诂林》，江苏古籍出版社 1992 年版。

44. 许宝华等编：《汉语方言大辞典》，中华书局 2002 年版。

45. 叶蜚声、徐通锵：《语言学纲要》，北京大学出版社 1997 年版。

46. 袁家骅等：《汉语方言概要（第二版）》，语文出版社 2001 年版。

47. 詹伯慧：《汉语方言及方言调查》，湖北教育出版社 2001 年版。

48. 赵元任：《语言问题》，商务印书馆 1999 年版。

49. 郑宏毅：《农村城市化研究》，南京大学出版社 1998 年版。

50. 中国社科院语言所编：《现代汉语方言大词典》，江苏教育出版社 2002 年版。

51. 中国语言文字使用情况调查领导小组办公室编：《中国语言文字使用情况调查资料》，语文出版社 2006 年版。

52. 中国语言资源有声数据库建设领导小组办公室编：《中国语言资源有声数据库调查手册 · 汉语方言》，商务印书馆 2010 年版。

53. 中华民国新民会中央总会编：《河北通志稿》，燕山出版社 1993 年版。

54. 周大鸣、郭正林：《中国乡村都市化》，广东人民出版社 1996 年版。

55. 祝畹瑾主编：《社会语言学译文集》，北京大学出版社 1985 年版。

56. 祝畹瑾：《社会语言学概论》，湖南教育出版社 2003 年版。

57. 祝畹瑾：《新编社会语言学概论》，北京大学出版社 2013 年版。

二、学术期刊

58. 安汝磐：《河北方言词汇例释》，《方言与普通话季刊》1961 年第 8 期。

59. 曹逢甫：《二十年来台湾社会语言学的研究》，《语言文字应用》1998 年第 4 期。

60. 陈刚：《北京人对母亲称谓的演变》，《语文研究》1983 年第 2 期。

61. 陈淑静：《河北满城方言的特点》，《方言》1988 年第 2 期。

62. 陈淑静：《河北保定地区方言的语音特点》，《方言》1986 年第 2 期。

63. 陈淑娟、郑宜仲：《语言能力转移与语言迁就的性别差异》，《中国社会语言学》2006 年第 2 期。

64. 陈章太：《语言变异与社会及社会心理》，《厦门大学学报》（哲学社会科学版）1988 年第 1 期。

65. 陈章太：《四代同堂的语言生活》，《语文建设》1990 年第 3 期。

66. 陈章太：《再论语言生活调查》，《语言教学与研究》1999 年第 3 期。

67. 陈章太：《略论我国新时期的语言变异》，《语言教学与研究》2002 年第 6 期。

68. 高慧宜：《现代昆明方言的主要特征及其发展趋势》，《湖州师范学院学报》2004 年第 4 期。

69. 高万云：《农民的“文话”和农村的变化》，《语文建设》1993 年第 3 期。

70. 高玉振：《深县方言本字考》，《方言》1980 年第 4 期。

71. 贺巍、钱曾怡、陈淑静：《河北省北京市天津市方言的分区》，《方言》

1986 年第 4 期。

72. 胡明扬：《北京话“女国音”调查》，《中国语文》1988 年第 4 期。

73. 蒋宗霞：《汉语方言调查研究近百年发展之路》，《云南师范大学学报》2008 年第 5 期。

74. 劲松、瞿霭堂：《尖团音新议》，《语文研究》2009 年第 2 期。

75. 康迈迁：《河北土语探源》，《河北学刊》1982 年第 3 期。

76. 康迈迁：《河北方言古词拾零》，《天津师范大学学报》1983 年第 2 期。

77. 李春玲：《当代中国社会的声望分层》，《社会学研究》2005 年第 2 期。

78. 李济中：《沧州地区方音与普通话之间的对应规律》，《沧州师范专科学校学报》1985 年第 S1 期。

79. 李如龙、陈章太：《碗窑闽南方言岛二百多年间的变化》，《中国语文》1982 年第 5 期。

80. 李如龙：《论汉语方言语音的演变》，《语言研究》1999 年第 1 期。

81. 李行健：《河北方言里的古词语》，《中国语文》1979 年第 3 期。

82. 李旭：《河北方言研究的历史和现状》，《南开语言学刊》2008 年第 2 期。

83. 刘淑学：《冀鲁官话的分区》，《方言》2006 年第 4 期。

84. 卢偓：《南京语音向普通话语音过渡的理论依据及阶段特征》，《江苏教育学院学报》2000 年第 1 期。

85. 罗湘英：《亲属称谓词缀化现象》，《汉语学习》2000 年第 4 期。

86. 潘鸿文：《北京与唐山地区语音辨正》，《方言与普通话季刊》1958 年第 5 期。

87. 庞安福：《河北完县话和普通话的差别》，《方言与普通话季刊》1959 年第 6 期。

88. 钱曾怡、曹志耘、罗福腾：《河北省东南部 39 县市方音概况》，《方言》1987 年第 3 期。

89. 钱曾怡、曹志耘：《山东方言与社会文化二题》，《山东大学学报》（哲学社会科学版）1991 年第 1 期。

90. 尚颖：《河北河间方言音系分析》，《现代语文（语言研究版）》2011 年第 8 期。

91. 石锋、余志鸿：《汉语方言研究的方法论》，《语文研究》1993 年第 4 期。

92. 史德贵：《昌黎方言声调分析》，《唐山师专学报》1984 年第 1 期。

93. 孙曼均：《河北省普通话普及情况调查分析》，《语言文字应用》2011 年第 4 期。

94. 吴安其：《语言的分化和方言的格局》，《民族语文》1999 年第 1 期。

95. 谢俊英：《普通话普及情况调查分析》，《语言文字应用》2011 年第 3 期。

96. 徐世荣:《普通话语音和北京土音的界限》,《语言教学与研究》1979 年第 1 期。

97. 许宝华、汤珍珠:《略说汉语方言研究的历史发展》,《语文研究》1982 年第 2 期。

98. 詹伯慧:《当前汉语方言研究中的几个问题》,《语文研究》2004 年第 2 期。

99. 张朝佐:《河北方言入声初探》,《唐山师专·唐山教育学院学报》1987 年第 3 期。

100. 张洵如:《河间方言一瞥》,《国语周刊》1932 年第 54、56、57 期。

101. 张振兴:《汉语方言调查研究的未来走向》,《云南师范大学学报》2009 年第 2 期。

102. 赵元任:《定县方言改国音的注意点》,《国语周刊》1936 年第 243 期。

103. 朱星华、金连城:《十年来我国农村语言的变化和发展》,《中国语文》1956 年第 6 期。

三、学位论文

104. 黄卫静:《河北方言的尖团音问题》,硕士学位论文,河北师范大学,2004 年。

105. 李 洁:《城市化进程中的农村语言变异研究》,硕士学位论文,汕头大学,2003 年。

106. 赵 枫:《上海郊县方言特征词研究》,硕士学位论文,上海师范大学,2005 年。

107. 洪惟仁:《音变的动机与方向:漳泉竞争与台湾普通腔的形成》,博士学位论文,台湾清华大学,2003 年。

108. 李旭:《河北省中部南部方言语音研究》,博士学位论文,山东大学,2008 年。

四、电子文献

109. 李宇明:《语言文字事业的春天》,2011 年 3 月,中国语言文字网(http://www.china-language.gov.cn/14/2011_3_2/1_14_4808_0_1299050623888.html)。

110. 游汝杰:《社会语言学与方言学专题讲义》,2006 年,湘里妹子学术论坛(http://www.xlmz.net/forum/viewthread.php?tid=13395)。

111. 中国共产党第十七届中央委员会:《中共中央关于深化文化体制改革 推动社会主义文化大发展大繁荣若干重大问题的决定》,2011 年 10 月,中华人民共和国中央人民政府网(http://www.gov.cn/jrzg/2011-10/25/content_1978202.htm)。

后　　记

本书是在我的博士论文《河间方言的社会语言学研究》基础上改写完成的。修改时间用了几近一年，其中词语变异的内容改动最大，几乎增写了一半的内容。论文能够完成并修改成书出版，得到了太多人的关心和帮助。

感谢恩师陈章太先生和师母。感谢陈先生多年来对我学术研究上的指导激励和做人做事上的言传身教，感谢师母对我学业上的热情鼓励和生活上的悉心关怀。

感谢侯敏、于根元、李大勤、邢欣、李晓华、吴为章等我在北广期间的所有任课和就教过的老师，他们给予了我学术的滋养，拓宽了我学术的视野。

感谢我的同门、同年和朋友，他们的帮助和鼓励是我坚持到底的动力。

特别感谢助我完成田野调查工作的昔日同窗宋增发、曹红梅夫妇，张玉丽、李文转等老同学，本书也凝结了他们的辛苦和心血。

感谢国家语委、河北省语委办和河间市教育局领导，他们为调查的组织工作提供了无私支持。感谢参与田野调查的所有调查者和被调查者。

感谢我的工作单位的各位领导、同事，书稿写作和修改期间，他们在工作安排上给予了我最大支持。

感谢所有参考文献的著作者们，他们的学术探索和真知灼见给予了本书学术支撑和思想灵感！

感谢中国社会科学出版社的任明主任，他为本书修改和出版付出了辛劳和智慧。

最后，衷心感谢我的家人，他们的殷殷亲情、拳拳关爱和默默付出是激励我努力上进的无尽动力源泉！